EXCELÊNCIA NO ATENDIMENTO AO CLIENTE

Os bastidores da operação

EXCELÊNCIA NO ATENDIMENTO AO CLIENTE

Os bastidores da operação

1ª. edição

Coordenação: Andréa Naccarati de Mello.

Coautores: Alex Mariano, Andrea Calviño, Andréa Naccarati de Mello, Bruno Stuchi, Carlos Sena, Estela Pletsch, Felipe Mendes, Gustavo Vieira, Isabella Cavichiolli, Jacques Meir, José Worcman, Larry Sachiewicz, Maik Gordon, Márcio Oliveira, Mônica Rocha, Oswaldo Garcia, Patricia Tucci, Ricardo de Oliveira Moraes, Taís Pinto, Wellington Oliveira, Weverton Soares.

São Paulo, 2025

Coordenação, edição e organização: Andréa Naccarati de Mello.

Capa: Caio Oishi.
Projeto gráfico, diagramação e ilustrações: Caio Oishi.
Revisão: Felipe Faverani.

Dados Internacionais de Catalogação na Publicação (CIP)
(Câmara Brasileira do Livro, SP, Brasil)

Excelência no atendimento ao cliente : os
bastidores da operação / coordenação Andréa
Naccarati de Mello ; ilustração Caio Oishi. --
São Paulo : Robecca & Co. Editora, 2025.

Vários autores.
Bibliografia.
ISBN 978-65-985027-2-0

1. Administração geral 2. Atendimento ao cliente
3. Clientes - Fidelização 4. Sustentabilidade
organizacional I. Mello, Andréa Naccarati de.
II. Oishi, Caio.

25-297218.0 CDD-658.812

Índices para catálogo sistemático:
1. Atendimento ao cliente : Qualidade :
Administração de empresas 658.812
Eliane de Freitas Leite - Bibliotecária - CRB 8/8415

"A excelência no atendimento ao cliente depende de uma cadeia de qualidade que começa muito antes do contato direto, envolvendo cada funcionário e setor da empresa em um compromisso integrador que faz a diferença no resultado final."

Karl Albrecht

Este livro é dedicado a quem faz do atendimento uma missão e, dos clientes, uma paixão, mesmo sabendo que a excelência é um desafio diário.

agra deci men tos

Toda boa ideia só se concretiza com o apoio e a colaboração de quem acredita nos mesmos propósitos. Por isso, registro aqui minha profunda gratidão aos coautores deste livro, que generosamente compartilharam seus conhecimentos e aprendizados construídos ao longo de suas trajetórias profissionais.

Agradeço também aos patrocinadores, que não apenas apoiaram este projeto, mas o fizeram porque vivem a excelência na experiência do cliente como um verdadeiro propósito organizacional. Mais do que apoiadores, são parceiros que enriqueceram esta obra ao dividir práticas, reflexões e *cases* reais.

Por fim, agradeço a Jacques Meir, Diretor-executivo de Conhecimento do Grupo Padrão e Mentor da CX Brain, pelo apoio constante para a realização desta obra.

Que esta obra inspire outros profissionais, líderes e organizações a seguirem na construção de operações de atendimento que realmente façam a diferença — para os clientes, para os negócios e, acima de tudo, para as pessoas.

Andréa Naccarati de Mello,
Robecca & Co.

su
má
rio

pre fá cio

Temos dedicado os últimos anos a semear, no mercado brasileiro, uma cultura de amor, cuidado e dedicação aos clientes junto a profissionais que compartilham da mesma paixão. Já percorremos essa jornada lançando obras sobre Experiência do Cliente (CX) e Gestão de Relacionamento com Clientes (CRM). Agora, damos mais um passo essencial: aprofundamos o olhar sobre a Excelência no Atendimento ao Cliente.

Vivemos um cenário em que produtos e serviços estão cada vez mais similares. As marcas competem lado a lado em reputação, qualidade e inovação. E é nesse contexto que surge um dilema estratégico: ou as empresas entram na guerra de preços, comprometendo sua sustentabilidade no longo prazo, ou escolhem outro caminho, o de gerar valor real para seus clientes, cultivando relacionamentos, fidelização e crescimento sustentável.

Se a escolha for pelo valor, é inevitável investir em três pilares indissociáveis: *Customer Experience* (CX), CRM e Excelência no Atendimento.

É preciso entender que Excelência no Atendimento não acontece por acaso. Ela é fruto de uma cultura forte, de pessoas engajadas, processos bem desenhados, tecnologia a serviço do cliente e, acima de tudo, de uma liderança que entende que cada interação é uma oportunidade de encantar.

Este livro nasce com esse propósito: revelar os bastidores da operação de atendimento que tornam possível transformar um serviço comum em uma experiência memorável. Uma obra construída por profissionais que vivem, respiram e acreditam que o cliente merece sempre o melhor.

Que esta leitura inspire, provoque reflexões e ajude sua organização a transformar atendimento em diferencial competitivo, e clientes, em verdadeiros fãs.

Andréa Naccarati de Mello.
Robecca & Co.

in tro du ção

"As pessoas esquecerão o que você disse, esquecerão o que você fez, mas nunca esquecerão como você as fez sentir."

Maya Angelou

Começo esta obra com uma frase que, embora bastante conhecida, permanece profundamente relevante, especialmente para quem entende o valor de construir relacionamentos genuínos com seus clientes.

Essa citação nos lembra que excelência no atendimento vai muito além de ser cordial ou educado. Trata-se de criar uma organização capaz de cuidar do cliente de forma consistente, não apenas na linha de frente, mas nos bastidores. Uma operação que antecipa necessidades, resolve problemas de forma eficiente e impede que falhas internas impactem negativamente a experiência do cliente.

É exatamente sobre isso que este livro se propõe a falar: os bastidores da operação de atendimento. Mais do que oferecer um bom serviço, é preparar a organização, suas pessoas, processos, cultura e tecnologias para entregar um atendimento que agregue valor, que faça o cliente se sentir ouvido, respeitado e, sempre que possível, encantado.

Este livro foi estruturado para conduzir você por uma jornada completa rumo à excelência no atendimento, revelando tudo aquilo que, muitas vezes, o cliente não vê, mas certamente sente.

Dividido em cinco partes, ele oferece uma visão integrada que combina estratégia, cultura, gestão, dados, tecnologia e prática. Um guia robusto, pensado para ajudar líderes, profissionais e empresas a desenvolverem operações de atendimento capazes de gerar encantamento, valor, fidelização e resultados sustentáveis.

PARTE I – Fundamentos da excelência no atendimento

Aqui você encontrará os princípios que sustentam a excelência. Exploramos as expectativas dos clientes na atualidade, *cases* de marcas que se tornaram referência, o papel da centralidade no cliente e a importância de uma cultura forte, além da realização de diagnósticos que norteiam qualquer jornada de melhoria.

PARTE II – Gestão da operação de atendimento

Nesta parte, mergulhamos nos bastidores operacionais que fazem a excelência acontecer. Discutimos gestão de atendimento, experiência do colaborador (EX), uso estratégico de dados e *analytics*, treinamento, métricas, implantação da voz do cliente (VoC) e gestão de reclamações — pilares que sustentam operações de alta performance.

PARTE III – Ecossistema do CRM

Avançamos para o ecossistema de CRM, que integra pessoas, processos e elementos potencializados pela tecnologia como a estratégia *omnichannel*, *bots* baseados em IA e gamificação aplicada, para impulsionar operações mais inteligentes, eficientes e personalizadas.

PARTE IV – Futuro do atendimento

Aqui olhamos para as tendências e oportunidades que estão redesenhando o futuro do atendimento. Discutimos como dados, inteligência artificial e a integração entre *Customer Experience*

(CX) e estratégia comercial se tornam diferenciais competitivos, ampliando o impacto do atendimento muito além da operação, diretamente na geração de valor para o negócio.

PARTE V – Cases de sucesso em excelência no atendimento

Por fim, trazemos *cases* reais de empresas que transformaram seus bastidores em verdadeiras operações de excelência. Histórias que mostram, na prática, como cultura, processos, gestão e tecnologia se traduzem em atendimento que encanta, fideliza e gera resultados concretos.

Que este livro sirva como um guia, uma fonte de inspiração e, principalmente, uma ferramenta prática para ajudar você, sua equipe e sua organização a transformar atendimento em valor, conexão e diferencial competitivo. Ao compreender e aprimorar os bastidores da operação, você perceberá que entregar um atendimento de excelência não é um ato isolado, é uma construção diária, intencional e estratégica. Que esta jornada contribua para que mais empresas sejam lembradas não apenas pelo que fazem, mas, sobretudo, por como fazem seus clientes se sentirem.

Boa leitura!

Andréa Naccarati de Mello,
Robecca & Co.

PARTE 1

FUNDAMENTOS DA EXCELÊNCIA NO ATENDIMENTO

1

Da expectativa ao encantamento no atendimento ao cliente

Andréa Naccarati de Mello

Vivemos uma era em que as expectativas dos clientes nunca foram tão altas. O cliente chega às marcas carregando um conjunto cada vez mais sofisticado de desejos, necessidades e exigências. Ele quer agilidade, simplicidade, personalização, empatia, consistência e, mais do que nunca, quer se sentir valorizado.

Mas atender expectativas já não basta. As marcas que verdadeiramente se destacam são aquelas capazes de transformar expectativas em experiências memoráveis. Elas operam além do básico. Elas criam vínculos emocionais e encantam (apesar de não serem perfeitas, e o cliente sabe disso).

Segundo a pesquisa "State of the Connected Customer" (Salesforce, 2020), 62% dos clientes dizem que suas experiências com uma indústria influenciam suas expectativas com outras. Isto significa que não adianta uma marca oferecer melhores experiências que os seus concorrentes, ela precisa estar acima das experiências já vividas pelos seus consumidores com outras marcas em outros mercados. Por isso, empresas que se destacam em experiência do cliente buscam *benchmarks* em marcas locais e globais, fora do seu universo competitivo, para aprender o que fazem de diferente e como fazem.

Segundo Kotler, P. et al., em "Marketing H2H" (2024), as marcas só conseguem criar valor se houver um vínculo de confiança genuína com os clientes, e essa confiança pode ser construída a partir da reputação da marca e da experiência vivida pelo cliente ao longo da sua jornada com a empresa. Ambas, reputação e experiência, podem ser gerenciadas para levar o consumidor à recompra, fidelização e recomendação da marca.

Nesse sentido, as empresas devem entender os seus clientes e suas jornadas, e gerenciar suas experiências em cada ponto de contato, no site, na página da marca nas mídias sociais, na loja física ou on-line, no seu *app*, com seus produtos e/ou serviços etc., e através do atendimento, que pode ocorrer ao longo de toda a jornada e inúmeras vezes, dependendo da necessidade do consumidor.

Já de acordo com a pesquisa "State of the Connected Customer" (Salesforce, 2023), 88% dos clientes consideram que a experiência de atendimento é tão importante quanto o próprio produto ou serviço. Isso significa que não basta entregar qualidade técnica, é fundamental entregar qualidade relacional, emocional e operacional no atendimento.

Dados do relatório "CX Trends Brasil" (Zendesk, 2024) revelam que 76% dos consumidores brasileiros já desistiram de uma compra ou romperam relacionamento com uma empresa por causa de um atendimento ruim.

O professor Christian Grönroos (2007), uma das maiores referências globais em marketing de serviços, já alertava: "Atendimento não é uma função periférica. Atendimento é, na verdade, a essência da criação de valor para o cliente."

Portanto, pode-se dizer que o atendimento é um pilar estratégico extremamente importante para a experiência dos consumidores; pilar que precisa ser gerenciado e, sua excelência, buscada.

O atendimento é a empresa se comunicando com o seu consumidor, mostrando o seu lado humano, que constrói confiança, senso de pertencimento, memorabilidade, leva à fidelização e ao diferencial competitivo.

- **Confiança** – Através de clareza, transparência e segurança nas informações passadas aos consumidores, a confiança pode ser construída ou fortalecida;

- **Pertencimento** – Sentir-se ouvido, acolhido e valorizado cria um vínculo emocional entre o cliente e a empresa;
- **Memorabilidade** – Experiências encantadoras são lembradas e compartilhadas, e registradas na memória. Clientes não lembram de atendimentos medianos, mas se recordam e falam sobre os que os emocionaram positivamente;
- **Fidelização** – Um atendimento de qualidade gera satisfação, fortalece o relacionamento com o cliente e favorece a retenção, incentivando compras recorrentes, e a continuidade do vínculo com a marca;
- **Diferencial competitivo** – Em mercados saturados, um atendimento excepcional destaca a empresa da concorrência.

A excelência no atendimento não é um ato de sorte. É um hábito intencional. Todo dia, todo detalhe, toda entrega contam. E é necessário um aprofundamento para se entender o consumidor, suas necessidades e expectativas, e preparar a empresa e seus colaboradores para isso.

O atendimento é como a ponta do *iceberg*. É o "representante" da empresa perante o cliente, e é reflexo do que acontece nos "bastidores" da empresa, isto é, da sua Cultura, dos processos fluídos e sem atrito, dos colaboradores comprometidos com o cliente e treinados em seus respectivos departamentos, dos canais de comunicação disponibilizados pela empresa e integrados através de uma plataforma *omnichannel*, da qualidade dos seus produtos e serviços, de ferramentas, tecnologias e plataformas investidas para conhecer o cliente, gerando *insights* para tomadas de ações para criar relacionamento com eles.

Fonte: Autoral.

Vários desses temas dos "bastidores" serão tratados nos próximos capítulos deste livro, daí não serem aprofundados aqui.

Mas um ponto importante que gostaria de destacar é a importância de se entender as expectativas dos clientes e suas emoções.

Expectativas dos clientes

Segundo relatório da Zendesk (2024), 72% dos clientes esperam respostas imediatas e 71% se frustram ao repetir informações entre canais.

De diferentes outras fontes de pesquisas, sabemos que clientes querem:

- Resolução eficiente de problemas;
- Atendimento personalizado;
- Consistência entre canais (*omnichannel*);
- Acesso fácil ao atendimento humano;
- Comunicação clara, honesta e transparente;
- Proatividade no contato;
- Empatia e compreensão emocional.

No entanto, expectativas variam com diferentes perfis de consumidores e setores envolvidos. Entendimento das jornadas certamente trará novas informações valiosas para as empresas gerenciarem adequadamente expectativas e entregas e não trabalharem com expectativas genéricas.

Emoções dos clientes

Para atender às expectativas dos clientes, os colaboradores precisam estar capacitados, treinados, serem pessoas que se importam com os clientes e que têm empatia com seus problemas e necessidades, entendendo suas emoções e sabendo lidar com elas.

Fonte: Autoral.

Segundo o estudo "The Role of Emotion in Customer Experience", citado pelo "Journal of Consumer Research" (2008), mais de 50% da percepção de uma experiência é baseada em emoção, influenciando decisões e vínculos com marcas. Os clientes se tornam leais porque estão emocionalmente ligados e se lembram de como se sentem quando usam um produto ou serviço. Um negócio que se otimiza para uma conexão emocional supera os concorrentes em 85% no crescimento das vendas.

O atendimento ao cliente envolve mais do que a resolução de demandas práticas. Ele exige atenção ao estado emocional da pessoa que está sendo atendida. Isso porque as emoções influenciam diretamente a forma como o cliente percebe a qualidade do serviço e da empresa.

Pesquisas em neurociência e comportamento do consumidor mostram que as decisões de compra e a avaliação de um atendimento são fortemente afetadas por fatores emocionais. Como destaca Antonio Damasio (2005), as emoções são parte essencial do processo de decisão, mesmo nas escolhas consideradas racionais.

Estudos de mercado confirmam esse impacto. Segundo a Forrester Research (2022), clientes que vivenciam experiências emocionalmente positivas têm maior probabilidade de permanecer, comprar novamente e recomendar a marca.

Por isso, identificar e acolher as emoções dos clientes durante o atendimento é uma prática estratégica. Entender as emoções dos consumidores ao longo da sua jornada faz com que a empresa se prepare para isso. Assim, a empresa precisa dedicar recursos em pesquisa para entender as emoções envolvidas, o que provoca emoções positivas e o que leva às negativas, e eliminar qualquer iniciativa que resulte nelas.

Abaixo, a título de ilustração, veja a jornada de um arquiteto em uma loja de móveis planejados:

Etapa	Emoções envolvidas
1. Exploração/ Pesquisa;	Curiosidade, expectativa, leve insegurança;
2. Primeiro contato;	Esperança, cautela, início de confiança;
3. Cocriação do projeto;	Entusiasmo, envolvimento emocional, orgulho profissional;
4. Apresentação ao cliente final;	Ansiedade, confiança (se tudo corre bem);
5. Fechamento e produção;	Alívio, confiança, satisfação com a parceria;
6. Entrega e instalação;	Expectativa, curiosidade, leve insegurança;
7. Pós-venda;	Alívio;
8. Fidelização.	Confiança, admiração, recolhimento, pertencimento.

Fonte: Autoral, ilustrativo.

Essa jornada emocional do arquiteto precisa ser entendida e validada através de pesquisa(s) como:

1. Entrevistas em profundidade

Exploram sentimentos e percepções em cada fase do atendimento. Úteis para descobrir o que encanta ou frustra.

2. Mapeamento emocional (Emotion mapping)

Arquiteto associa emoções (com emojis ou palavras) a cada etapa da jornada. Ajuda a visualizar pontos críticos e oportunidades.

3. Pulse feedback (Pesquisa rápida)

Após um atendimento ou entrega, envia-se uma pergunta curta: "Como você se sentiu nessa etapa?". Coleta emoções em tempo real.

4. Observação direta (Shadowing)

Acompanhar o arquiteto na loja ou em reuniões com o cliente final. Revela reações espontâneas não verbalizadas.

5. Grupos focais

Conversas em grupo com 4 a 6 arquitetos para entender experiências e sentimentos comuns. Mostra padrões emocionais e sugestões reais.

Entendendo essas emoções, a empresa se antecipa para realizar iniciativas que potencializam as emoções positivas, e que evitam as negativas, treinando seus colaboradores adequadamente nessas frentes. Ilustro, abaixo, o mesmo exemplo do arquiteto em lojas de móveis planejados:

Fase da Jornada	Emoções Envolvidas	Possíveis iniciativas da empresa
1. Exploração / Pesquisa	Curiosidade, expectativa, leve insegurança	Disponibilizar catálogo técnico confiável, site e Instagram com medidas e acabamentos claros. Demonstrar domínio e disponibilidade.
2. Primeiro Contato	Esperança, cautela, início de confiança	Tratar o arquiteto como parceiro estratégico. Ter abordagem consultiva, mostrar respeito ao seu conhecimento e dar liberdade de expressão.
3. Cocriação do Projeto	Entusiasmo, envolvimento emocional, orgulho profissional	Convidar para cocriação real, acolher ideias com respeito, adaptar soluções com flexibilidade e dar retorno técnico com rapidez.
4. Apresentação ao Cliente Final	Ansiedade, confiança (se tudo corre bem)	Fornecer materiais de apresentação (3D, amostras, fichas técnicas). Estar disponível para suporte e defender a proposta, se necessário.
5. Fechamento e Produção	Alívio, confiança, satisfação com a parceria	Confirmar cronogramas, evitar alterações de orçamento sem alinhamento, manter status regular com linguagem técnica e objetiva.
6. Entrega e Instalação	Expectativa, curiosidade, leve insegurança	Avisar com antecedência, equipe treinada para agir com profissionalismo e respeito ao projeto. Resolver problemas com agilidade.
7. Pós-venda	Alívio	Verificar se tudo foi entregue corretamente, mostrar prontidão para ajustes e fortalecer a parceria com empatia.
8. Fidelização	Confiança, admiração, reconhecimento, pertencimento	Valorizar o arquiteto com ações exclusivas: convite para eventos, destaque nas redes, benefícios em novos projetos e relacionamento contínuo.

Fonte: Autoral, ilustrativo.

E, com esse exemplo, reforço o ponto de a empresa se preparar para atender as expectativas dos clientes, que vão além do atendimento em si. Entender o cliente leva à entrega das expectativas, e faz com que a empresa consiga ir além e encantar.

Para finalizar, deixo a sugestão de seis etapas da jornada da expectativa ao encantamento:

1. Compreender profundamente a expectativa do cliente e suas emoções ao longo da sua jornada e em todos os pontos de contato com a empresa;
2. Desenvolver iniciativas para atender e ir além das expectativas (no que fizer sentido para a empresa), encantar, criando memórias emocionais que geram lealdade;
3. Se antecipar e neutralizar emoções negativas;
4. Eliminar atritos operacionais e de comunicação;
5. Atender bem com eficiência, precisão e empatia;
6. Personalizar a interação, reconhecendo o cliente como único.

Do entendimento profundo das expectativas à gestão intencional das emoções, a jornada para o encantamento exige preparo, empatia, processos bem estruturados e um compromisso diário com a excelência no atendimento.

2

Transformação centrada no cliente

Gustavo Vieira

Em uma definição simples: Centralidade no Cliente é uma orientação da empresa, um jeito de pensar e agir, assumindo que o ator mais importante deste ecossistema é o cliente e que é por meio dessa entrega de valor que todas as outras entregas de valor se desdobram.

Transformar uma organização para que ela seja centrada em seus clientes diz respeito a uma mudança na forma como a empresa aprende, organiza seus processos e estrutura seu contexto, prioriza iniciativas e toma decisões. É como se estivéssemos migrando do geocentrismo para o heliocentrismo, transformando a forma como entendemos o sistema das empresas, as relações, as estruturas e as trocas de valor.

As "engrenagens" para uma empresa centrada no cliente

A centralidade no cliente é a principal forma de se diferenciar de outras empresas, se manter relevante e entregar valor por meio de serviços intencionais e estruturados a partir das pessoas que se beneficiam da proposta de valor primária da empresa - os clientes. Essa afirmação se sustenta no lastro de pesquisas e empresas focadas em negócios, como McKinsey, Deloitte e Livework.

Para ilustrar os principais elementos para a transformação organizacional com foco em centralidade no cliente, apresento o modelo "*Building Blocks* de Transformação Centrada no Cliente", desenvolvido pela Livework, consultoria especializada em Design de Serviço.

Este modelo apresenta uma forma estruturada e racional que ajuda gestores, especialistas e líderes de empresas a entenderem quais "parafusos apertar" na construção de uma empresa centrada nos clientes. O modelo tem 6 pilares e cada pilar tem 3 elementos, totalizando 18 temas a serem trabalhados nessa transformação e manutenção de uma empresa centrada em seu cliente.

Alguns destaques importantes sobre o modelo

Diferenças entre o estratégico, o tático e o operacional

Cada pilar tem 3 elementos, sendo que os elementos da linha laranja pertencem a temas estratégicos para a organização; os elementos da linha amarela são temas de caráter mais tático; e os elementos em cinza se conectam com temas operacionais.

Uma representação "simples" para algo sistêmico: apesar de eu chamar carinhosamente de engrenagens, a transformação de uma empresa com foco em centralidade no cliente é bem mais sistêmica e complexa que a estrutura de uma máquina. A organização dos blocos tem um caráter didático e educacional, mas o todo é bem maior que a soma das partes.

O começo, dependendo do contexto e maturidade da empresa

Algumas empresas começam pela parte estratégica, outras começam pela pesquisa e outras, pela capacitação. Tudo depende do contexto, da maturidade, da familiaridade e do direcionamento da organização.

Blocos para a transformação centrada nos clientes e guiada pelo design

Visão & Estratégia

Estabelecer uma visão para a oferta e experiência de serviço, e definir o plano para iniciar a transformação.

- **Visão & missão**
- **Estratégia & plano de ação**
- **Justificativa para mudança**

Mentalidade Centrada no Cliente

Garantir que todos estejam cientes da importância de uma visão centrada em clientes e possam colocá-la em prática.

- **Patrocínio**
- **Comunicação & engajamento**
- **Estratégia de pessoas**

Modelo Operac. de Design de Serviço

Definir a posição e estruturar uma equipe que cuida e avança os serviços da organização de maneira integrada.

- **Equipe**
- **Escopo**
- **Governança**

Excelência em CX, Inovação e Design

Padronizar e evoluir continuamente as formas de trabalhar e os modelos para mapear e projetar jornadas e serviços.

- **Princípios**
- **Processo**
- **Ferramentas e métodos**

Insights & Métricas

Incorporar a voz do cliente via *insights* qualitativos e quantitativos, e objetivos ligados a métricas claras.

- **Estrutura de métricas**
- ***Insight* contínuo**
- ***Dashboard* de experiência**

Implementar as mudanças

Priorizar e executar as mudanças de acordo com a perspectiva do cliente e interesses da organização.

- **Gestão de portfólio de mudanças**
- **Estratégia da mudança em escala**
- **Melhoria contínua**

Fonte: Autoral.

Sobrevoando os pilares e blocos do modelo

Visão e Estratégia

Pensando de forma linear, o trabalho começa por aqui e diz respeito aos blocos que ajudam a construir um arco narrativo que contribua para que a empresa oriente a sua visão para a Centralidade no Cliente.

- **Visão e missão:** Ter uma visão clara da experiência que a organização deseja proporcionar aos seus clientes é essencial neste desejo de transformação. Isso envolve criar um "ponto de referência" compartilhado que alinha as equipes e fornece clareza sobre as ambições e decisões de investimento. Ferramentas como a visão "*North Star*" podem ajudar a visualizar e comunicar essa visão.
- **Estratégia e plano de ação:** Uma estratégia clara e um plano de ação detalhado são essenciais para implementar mudanças de forma eficaz. Isso inclui a integração dos planos de Centralidade no Cliente com outras estratégias organizacionais. Ferramentas como cronogramas detalhados e documentos de estratégia ajudam a manter o foco e a direção.
- **Justificativa para mudança:** Explicar claramente os motivos para a mudança e os benefícios esperados é fundamental para garantir financiamento e apoio interno. Uma justificativa bem articulada aborda o valor de ser centrado no cliente, tanto em termos de ROI a curto quanto a longo prazo.

Mentalidade Centrada no Cliente

Diz respeito aos blocos que contribuem para que as pessoas da empresa tenham uma atitude orientada ao cliente.

- **Patrocínio executivo:** Garantir o apoio de líderes executivos é vital para o sucesso de qualquer transformação centrada no cliente. Isso envolve transformar líderes em patrocinadores ativos, inspirando e motivando a liderança a apoiar continuamente a centralidade no cliente.

- **Comunicação e engajamento:** Para criar conscientização e engajamento em toda a organização, é necessário construir histórias fortes e personalizadas sobre a centralidade no cliente. Comunidades internas podem ser fortes facilitadoras para conectar pessoas com interesses semelhantes e compartilhar experiências e aprendizados.
- **Estratégia de pessoas:** A transformação para uma centralidade no cliente muitas vezes requer mudanças nas práticas de Recursos Humanos. Isso pode incluir a definição de novos papéis, estruturas de equipe, treinamentos e novas estruturas de incentivo que promovam o trabalho interdepartamental focado no cliente.

Modelo Operacional de Design de Serviço

Considera elementos que possibilitam e estruturam o trabalho centrado no cliente.

- **Equipe:** Formar uma equipe dedicada com um mandato claro é essencial para projetar experiências de cliente de ponta a ponta. Isso envolve definir os níveis de maturidade, o tamanho da equipe e sua composição para garantir clareza de papéis e responsabilidades.
- **Escopo:** Determinar onde a equipe de design se encaixa na organização e como interage com outras áreas é de extrema importância. Isso ajuda a definir prioridades e garantir que o design contribua para os objetivos da função em que está inserido.
- **Governança:** Um modelo de governança bem definido explica quem é responsável pelos serviços e como operacionalizar a tomada de decisões orientadas para o cliente. Isso proporciona clareza nas responsabilidades e consistência no processo.

Excelência em CX, Inovação e Design: Relaciona os blocos que guiam a prática, os métodos e ferramentas de trabalho, muito embasado na abordagem do Design Centrado no Ser Humano.

- **Princípios:** Ter princípios claros que guiam qualquer trabalho de design ajuda a garantir uma qualidade consistente e elevada nos resultados. Esses princípios estabelecem uma compreensão compartilhada sobre como são boas experiências.
- **Processo:** Descrever como a organização desenvolve novos serviços e melhora os existentes é vital para garantir resultados consistentes e de alta qualidade. Um processo semipadronizado, como o "*double diamond*" ou ágil, pode ser muito útil.
- **Ferramentas e métodos:** Ter clareza de quais são os métodos que a empresa e a área de Design utilizam para promover a centralidade no cliente e ter isso declarado para que haja tração e replicabilidade no trabalho.

***Insights* e Métricas**

Destaca elementos que contribuem para o entendimento e conhecimento da empresa sobre a realidade do cliente, assim como acompanhamento e mensuração dos resultados.

- **Estrutura de métricas:** Uma abordagem estruturada para métricas de desempenho e experiência do cliente contribui diretamente para os objetivos organizacionais. Isso inclui a captura e análise de dados de forma consistente para decisões informadas e centradas no cliente.
- ***Insight* contínuo:** Manter pesquisas de consumidores centralizadas e acessíveis facilita a tomada de decisões informadas e centradas no cliente, evitando a perda de conhecimento valioso.

- *Dashboard* **de experiências:** Ferramentas digitais centralizadas que permitem avaliar resultados e monitorar a saúde dos serviços são fundamentais para impulsionar a priorização e os investimentos.

Implementar as Mudanças:

Tem como blocos os temas que potencializam a transformação da empresa para uma atuação centrada no cliente.

- **Gestão de mudança:** Projetos de mudança de grande porte precisam ser bem coordenados para garantir um retorno sobre o investimento eficaz e abordar desafios de maneira sistemática.
- **Seleção de portfólio de projetos:** A priorização de projetos com base no impacto para o cliente é essencial para maximizar o valor entregue e alinhar os investimentos com os objetivos de centralidade no cliente.
- **Melhoria contínua:** Um processo contínuo de melhoria garante que os serviços sejam constantemente aprimorados com o cliente em mente, evitando a duplicação de esforços e garantindo consistência na experiência do cliente.

Precisamos começar por algum lugar

Para começar a transformação de uma empresa para que ela seja mais centrada no cliente, precisamos fazer recortes, priorizar e fazer escolhas coerentes com a organização, estrutura, cultura, nível de conhecimento, natureza do negócio, maturidade da empresa, capacidade de equipe e abertura dos atores envolvidos no processo. Aqui estão algumas reflexões que, acredito, possam ajudar você a tangibilizar o seu contexto e, com base nessas respostas, olhar para o mapa e analisar por onde faz mais sentido começar. Quais blocos podem ser olhados primeiro para mover a empresa na direção da centralidade do cliente.

Conheça o seu cliente: Esvazie-se e explore de coração e mente abertos. Quem a sua empresa atende? Qual valor a sua empresa entrega? Se não souber, pesquise. Se não puder, converse. Neste processo existem algumas ferramentas-chave que ajudam no exercício de conhecimento, empatia e mapeamento da realidade do cliente.

Persona: Nada mais é que criar de 1 a 5 personagens que representem as relações que os seus clientes têm com a sua empresa. Nela, você pode levantar informações tanto objetivas quanto subjetivas.

Jornada: Quais são as histórias que os seus clientes contam sobre a relação que têm com a sua empresa? Qual é o passo a passo que ele vivencia para fazer negócio com a sua empresa e como ele vive essa experiência? Mapear tanto a persona quanto a jornada é um exercício que deve ser feito idealmente com pesquisa e que gera um conhecimento inestimável para uma empresa que quer ser mais centrada no cliente.

Conheça o seu negócio: Quais são as suas expectativas com o negócio? Qual o momento e maturidade da sua empresa? De onde a minha empresa vem? Como lidamos com mudanças?

Tenha clareza da intenção e perspectiva: Por que a centralidade no cliente é o caminho e como essa perspectiva pode nos ajudar a chegar onde queremos?

Alinhe o que é esperado: O que é excelente para o seu cliente e para a sua empresa? Como essa visão de excelência se conecta com o valor entregue ao seu cliente?

Crie uma narrativa: Que contribua com os comportamentos e resultados esperados. Conhecendo a sua equipe e a história da sua empresa, qual poderia ser essa narrativa? Como ela poderia contribuir com essa transformação?

Construa estruturas: Que facilitem os comportamentos e resultados esperados - rituais, acompanhamentos, comunicações, incentivos. No contexto da sua empresa, da sua equipe, quais poderiam ser essas estruturas?

Mudar o olhar para potencializar o atender com excelência

E se simplificarmos tudo isso para tentar chegar à essência de como promover excelência no atendimento? Conversando com o pintor que está trabalhando no quarto da minha filha, ele disse que fala para os assistentes dele que atende bem e faz um bom trabalho pois não precisa só do trabalho de hoje. Ele faz isso pois tem clareza de que é isso que garante o trabalho de amanhã. Que garante a indicação e a confiança que os clientes dele têm no trabalho dele.

Acredito que tudo deve começar com consciência e intencionalidade. No papel de consultor e empresário, entender o valor do atendimento me faz refletir sobre como posso ajudar a construir estruturas que possibilitem que a linha de frente da minha empresa possa estar presente em atendimento. Exercitando com tranquilidade a boa vontade e o amor pelo cliente que optou por fazer negócio com a minha empresa ou com a empresa do meu cliente. Em um nível mais simples e abstrato, atender com excelência é sobre resgatar a essência do servir.

No fim do dia, somos todos clientes!

"Parece que a empresa ______________________________
foi feita para mim!";
"Parece que o serviço da empresa __________________
foi pensado para mim!";
"A empresa ________________________ me representa!".

(Preencha os espaços com nomes de empresas que você considera, confia e com as quais sente que tem uma relação saudável, equilibrada e construtiva - se é que você considera tudo isso sobre alguma!) :)

Eu nasci no interior de São Paulo e moro na capital desde 2009. São Paulo é famosa pelas padarias incríveis, e, nesses anos, eu tive a feliz oportunidade de conhecer algumas delas. Uma delas é a Padaria Aracajú, que fica na Rua Maranhão, esquina com a Rua Aracaju, no Bairro de Higienópolis. Tenho liberdade criativa para montar o lanche que desejar, mas eles sempre lembram da minha preferência pelo X Frango Mineiro — um lanche com peito de frango e queijo minas no pão multigrãos. Desde que minha esposa engravidou, toda vez que nós vamos jantar lá, a pessoa que nos atende nos entrega uma sobremesa de cortesia. Um dia foi um brigadeiro, no outro foi um mini croissant de amêndoas, e, apesar de não esperarmos ou acharmos que isso seja um padrão, sempre saímos com um sorriso pelo gesto. Eu não sei como, mas o caixa me chama pelo nome e pergunta dos meus pais quando eu vou pagar a comanda. Pensando enquanto escrevo, parece que vivo uma experiência do interior na grande São Paulo.

Nem todas as minhas experiências em padaria foram ou são assim. Tem outra que foi marcante, mas pelo motivo oposto. Estávamos minha namorada, um grande amigo de infância, recém-operado de um procedimento complexo, e eu. Esse amigo estava morando comigo para se recuperar e sentiu vontade de comer um merengue de morango. Fomos a uma padaria que eu não vou citar o nome e, quando fomos atendidos, pedimos: "Por favor, você poderia trazer um merengue de morango?". Prontamente, a pessoa que nos atendia disse: "Não tem no sistema! Não podemos fazer!". Aquilo me incomodou profundamente. Meu amigo já tinha até aceitado, mas eu não. Respirei fundo e perguntei: "Vocês vendem uma porção de morangos?". A resposta foi sim. "Vocês vendem um saquinho de suspiro?". A resposta foi sim. "Vocês vendem porção de chantilly?". A resposta foi sim. "Pode marcar um de cada na minha comanda, por favor?". Foi assim que nasceu o Kit Merengue de Morango Faça Você Mesmo, da padaria que prefiro não nomear.

Como bom especialista em Design, gosto de pensar em casos e exemplos extremos. Em 2013, tive a oportunidade de fazer um curso de Inovação e Criatividade pelo Disney Institute e, nos primeiros momentos da aula, o facilitador disse que as pessoas se inscreviam nos cursos da Disney para saber "O que" e "Como" a Disney faz o que faz. Mas que o objetivo dele era comunicar claramente o "Por que". Logo em seguida, afirmou: "Nosso propósito é realizar sonhos, oferecendo o que nossos convidados desejam com vínculo emocional". A Amazon tem como primeiro princípio de Liderança o que chamam de Obsessão pelo Cliente, destacando que o trabalho da liderança é focado no cliente e na construção e manutenção da relação de confiança.

Eu, que tenho Administração de Empresas como minha primeira formação, costumo dizer que fui adestrado inicialmente para adotar uma visão "Centrada na Eficiência e/ou no Negócio". Depois da faculdade, quando conheci a abordagem do Design e percebi que existia outro tipo de visão que poderia ser adotada, tive o meu primeiro momento de expansão de consciência. Olhar para o negócio pela lente do cliente foi algo realmente transformador para mim, não só pela intencionalidade, mas pelo potencial de promover e se manter relevante em um mercado tão líquido e complexo.

É prêmio! Mas é prêmio pra quem?

Nesses mais de 10 anos atuando como consultor, tive a oportunidade de trabalhar em projetos para seguradoras. O primeiro projeto que fiz, em 2016, me marcou muito. Tratava-se de uma empresa que estava iniciando a sua área de inovação centrada no cliente e nos contratou para uma pesquisa profunda sobre a experiência do cliente de seguro de automóveis com mapeamento de oportunidades. Em um trabalho composto por diferentes técnicas de pesquisa e mergulho na realidade dos clientes, foi incrível não só aprender a perspectiva de ambos os lados (empresa e cliente), mas observar o quão distantes de uma integração eles estavam por diversas questões, em diferentes camadas, das mais subjetivas às mais objetivas: medos, histórico, mercado, legado, tecnicidades e terminologias.

De maneira bastante objetiva, precisamos construir um glossário e levá-lo para que a empresa entendesse o que o cliente estava precisando, convidando os executivos a ampliarem sua perspectiva técnica para uma mais empática e humana.

Uma pessoa, cliente da seguradora, sem formação técnica em mecânica ou em seguros, que tenta ligar o seu carro para sair para trabalhar e o carro não liga, dificilmente tem clareza do motivo; se é uma pane elétrica ou descarregamento de bateria. Para ela, o seu carro não anda e ela precisa contar com o serviço que contratou para seguir com o seu dia. Internamente, o valor que o segurado paga pelo serviço da seguradora é chamado de Prêmio, mas o cliente não ganha nada com isso. Muito pelo contrário, ele desembolsa o dinheiro da contratação. Quem tem o carro roubado ou sofre algum tipo de acidente não necessariamente tem um Sinistro. Depende do contrato. Mas a pessoa que passa por isso e tem o serviço da seguradora contratado espera ter apoio nesses momentos. Parte do nosso trabalho nessa entrega foi fazer justamente essas traduções para que a empresa pudesse simplificar os seus processos e tratar nos bastidores o que deveria estar nos bastidores.

Outro aprendizado que tivemos foi sobre o atendimento via telefone. Caso eu sofresse um acidente ou batesse meu carro e ligasse para o atendimento da seguradora, a mensagem que eu ouviria seria algo do tipo: "Fraude é crime!". Imagine você, depois de bater o carro, ligar para o atendimento do serviço que contratou e ainda ser impactado com uma mensagem que assume que você pode estar fraudando o seguro.

Centralidade no cliente pode até ser o próximo passo, mas que não seja o único nem o último passo de evolução do negócio.

É fato que as mudanças estão cada vez mais velozes e que estamos percebendo os impactos sistêmicos das empresas no meio ambiente. Trabalhando há mais de 10 anos com Design Centrado nas Pessoas, eu pude entender e perceber que trocar a perspectiva da centralidade na operação ou na eficiência para a centralidade nas pessoas é, sim, um passo de evolução na forma como as relações se dão. Ao mesmo tempo, percebi que, em determinado momento, centrar somente nos clientes se tornou algo que já não era suficiente para uma perspectiva mais ampla e para uma pauta necessária, para que os meus filhos e netos pudessem viver em um planeta equilibrado e saudável.

Acredito que as empresas têm o poder de promover grandes mudanças que impactam ecossistemas. A centralidade no cliente é um desses movimentos. Eu acredito no seu potencial, e acredito que este é sim um passo importante para o presente, se pensarmos na centralidade no cliente como um passo sequencial que promova mais equilíbrio no mundo que queremos no futuro.

3

Desenvolvendo a cultura da excelência no atendimento

Márcio Oliveira

Não tem como falar sobre excelência na experiência do cliente nas diversas frentes de atuação e canais de atendimento de uma empresa sem considerar que a cultura organizacional é um elemento-chave em todo este processo.

> *"A cultura de uma empresa come a estratégia no café da manhã."*

A expressão acima, do Peter Drucker, que você possivelmente conhece, quer dizer que não importa qual a estratégia que a alta gestão de uma empresa decide adotar: é na sua base de colaboradores que ela será colocada em prática; e, sem alinhamento interno, as coisas podem acontecer de forma bem diferente do idealizado.

É importante entender que cultura não é algo que uma empresa escolhe se quer ter ou não. Ela existirá de qualquer maneira e por isso precisa ser pensada e construída de maneira intencional, não importa o tamanho da empresa.

Só que implementar uma cultura única de forma intencional não é tão simples como parece para algumas pessoas, principalmente porque pode tocar em assuntos delicados na empresa, que vão desde a consciência de problemas não tratados, pressões por resultados, disputas políticas internas, práticas controversas de mercado e até a forma de se relacionar com clientes, fornecedores e colaboradores.

Aliás, a cultura de uma empresa pode ser a maior aliada ou a maior inimiga de qualquer estratégia de relacionamento com o cliente e outros públicos. E este é o ponto principal aqui. Se a cultura organizacional tem este papel tão importante na forma da empresa se relacionar, é fundamental que as duas coisas – estratégia de relacionamento e cultura organizacional – estejam totalmente vinculadas.

A cultura organizacional é o propósito sendo colocado em prática

É comum vincular a cultura de uma empresa com as personalidades das pessoas que trabalham nela. Possivelmente você já trabalhou ou trabalha em uma empresa onde cada área atua de um jeito diferente, seguindo as diretrizes da liderança do momento.

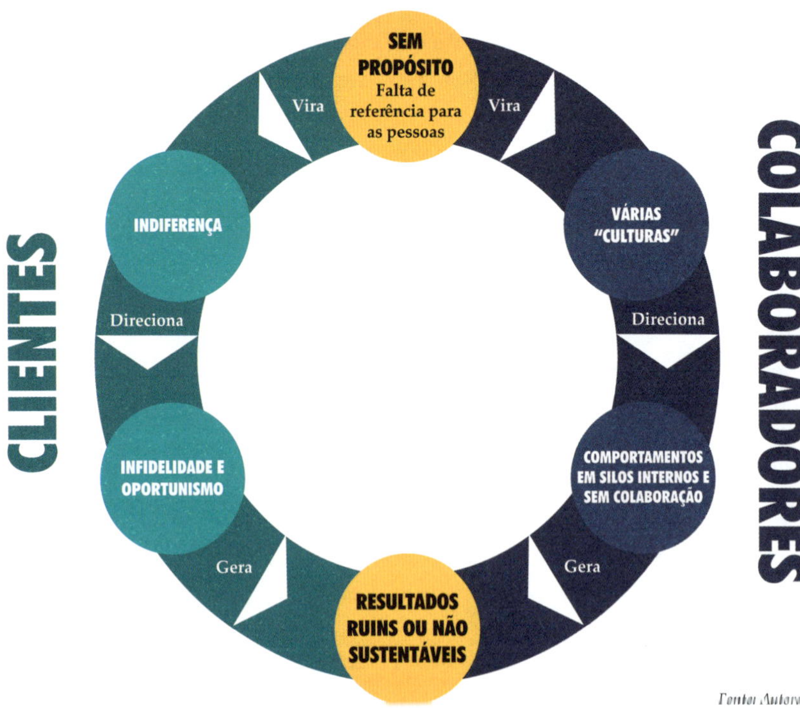

Fonte: Autoral.

Quando esta liderança muda, a cultura também se transforma. Muitas vezes a cultura está ligada ao pensamento, às atitudes e até ao humor do próprio CEO de plantão.

Neste cenário, os lucros podem até surgir, mas ao custo de muito esforço e desgaste nas pessoas, tornando-se assim insustentável no médio e longo prazo.

Quando isso acontece, é porque a empresa não tem a clareza do seu propósito nobre (que é aquele que vai além do lucro), não se limita às definições clássicas de missão, visão e valores e nem mesmo aos posicionamentos sociais ou ambientais que muitas empresas abraçam.

O propósito nobre é o motivo pelo qual a empresa foi criada, e a marca que ela quer deixar no mundo e nas pessoas é o que direciona os seus comportamentos, e que deve ir além da personalidade do seu líder do momento. Este propósito nobre também não é apenas uma frase bonita ou de efeito e não pode ser romantizado.

Ele precisa ser compreendido e aceito para virar o grande norteador estratégico da empresa e, assim, direcionar naturalmente também a cultura organizacional. No fundo, a cultura de uma empresa deveria ser simplesmente o seu propósito nobre sendo colocado em prática diariamente, não apenas nos comportamentos dos seus colaboradores, mas em tudo o que ela faz.

Quando a empresa atua desta forma, algumas vezes os altos lucros podem até demorar um pouco mais para surgir, mas serão construídos em uma base mais sólida e sustentável para todos e, assim, serão maiores no médio e longo prazo.

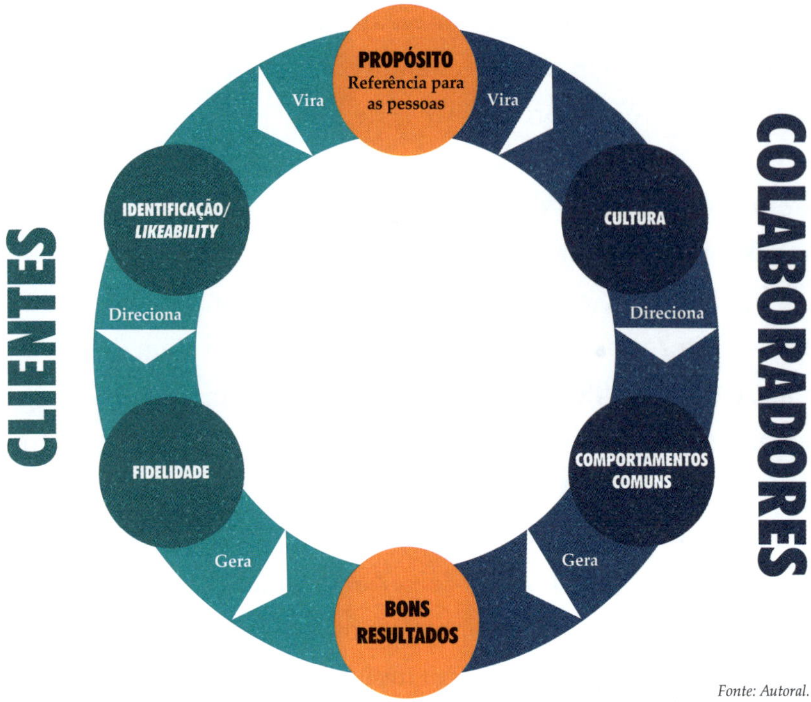

Fonte: Autoral.

Se a empresa existe, ela se relaciona

É preciso entender que relacionamento com clientes não é apenas uma especialidade de marketing ou uma tarefa de atendimento. Isso porque nenhuma empresa, não importa o segmento de mercado, tem o seu fim em si mesma. Todas dependem de clientes e precisam se relacionar com eles. Assim, o relacionamento está em tudo aquilo que a empresa faz e tudo, direta ou indiretamente, impactará o cliente.

Ou seja, o relacionamento com clientes não é uma escolha, mas fazer um bom relacionamento sim, porque se nada for feito de maneira estratégica ou intencional, serão grandes as chances deste relacionamento ser ruim.

Tudo isso pode até parecer óbvio e é mesmo. Mas sabemos que na prática as empresas não agem com este direcionamento.

Imagine as diversas experiências frustrantes que você, como cliente, já teve com alguma marca. Muitas vezes, a sensação é que algumas empresas possuem o foco tão grande em si mesmas e nos seus produtos ou serviços, que agem como se o cliente atrapalhasse os processos.

Mas o que é atendimento, de fato?

Inicialmente, é importante compreender de fato o que é atendimento.

Se uma empresa existe, ela naturalmente se relaciona em tudo o que faz. Logo, é um erro considerar que o atendimento ao cliente está restrito às tarefas de uma área ou aos processos dos canais de contato.

É importante reforçar este ponto, por mais óbvio que ele possa parecer, porque a prática do mercado mostra que muitas empresas ainda não olham para isso de forma mais abrangente e estratégica, transformando o atendimento ao cliente em apenas mais uma atividade operacional, que deve ser otimizada ao máximo no sentido de diminuição de custos, muitas vezes sacrificando a própria experiência de atendimento do cliente. Cuidado! Não deixe a sua empresa cair nesta armadilha!

Todo atendimento é uma venda!

Além disso, é importante considerar que o atendimento ao cliente pode acontecer de formas, em momentos e por motivos diferentes, conforme o modelo de negócios adotado por cada empresa.

Portanto, é necessário compreender, em primeiro lugar, que todo contato com o cliente é uma forma de atendimento . E mais do que isso, todo atendimento é, também, um momento de venda, seja diretamente do produto ou serviço, seja da imagem da marca através da experiência e das percepções construídas pelo cliente naquele momento.

E tudo isso acontece em três grandes momentos que podemos classificar como: Pré-venda, Venda e Pós-venda.

- **Pré-venda** – Todo contato direto ou indireto com as pessoas, sejam clientes ou ainda não clientes e que antecedem a compra em si. Pode ser uma visita em uma loja, a um site, canal de atendimento, uma ação de CRM ou até mesmo uma propaganda.
- **Venda** – Toda experiência que acontece durante o processo de compra do cliente, não importa a forma ou o canal por onde a compra é realizada, e nem se o cliente compra sozinho ou assistido por algum colaborador da empresa.
- **Pós-venda** – Todos os processos de contato e atendimento que acontecem após a realização da venda, desde uma simples pesquisa de satisfação, entregas ou instalação, até serviços de manutenção, garantia e assistência técnica, por exemplo.

Atendimento de excelência? Para quem?

A definição padrão encontrada nos dicionários na internet para a palavra Excelência é: algo de qualidade muito superior.

O problema é que, na realidade, o padrão de excelência é muito subjetivo, afinal, algo que pode ser qualificado como excelente para uma pessoa, pode não ser considerado assim para outra.

Portanto, isso se torna um desafio muito grande para as empresas na definição dos seus processos de atendimento, simplesmente porque pode existir um *gap* muito grande entre o que uma empresa entende como sendo um atendimento de excelência *versus* o que os seus clientes entendem ou desejam. *Gaps* que nem sempre os indicadores de *NPS (Net Promoter Score)* podem apontar com muita clareza, por mais importante que seja medi-los.

Claro que quando a empresa tem uma visão centrada em si mesma e em uma busca incessante por eficiência operacional no atendimento, que nada mais é do que uma redução de custos, dificilmente ela se preocupará de verdade em entender o que os seus clientes esperam, como um atendimento com excelência.

Mas para as empresas que possuem norteadores culturais que colocam o cliente no centro e buscam de verdade que eles tenham um atendimento com excelência, o desafio continua simplesmente porque não será possível atender com excelência sem conhecer de alguma maneira as expectativas dos clientes.

Além disso, é importante lembrar inclusive que os clientes também podem ter expectativas diferentes entre si e nem sempre será viável ou possível atender a todas elas.

Existem algumas técnicas, como a VoC (Voz do Cliente), que é abordada em um capítulo específico neste livro e podem ser muito efetivas no sentido de identificar e tabular de maneira mais abrangente o que os clientes desejam ou esperam de uma marca. Aliás, técnicas como estas são fundamentais para qualquer empresa, mas mesmo elas sozinhas podem não trazer todas as respostas necessárias.

Gestão de atritos: não é sobre culpa, mas sobre responsabilidade

A frase *"O cliente tem sempre razão"* é muito conhecida e ainda utilizada com frequência, mas ela pode causar distorções sobre como de fato atender o cliente com efetividade, principalmente em um momento de atrito.

Claro que o cliente não tem sempre razão, mas isso não significa que a empresa tem. Um eventual momento de atrito com o cliente, não importa qual seja o motivo, não pode ser considerado como uma disputa para saber quem está certo ou errado.

É importante entender que ninguém vira cliente de uma empresa apenas para poder ficar entrando em contato para reclamar de algo.

> *Quando uma pessoa vira cliente, a única coisa que ela quer é ter a sua necessidade satisfeita. Quando ela reclama, é porque isto não aconteceu. Simples assim.*

E se a necessidade do cliente não foi satisfeita, a responsabilidade por reverter esta situação é da empresa, simples assim também. E isso acontece mesmo que a empresa não tenha culpa direta por um eventual problema.

A discussão não é sobre culpa, mas sobre responsabilidade. E uma empresa responsável assume a culpa quando erra e assume também o papel de conciliadora quando uma eventual culpa é do próprio cliente.

E o papel de conciliadora aqui significa a prática da empatia para ouvir, orientar e, se for viável, assumir uma resolução de um problema mesmo que o cliente seja o culpado, em prol da boa relação. Mas este comportamento só existirá se a cultura da empresa intencionalmente estimular isso.

Excelência deve ser uma combinação de satisfação e eficiência

Até aqui este capítulo buscou explicar que o conceito de excelência pode ser subjetivo, que o cliente busca uma empresa para satisfazer alguma necessidade e que, quando isso não acontece, pode haver um atrito que será tratado nos canais de atendimento.

Neste momento de atrito, a discussão não deve ser sobre quem tem culpa ou razão, mas sim sobre como a empresa deve ter a responsabilidade para encontrar a melhor solução, com empatia, inclusive quando for necessário mostrar ao cliente que o problema aconteceu por causa dele.

> *Podemos então considerar que um atendimento de excelência tem a ver com satisfação e com eficiência.*

Aqui falamos de eficiência para o cliente e não necessariamente para a empresa.

Para isso, existem **5 fatores** que são as **Premissas de Satisfação** fundamentais nos contextos de atendimento aos clientes. A percepção de eficiência para o cliente será o resultado da compreensão e da prática destas premissas pela empresa.

1. **Eficiência** – Cliente satisfeito não é necessariamente o cliente feliz. Felicidade é uma sensação subjetiva, portanto, por mais que manter um cliente feliz seja importante, é preciso entender que o cliente quer mesmo é ficar satisfeito porque teve a sua necessidade atendida. Nem sempre um cliente compra algo feliz ou porque gostaria, mas porque precisa, como por exemplo um seguro de automóvel ou um remédio.
2. **Motivo da Compra** – Afinal, o cliente compra porque quer ou porque precisa? Entender isso é fundamental para compreender melhor o seu momento e o fator ou fatores que motivaram a sua compra.

3. **Jornada completa** – Uma venda bem realizada, para o cliente certo, no momento e pelo motivo certo, facilita o atendimento posterior quando necessário.
4. **Tecnologia** – A tecnologia utilizada nos canais de atendimento, seja qual for, precisa ser tratada como uma aliada do cliente e não da empresa apenas, ou seja, ela precisa ser uma facilitadora da experiência do cliente e não uma ofensora.
5. **Expectativa** – O cliente quer se sentir único quando fala com a empresa e, normalmente, a principal barreira para a implementação disso está mais na vontade verdadeira da liderança, ou seja, no olhar estratégico corporativo, do que nas limitações tecnológicas, por exemplo.

Por onde começar a cultura de excelência no atendimento?

Como toda cultura organizacional, um atendimento de excelência precisa ir além dos comportamentos dos colaboradores. É necessário fazer uma combinação de Comportamentos, Sistemas e Símbolos, como bem descreve Carolyn Taylor, no livro "Walking the Talk - A cultura através do exemplo", que é uma excelente inspiração para a cultura de excelência no atendimento.

- **Comportamentos** - Como a empresa quer que as pessoas ajam no seu dia a dia em relação aos seus clientes.
    - Existe liberdade de ação?
    - Existe transparência?
    - Os resultados são compartilhados com todos?
- **Símbolos** – Como a empresa de fato mostra que o cliente está no foco do negócio.

- O propósito é compreendido por todos?
- A liderança dá o exemplo?
- Existe motivação?
- As boas iniciativas são propagadas?
- Existe reconhecimento interno?

▪ **Sistemas** – Como a empresa escolhe e disponibiliza os melhores recursos internos e canais adequados para o cliente.

- Os colaboradores das áreas de atendimento possuem os melhores recursos?
- Os processos são pensados para simplificar o atendimento ao cliente?
- A tecnologia é utilizada para simplificar e melhorar o relacionamento a partir da necessidade do cliente em primeiro lugar e não da empresa?

Framework para cultura organizacional para foco no cliente

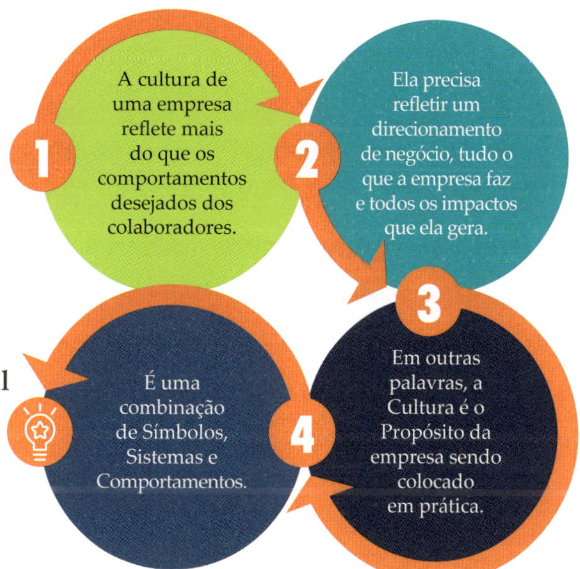

É intencional e a prática começa na liderança.

Fonte: Autoral.

Lembrando que a Cultura de Excelência no Atendimento ao Cliente é intencional e a prática começa com o exemplo nos comportamentos praticados pelas principais lideranças da empresa no dia a dia.

Guia final com 10 dicas práticas para implementação de uma cultura de excelência no atendimento ao cliente

1. Começa com a liderança

A liderança comprometida com a boa experiência do cliente é o primeiro passo para que a cultura seja propagada internamente.

Mais do que definições, o papel dos líderes é o de demonstrar a importância da cultura de centralidade no cliente através dos seus comportamentos.

2. Conheça o cliente

É importante conhecer o cliente em profundidade e a capacidade de capturar, armazenar e analisar os dados é fundamental para isso.

Mas mais do que apenas os dados transacionais, é necessário armazenar e analisar dados comportamentais que mostrem os momentos e motivos pelos quais o cliente se relaciona.

Tecnologia é importante para dar escala, mas ela não fará nada sozinha.

Os dados não são mais o "novo petróleo" porque estão disponíveis. O "novo petróleo" é a capacidade de usá-los de maneira relevante para o negócio e para o cliente.

3. Empatia e diálogo

O cliente se comunica de diferentes formas. Seja entrando em contato por algum motivo ou necessidade, seja através do seu comportamento de compra.

Entenda que, quando o cliente fala com a empresa, ele quer se sentir único e conhecido. Tão importante quanto utilizar indicadores ou metodologias como VoC, é dar atenção total ao que o cliente fala e ao que ele espera receber.

4. Tenha objetivos claros

Objetivo é o norteador dos resultados, portanto, estabelecer objetivos estratégicos quantitativos e qualitativos é fundamental.

Porém, os objetivos precisam ser claros, realizáveis e voltados para o cliente, como melhoria de satisfação, por exemplo, e não apenas para processos internos.

5. Defina metas e reconhecimentos

Estímulos ajudam a alcançar resultados. Engaje as equipes.

Todos gostam de se sentir valorizados pelos seus esforços. Mas cuidado, pois em uma cultura eficiente o engajamento não é consequência do reconhecimento, ao contrário: o reconhecimento acontece naturalmente por causa do engajamento.

6. Mensure os resultados

Tudo pode e deve ser mensurável quantitativamente ou qualitativamente.

Estabeleça um conjunto de indicadores dividindo-os em operacionais, que permitam gerenciar os processos, como NPS, CSAT, CES, TMA etc. e estratégicos, como índices de conversão, *churn*, indicação etc., que avaliam o impacto da experiência do cliente nas estratégias da empresa de maneira ampla, conforme o modelo de negócios.

7. Identifique e dissemine boas práticas

Treinamentos tradicionais são necessários, mas o diferencial estará na capacidade de estabelecer espaços de liberdade e estimular determinados comportamentos dos colaboradores nos contatos com os clientes, independente do canal.

Da mesma forma, é importante criar mecanismos para monitorar, identificar e disseminar tanto as melhores práticas que geraram boas experiências, como eliminar as práticas que foram ofensivas aos clientes.

8. Olhar ambidestro contínuo

O mundo está mudando rapidamente e o comportamento das pessoas em relação às marcas também. Portanto, a empresa não pode se acomodar com os bons resultados do presente.

É necessário olhar para o presente, mas também ficar atento e se preparar desde já para o futuro.

A tecnologia será uma facilitadora, mas sempre falaremos de conexões e experiências humanas com a marca.

9. Responsabilidade individual

Em uma cultura eficiente existe a consciência de que a responsabilidade sobre a experiência do cliente também é individual e não apenas coletiva.

Isso significa que é necessária a criação de um ambiente seguro para que erros possam ser assumidos e resolvidos, ideias sejam compartilhadas e a transparência e verdade para o cliente sejam premissas básicas.

10. Pessoas certas nos lugares certos

O bom atendimento ao cliente começa no RH.

Nem todas as pessoas têm o talento ou o dom para o relacionamento interpessoal e, muitas vezes, uma estratégia de centralidade no cliente é desmontada por causa de comportamentos inadequados e inconscientes das pessoas.

Identificar as pessoas certas para as posições certas é um dos primeiros passos para a disseminação de uma cultura eficaz.

4

Diagnóstico de atendimento: ferramenta de evolução contínua

Bruno Stuchi

Não adianta querermos evoluir algo se não soubermos a realidade onde estamos; este é o porquê deste capítulo existir. Muitas empresas decidem por investimentos em suas áreas de atendimento sem ao certo ter uma visão clara da situação atual, internamente e externamente. Ao longo destes mais de 10 anos apoiando diversas empresas a melhorarem o seu atendimento ao cliente, desenvolvemos uma forma prática para realizar um diagnóstico da sua operação e, a partir disso, poder tomar decisões mais assertivas e mais eficientes, operacional e financeiramente.

> *"Nada é menos produtivo do que tornar eficiente algo que nem deveria ser feito."*
>
> *Peter F. Drucker*

Quando aplicar?

O diagnóstico deve ser aplicado de forma contínua, dando base para suas ações e seus processos de melhoria contínua. Obviamente, devem ser considerados o tamanho da operação de atendimento, a velocidade de mudança da empresa e do mercado e sua disponibilidade de pessoas para executar este trabalho. Sugiro que isto ocorra uma vez ao ano, pelo menos. Bem planejado e executado, pode ser uma ótima ferramenta para o planejamento estratégico e orçamentário do ano seguinte, já que dará uma visão mais objetiva de onde os esforços para melhoria do atendimento ao cliente devem ser empregados.

No entanto, quanto menor o ciclo de diagnóstico e, principalmente, de execução das ações geradas a partir dele, mais rápida sua operação irá evoluir e alcançar níveis de excelência na eficiência interna e também para o cliente.

Dimensões do diagnóstico

Antes de efetivamente explicarmos cada passo deste método, é importante entendermos que é incompleto e imprudente pensarmos em realizar um diagnóstico sem considerarmos fatores externos e internos. Diversas companhias somente estão olhando para dados e resultados operacionais como produtividade, tempo médio de atendimento, nível de serviço etc. Outras só estão preocupadas com a Satisfação do Cliente ou mesmo com o NPS, já que este está vinculado ao bônus da empresa (evitarei esta polêmica por aqui). No entanto, as empresas que prosperam são as que conseguem equilibrar os dois lados e é por isto que temos que considerar estas duas dimensões no nosso diagnóstico:

Fatores externos

Os fatores externos estão relacionados a como seus clientes e parceiros se relacionam, veem e percebem as interações com sua central de atendimento. Vejam que incluí parceiros nesta visão. Muitas empresas se relacionam com seus clientes, em alguma etapa da jornada, através de parceiros, ou mesmo possuem centrais de atendimento específicas para este público. São exemplos de parceiros Distribuidores, Representantes, Prestadores de Serviço etc. Importante entender e mapear todos que se relacionam com sua central de atendimento.

A seguir, listo alguns exemplos de fontes de informação de fatores externos:

- Comentários do ReclameAqui;
- Dados e *feedback* das pesquisas com cliente e/ou do seu programa de VoC (*Voice of Customer*);
- Detalhamento da persona;
- Dados demográficos, econômicos etc. dos seus clientes.

Fatores internos

Além de olharmos para fora, com a mesma importância, devemos olhar para como é e está nossa central de atendimento, como ela funciona operacionalmente, quais os custos envolvidos e, inclusive, quais objetivos estratégicos da companhia o atendimento impacta ou por quais é impactado.

São exemplos de informações a serem levantadas:

- Qual a estrutura da sua central de atendimento (canais, grupos de atendimento, *front* e *back office* etc.);
- Dados operacionais (Indicadores do atendimento, *turnover*, CSAT etc.);
- Objetivos de negócio como metas, *benchmarkings* etc.;
- Informações financeiras como custos de time, contratos de tecnologia, terceirização etc.

A metodologia

Este trabalho de diagnóstico faz parte de uma metodologia mais ampla que desenvolvemos ao longo de anos e de muitos projetos com nossos clientes.

Metodologia de Design de Processos de Cliente

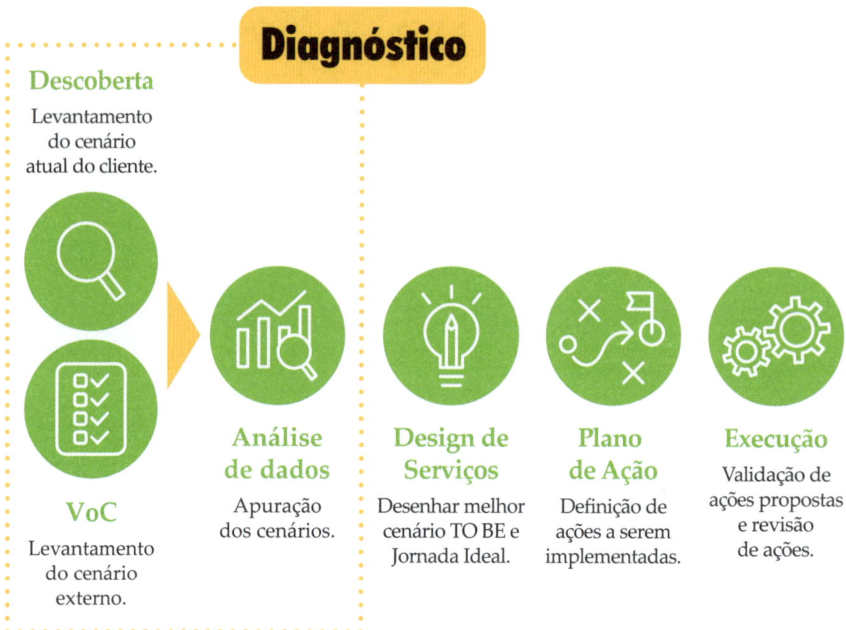

Fonte: Aktie Now

Como podem ver na imagem acima, o Diagnóstico é composto por 3 das 6 etapas de uma metodologia mais ampla que visa não apenas a identificação da situação atual, mas também a execução efetiva das melhorias e correções para que ao final os resultados sejam percebidos.

Entretanto, vamos focar nas etapas do Diagnóstico que são:

- ***Discovery*:** Etapa de levantamento do cenário interno (fatores internos) da empresa;
- **VoC:** Etapa de levantamento do cenário externo (fatores externos) da empresa;
- **Análise de Dados:** Etapa onde são realizadas as apurações, análises e cruzamento de dados coletados nas etapas anteriores.

As etapas de *Discovery* e VoC podem ser executadas em paralelo. No entanto, a Análise de Dados é totalmente dependente da conclusão destas duas etapas anteriores. Esta é a sequência do trabalho a ser executado, que desdobramos a seguir.

Discovery

Como já explicamos anteriormente, esta é uma fase de aprofundamento em fatores internos relevantes para sua operação. O "relevante" é importante porque podemos mergulhar em muitas dimensões e nos perdermos em dados e informações diversas que existem nas operações. Por isto, sugiro profundamente que comecem com os objetivos de negócio e metas da área e da empresa. Isto dará um bom direcionamento de onde focar.

Vou dividir esta fase em algumas seções para dar uma direção do que poderá ser levantado e por que será importante:

Objetivos de negócio

São metas da área e objetivos do negócio impactados pela área de atendimento ao cliente. Estes fatores são relevantes para entender qual a prioridade que deve ser dada para cada item analisado.

Alguns exemplos de objetivos de negócio são: quando a empresa quer crescer rapidamente, a operação de atendimento precisa estar pronta para aumentar o volume de atendimento sem aumentar muito os custos. Em outras situações, o foco é reduzir os custos da área, aumentando a produtividade e incentivando o uso de autosserviço. Por fim, há empresas que já atuam de forma eficiente, mas veem na central de atendimento uma chance de gerar receita extra. Estes exemplos mostram objetivos de negócio que precisam ser levantados e mapeados com seus gestores e com a alta direção da companhia.

Muitas organizações definem metas para suas áreas de atendimento. Podem ser metas operacionais como nível de serviço, CSAT, produtividade etc., ou mesmo metas de redução de custo.

Estrutura

Neste momento precisamos fazer uma "foto" de como está estruturada sua operação:

- Qual o organograma?
- A operação está dividida em grupos de atendimento? Se sim, como são divididas? Exemplo: Por canal de atendimento, por complexidade (N1, N2), estruturas de *back office* (Qualidade, Planejamento) etc.;
- Quais tecnologias utilizam?
- Quais os horários de atendimento, turnos etc.

Estes são alguns exemplos de informações que podem ajudar na sua análise de dados.

Dados operacionais

"Sem dados, você é apenas mais uma pessoa com uma opinião." Esta frase de William Edwards Deming deixa claro por que temos que trazer dados para nossa avaliação. Sem isso, nossos argumentos ficam fracos para novos investimentos, e vejo muitos gestores não conseguindo aprovação de *budget* justamente por falhar neste ponto.

Determine um período relevante para análise, pode ser 3, 6 ou 12 meses. Se estiver executando a metodologia de forma contínua, considere o prazo inicial ser o início da execução do ciclo anterior.

Dentro deste período, colete os dados que importam para as análises futuras, como exemplos:

- TMA, TME, TMT (Tempo médio de atendimento, tempo médio de espera, tempo médio total);
- FCR (Solução em primeiro contato);
- AHT (Tempo de trabalho do agente de atendimento);
- CSAT (pesquisa de satisfação realizada ao final do atendimento);
- Volume de atendimentos por canal, horário;
- Volume de atendimentos por motivo de contato;
- Retenção em canais de autosserviço;
- Entre outros.

Todos estes indicadores precisarão ser avaliados em diversas dimensões ou quebras, indicados por:

- Motivo de contato;
- Grupos de atendimento;
- Canal;
- Etc.

Informações financeiras

Cada vez mais as empresas buscam maior rentabilidade, que basicamente é a diferença entre receita e despesa. Com isso, as áreas de atendimento são pressionadas continuamente para reduzirem custos. Se temos que jogar este jogo, temos que ter posse de informações financeiras que nos ajudem na tomada de decisão:

- Qual o custo por atendimento humano? Qual seu custo total por atendimento?
- Qual o custo de pessoas?
- Quais os contratos de tecnologia e quanto custam?
- Quais os custos diretos e indiretos da área de atendimento?

Muitos devem estar se perguntando por que isso é tão importante. Vou dar um exemplo. Dependendo do seu custo por atendimento humano, vale investir em tecnologia para aumentar sua taxa de retenção em canais de autosserviço para o cliente, como *bots* ou mesmo evoluções do produto. Mesmo existindo um investimento, aumentando suas taxas de resolução automática, você reduzirá os custos no médio e longo prazo. Um exemplo simples onde cruzamos informações financeiras e dados operacionais.

VoC (Voice of Customer)

Antes de tudo, quero começar deixando claro que este não é seu programa de *Voice of Customer* e sim o nome utilizado para esta etapa da metodologia. Apesar de serem nomes iguais, eles têm amplitudes diferentes em um programa de CX e neste trabalho de melhoria operacional.

Dando continuidade, esta etapa é o momento para capturar os dados externos, ou seja, dos seus clientes e parceiros. Inicialmente, identifique quem são os atores que se relacionam com sua central de atendimento. Com base nisto, siga na coleta dos dados que podem ser:

- O que estão falando sobre seu atendimento no Reclame Aqui, Consumidor.gov, agências reguladoras, redes sociais etc.;
- Dados das pesquisas de satisfação e reputação;
- Informações do time de marketing sobre seu cliente (dados demográficos, econômicos etc.);
- Quem são suas personas;
- Caso sinta a necessidade, pode também criar um processo específico, como uma pesquisa ou mesmo uma dinâmica do tipo *Focus Group*.

Este último tópico é interessante para cobrir lacunas que permanecem nas informações já existentes, como quando queremos conhecer canais de atendimento de preferência, escutar sugestões do próprio cliente ou parceiro etc.

Análise de dados

Informações levantadas, hora de analisar e identificar os *gaps* e oportunidades. Vale ressaltar que, durante esta etapa, ao aprofundar-se nos itens, podem surgir novas necessidades de dados e informações. Crie um documento único e liste todos os pontos identificados nos passos a seguir.

O primeiro passo é analisar os dados de forma isolada (*Discovery* e VoC) e listar os *gaps* já identificados. Desta forma, você visualizará os pontos de maior destaque que, possivelmente, serão os de maior relevância.

Exemplos:

- *Discovery*:
    - Taxa de retenção em autosserviço muito baixa;
    - O principal motivo de contato representa 50% do seu volume de atendimento;
    - A produtividade por agente está muito baixa.
- **VoC:**
    - O cliente reclama sempre dos mesmos problemas. Quais?;
    - O perfil do meu cliente é 100% digital e estou focado no canal de voz;
    - Nível de satisfação muito baixo.

Após este passo, analise a correlação entre os pontos identificados no *Discovery* e no VoC. Neste momento, começamos a ver casos em que clientes pedem por um novo canal de atendimento, mas a operação não o disponibiliza; em que o cliente está insatisfeito por um certo motivo de contato, e este é o maior ofensor em termos de volume na sua operação.

Reparem que estamos fazendo de baixo para cima, ou seja, do operacional para o tático e estratégico. Não existe certo ou errado neste caso, mas vejo que, desta forma, chegar nos objetivos de negócio e estratégicos é mais uma questão de priorização e avaliação financeira das iniciativas.

Agora é a hora de olharmos para as metas da área e os objetivos do negócio, entender se existe algum ponto que não foi analisado e, para aqueles que já foram levantados, apontar quais têm maior relação com estes objetivos. Por exemplo, no caso da meta ser redução de custo, quais *gaps* e oportunidades identificados podem gerar este resultado. Caso seja aumentar a satisfação do cliente, quais poderão impactar mais este indicador.

É importante aprofundar cada item nesta lista, para encontrar a causa raiz do *gap*. Assim fica mais fácil avaliar e criar um plano de ação para melhorar ou resolver algo por completo.

Relatório final do diagnóstico

Ao final destas 3 etapas, o entregável final deve ser um relatório com as informações relevantes, os principais *gaps* identificados e uma ordem de priorização. Todo o relatório deve ser justificado, de preferência com dados e informações financeiras.

Sugiro a estrutura a seguir para esta apresentação:

1. Escopo do que foi analisado;
2. Quais os objetivos de negócio e metas considerados;
3. O que foi levantado no *Discovery*;
4. O que foi levantado no VoC;
5. Quais os *gaps* identificados e suas causas raízes;
6. Como foi realizada a priorização e a lista final priorizada.

Próximos passos

Não faz parte do objetivo principal deste capítulo, mas é muito importante que saibam que o trabalho não acaba por aqui. Com o relatório final apresentado e revisado, surgirão pontos de ajuste. Terá início o momento de trabalhar no planejamento das ações e execução do plano. Ou seja, analisar todo este trabalho, construir um plano de onde querem chegar e criar uma lista de ações e entregáveis que devem ser executados para que os objetivos sejam alcançados. Na nossa metodologia, chamamos essas etapas de

Design de Serviços, Plano de Ação e Execução. Assuntos para um outro momento.

Encerramento

Como vimos durante todo este capítulo, a etapa de diagnóstico é parte essencial para saber onde estamos e o que podemos melhorar. Um processo de evolução contínua é o que torna as empresas mais eficientes e rentáveis enquanto crescem e precisamos trazer essa cultura para a área de atendimento, fazendo com que ela se torne mais estratégica nas organizações. Espero que não apenas leiam, mas pratiquem este trabalho no dia a dia de vocês.

PARTE 2

5

Os 7 pilares da gestão de sucesso do atendimento ao cliente

Andréa Naccarati de Mello

Atender bem já não é suficiente. No contexto atual, em que os consumidores esperam respostas rápidas, soluções eficazes e interações humanas mesmo em ambientes digitais, o atendimento ao cliente tornou-se uma função estratégica e altamente integrada à experiência do consumidor. Empresas que desejam alcançar excelência neste campo precisam adotar uma visão sistêmica, que vai muito além do simples contato com o cliente.

A gestão de atendimento ao cliente de sucesso se sustenta sobre 7 pilares fundamentais que, juntos, permitem oferecer um serviço eficiente, personalizado e memorável. São eles:

Fonte: Autoral.

1. *Cultura organizacional centrada no cliente*

Fonte: Autoral.

A excelência no atendimento começa com uma cultura organizacional que realmente valoriza o cliente, e isso só se consolida quando a liderança acredita, promove e sustenta essa visão de forma concreta. Empresas que se destacam pela qualidade do atendimento possuem líderes comprometidos com a experiência do cliente como valor estratégico, não apenas como discurso de marketing.

Lideranças centradas no cliente inspiram empatia, escuta ativa e resolução de problemas como práticas diárias fundamentais. Elas promovem rituais constantes de reconhecimento, definem metas claras e alinhadas à experiência do cliente, e mantêm o cliente como pauta frequente em reuniões, indicadores e decisões estratégicas.

Essa visão organizacional envolve o desenvolvimento de valores como confiança, consistência e senso de missão compartilhada. A cultura forte e bem liderada transforma o atendimento de um departamento isolado em uma verdadeira mentalidade presente em todas as áreas da empresa, do produto ao marketing e operações, criando assim um diferencial competitivo sustentável.

Para fortalecer essa cultura, é essencial investir em treinamentos contínuos para desenvolver habilidades de atendimento humanizado, capacitar e empoderar os colaboradores para tomadas de decisão ágeis com diretrizes claras, e estruturar comunicação interna que destaque exemplos reais de sucesso e aprendizado coletivo. Além disso, incorporar métricas e a voz da linha de frente nas rotinas de gestão alimenta um ciclo contínuo de melhoria e engajamento.

Em suma, a construção e a manutenção de uma cultura organizacional centrada no cliente são pilares decisivos para garantir a excelência no atendimento, criar relacionamentos de longo prazo e potencializar os resultados do negócio.

2. *CRM e ecossistema tecnológico integrado ao atendimento*

Fonte: Autoral.

O CRM é o núcleo do atendimento ao cliente moderno, funcionando como um sistema central que integra múltiplos canais como e-mail, telefone, *chat*, WhatsApp e redes sociais em uma visão unificada do cliente. Essa integração permite um atendimento mais ágil, personalizado e contextualizado, pois o agente tem acesso imediato ao histórico completo de interações, preferências e dados relevantes, tudo em um único lugar.

Para oferecer essa experiência de forma consistente e escalável, o CRM precisa estar conectado a diversas tecnologias e práticas organizacionais, compondo um ecossistema digital de atendimento ao cliente. Entre os principais elementos desse ecossistema, destacam-se:

- **Arquiteturas e práticas de governança de dados:** sustentam uma base única e confiável de informações sobre o cliente, garantindo integridade, qualidade e conformidade com legislações como a Lei Geral de Proteção de Dados (LGPD). Essa governança é viabilizada por plataformas como *Customer Data Platforms* (CDPs[1]) e repositórios centralizados, que consolidam dados de diferentes fontes (canais de atendimento, sistemas de vendas, ERP[2] e formulários), permitindo análises integradas e personalização em escala.
- **Ferramentas de *Business Intelligence* (BI[3]) e análise de dados:** possibilitam a construção de *dashboards* em tempo real com métricas operacionais críticas, como tempo médio de

[1] *Customer Data Platform* (CDP) é uma tecnologia que reúne e unifica dados de clientes de vários canais, criando uma visão completa e única para personalizar e otimizar o atendimento, marketing e vendas.

[2] ERP (*Enterprise Resource Planning*) é um sistema integrado de gestão empresarial que automatiza e centraliza processos internos, como finanças, estoque e vendas, facilitando o fluxo de informações, melhorando a organização e apoiando decisões mais eficientes.

[3] Ferramentas de *Business Intelligence* (BI) organizam e analisam dados para criar relatórios que ajudam na tomada rápida e informada de decisões empresariais.

atendimento (TMA), resolução no primeiro contato (FCR) e *Net Promoter Score* (NPS). Esses indicadores orientam decisões táticas e estratégicas, promovendo melhoria contínua. Essas ferramentas também viabilizam análises preditivas, como previsão de *churn* ou demanda futura, e se integram a soluções de *Voice of Customer* (VoC) para capturar e interpretar *feedback* estruturado ao longo da jornada.

- **Plataformas *omnichannel*:** conectam todos os canais de comunicação da empresa incluindo atendimento, redes sociais, aplicativos, marketing e vendas em uma única interface, garantindo continuidade da jornada e coerência na experiência do cliente, independentemente do canal utilizado. O histórico de interações é preservado e acessível por qualquer atendente, promovendo fluidez e redução de retrabalho.
- **Inteligência Artificial (IA):** funcionalidades embarcadas em CRMs modernos, como assistentes virtuais, *chatbots*, análise de sentimento e priorização automatizada de chamados aumentam a escalabilidade sem comprometer a qualidade. A IA sugere respostas, classifica *tickets* por complexidade e identifica padrões de comportamento, permitindo que as equipes se concentrem em interações de maior valor.
- **Sistemas de Gestão de Tarefas e Processos (WMS[4]):** garantem organização interna, visibilidade de prazos e responsabilidade clara sobre cada etapa de resolução. Em situações em que múltiplas áreas são envolvidas na solução de um problema, esses sistemas evitam gargalos e asseguram a fluidez operacional, melhorando a experiência do cliente "por trás das cortinas".

4 *Warehouse Management System* (WMS) é um sistema de gestão de fluxo de trabalho que organiza, automatiza e monitora a sequência das atividades necessárias para a execução eficiente de processos internos.

- **Plataformas de Integração (iPaaS e APIs[5]):** conectam o CRM a outros sistemas da empresa, como ERP, *e-commerce*, ferramentas de automação e bancos de dados, garantindo troca fluida de informações e escalabilidade da operação.

Algumas plataformas oferecem soluções integradas e modulares, enquanto outras podem ser combinadas conforme a necessidade, o setor de atuação e a maturidade tecnológica da organização. Independente da escolha, empresas que estruturam esse ecossistema de forma estratégica transformam o CRM em um motor da experiência do cliente. O que antes era apenas um sistema de registro evolui para uma plataforma inteligente, capaz de prever necessidades, automatizar fluxos, apoiar decisões e encantar clientes com agilidade, consistência e personalização.

3. Fator humano presente

Fonte: Autoral.

---

[5] iPaaS (*Integration Platform as a Service*) é uma plataforma na nuvem que simplifica a integração e automação entre diferentes sistemas e aplicativos, enquanto APIs (*Application Programming Interfaces*) são conjuntos de regras que permitem a comunicação e troca de dados padronizada entre *software* distinto.

Mesmo com toda a evolução tecnológica, o fator humano continua sendo essencial no atendimento ao cliente. A experiência do cliente é profundamente impactada pela atitude, empatia, escuta ativa e segurança emocional do atendente. Por isso, selecionar as pessoas certas é o primeiro passo para uma operação de atendimento bem-sucedida.

O perfil ideal para atuar na linha de frente vai além de uma comunicação clara: exige sensibilidade, inteligência emocional, curiosidade e um genuíno interesse por resolver problemas. A capacitação deve ser contínua e adaptativa, não apenas focada em produtos e sistemas, mas também englobando aspectos comportamentais. Treinamentos sobre comunicação empática, resolução de conflitos, cultura da marca e uso das ferramentas digitais precisam fazer parte do cotidiano da equipe.

Além disso, empresas que posicionam a área de atendimento como ambiente de desenvolvimento, oferecendo trilhas de carreira, *feedback* frequente e reconhecimento, tendem a construir times mais engajados e alinhados à proposta de valor da organização.

Essa valorização do fator humano no atendimento não é apenas uma prática recomendada, mas também um entendimento corroborado por grandes marcas e pesquisas do setor. Um exemplo emblemático é a Starbucks, que reconheceu que a redução de pessoal em prol da automação acabou prejudicando a experiência do cliente. Conforme destacou seu CEO, Laxman Narasimhan:

> *"We're finding that investments in labor rather than equipment are more effective at getting customers their orders..."*[6]

---

[6] "Nós descobrimos que investimentos em pessoal, em vez de equipamentos, são mais efetivos para fazer com que os clientes recebam seus pedidos..."

A empresa reverteu parte dos cortes, contratando mais baristas e diminuindo a dependência da automação, reafirmando que a presença humana é insubstituível na experiência em loja.

Pesquisas recentes indicam a importância estratégica do fator humano em 2025:

- Segundo a Gartner, 95% das empresas mantêm atendentes humanos no SAC porque 51% dos consumidores confiam mais em pessoas do que em sistemas automatizados, e somente 7% preferem atendimento exclusivamente por IA;
- O estudo "Experience is Everything" (PwC, 2024) revela que 73% dos consumidores consideram a experiência um fator-chave nas decisões de compra, e 74% desejam mais interação humana no atendimento futuro;
- O relatório "CX Trends 2025" da Octadesk/Opinion Box mostra que 65% dos consumidores preferem falar com atendentes humanos em vez de *chatbots* e que 72% valorizam experiências personalizadas. A rapidez na resposta também é fundamental, com mais da metade esperando retorno em até cinco minutos;
- O Grupo Fleury, vencedor do Prêmio Consumidor Moderno 2025, aplica IA e *chatbots* para resolver metade das demandas automaticamente, mas mantém o foco no atendimento humano para casos complexos, reforçando uma estratégia tecnológica complementar, e não substitutiva;
- Relatórios de Zendesk e Gartner apontam que a IA generativa aumenta a eficiência, mas o toque humano permanece essencial para personalizar e evitar atendimento robotizado. Cerca de 70% dos líderes em *Customer Experience* acreditam que a IA vai incrementar a humanização da experiência.

Assim, apesar da revolução tecnológica, o fator humano é insubstituível para garantir empatia, segurança emocional e resolução eficaz de questões complexas no atendimento. A combinação de IA para automação e humanos para interações de maior impacto resulta em maior engajamento, satisfação e fidelização do cliente.

4. Gestão da força de trabalho (Workforce Management – WFM)

Fonte: Autoral.

Gerenciar pessoas em operações complexas de atendimento exige planejamento estratégico e precisão. O WFM é a disciplina responsável por dimensionar corretamente o time, prever picos de demanda, criar escalas de trabalho eficientes, acompanhar a aderência às jornadas e medir a produtividade; tudo isso sem abrir mão da qualidade no atendimento.

Com o suporte de sistemas especializados, que automatizam grande parte do processo, o WFM cruza dados históricos de volume de chamadas, calendários de campanhas, sazonalidades e padrões comportamentais dos clientes para prever com precisão o fluxo de atendimento. Essa previsão define a equipe ideal para cada período, evitando tanto a ociosidade quanto a sobrecarga — dois fatores que comprometem o desempenho e o bem-estar das equipes.

A aderência à jornada, ou aderência à escala, é o acompanhamento de quanto os agentes estão cumprindo seus horários e pausas conforme planejado, sendo fundamental para garantir o funcionamento alinhado à demanda prevista.

Por exemplo, isso evita que poucos agentes fiquem sobrecarregados em horários de pico enquanto outros permaneçam ociosos em momentos mais tranquilos, promovendo equilíbrio operacional e qualidade no serviço.

Além disso, o WFM contribui diretamente para a manutenção dos Acordos de Nível de Serviço (SLAs[7]), permite a identificação rápida de *gaps* de eficiência e alinha as expectativas dos clientes com a capacidade real de resposta da empresa. Desse modo, a operação torna-se mais eficaz, gerando satisfação tanto para o cliente quanto para a equipe interna.

Soluções modernas de WFM oferecem recursos avançados de análise preditiva e otimização contínua, ajustando automaticamente as escalas e recursos conforme mudanças na demanda, o que potencializa a agilidade e precisão da gestão da força de trabalho.

5. *Métricas e monitoramento para melhoria no atendimento*

No universo do atendimento ao cliente, a máxima "o que não se mede, não se gerencia" se mostra ainda mais relevante diante da complexidade e dinamicidade das operações modernas. As métricas são indispensáveis para diagnosticar falhas rapidamente, direcionar recursos e sustentar decisões estratégicas que impactam diretamente a experiência do cliente.

---

7 Acordo de Nível de Serviço (SLA, do inglês *Service Level Agreement*) é um contrato formal entre fornecedor e cliente que define os níveis de qualidade e desempenho esperados para um serviço, incluindo métricas como tempo de resposta, disponibilidade e resolução, garantindo transparência, responsabilidade e um padrão alinhado para a entrega do serviço.

Fonte: Autoral.

Não basta coletar indicadores, o desafio está em analisá-los de forma conectada, interpretando tendências e agindo de modo proativo. O acompanhamento contínuo permite identificar gargalos, reconhecer talentos, ajustar processos e antecipar riscos à reputação.

A aplicação prática dessas métricas se destaca em iniciativas como:

- **Ajuste dinâmico de recursos:** ao notar aumento na espera dos clientes em certos horários, equipes podem redistribuir agentes, reprogramar escalas e evitar insatisfação ou abandono, graças à visibilidade que tempos médios e taxas de abandono proporcionam;
- **Reconhecimento e desenvolvimento dos colaboradores:** métricas sobre resolução no primeiro contato e satisfação do cliente são base para reconhecer desempenhos excepcionais e orientar treinamentos direcionados, promovendo um círculo virtuoso de aprendizado na equipe;
- **Gestão multicanal inteligente:** segmentar resultados por canal (telefone, *chat*, rede social) permite identificar onde aprimorar processos, investir em automação ou intensificar capacitação humana, sempre alinhando tecnologia e calor humano onde são mais necessários;

- **Prevenção de insatisfação e perda de clientes:** monitorar indicadores como NPS e CES identifica rapidamente sinais de alerta, possibilitando ações para reverter experiências negativas antes que se transformem em *churn* ou reclamações públicas;
- **Acompanhamento em tempo real e melhorias contínuas:** o uso de *dashboards* integrados viabiliza ajustes instantâneos, enquanto alertas automáticos garantem respostas rápidas a desvios de padrões, fortalecendo a cultura da melhoria contínua.

Complementando as métricas tradicionais, a análise qualitativa de relatos abertos, *feedback* espontâneo e monitoramento dos canais digitais adicionam percepção de valor e profundidade ao entendimento da jornada do cliente, embasando melhorias estruturais nos processos e soluções oferecidas.

Desse modo, as métricas no atendimento não apenas quantificam resultados, mas orientam diretamente as decisões que promovem satisfação, eficiência e fidelização, pilares reconhecidos por especialistas do setor como determinantes para o sucesso competitivo e sustentável das organizações modernas.

6. Voice of Customer (VoC) e análise de feedback

Fonte: Autoral.

Todo contato com o cliente, seja reclamação, elogio, seja uma simples dúvida, é uma oportunidade valiosa de escuta ativa. O conceito de *Voice of Customer* (VoC) parte dessa premissa: entender profundamente o que os clientes estão dizendo, direta ou indiretamente, e transformar essas percepções em decisões estratégicas que impactem positivamente o atendimento e o negócio.

Para isso, é fundamental consolidar todas as interações em uma base única, estruturando dados qualitativos e quantitativos de forma integrada e organizada, para que possam ser analisados com agilidade e precisão. O cruzamento dessas informações permite identificar padrões, mapear recorrências e antecipar necessidades futuras dos clientes.

Empresas maduras nesse aspecto utilizam plataformas integradas que capturam dados de múltiplos pontos, incluindo pesquisas (CSAT, NPS, CES), registros de SAC (Serviço de Atendimento ao Consumidor), redes sociais, *chats* em tempo real e canais de avaliação on-line, como o Reclame Aqui. O uso sério e sistemático dessas informações viabiliza ações rápidas de correção, aprimoramento contínuo dos produtos e serviços, desenho de processos mais alinhados às reais expectativas dos clientes e fortalecimento da percepção de valor da marca.

Além disso, a adoção de tecnologias avançadas, como análise de linguagem natural (Processamento de Linguagem Natural – PLN[8]) e inteligência artificial, potencializa a extração de *insights* profundos desses dados, permitindo às empresas antecipar tendências, identificar causas raízes de problemas e desenvolver estratégias proativas de atendimento e fidelização.

---

[8] Processamento de Linguagem Natural (PLN) é uma área da inteligência artificial que permite aos computadores entender, interpretar e responder à linguagem humana, seja falada, seja escrita, usando técnicas de aprendizado de máquina e linguística computacional para tornar a comunicação entre humanos e máquinas mais natural e eficiente.

Assim, um fluxo eficiente e qualificado de informações baseado no VoC transforma o atendimento em um ambiente dinâmico de aprendizado contínuo, onde a voz do cliente orienta decisões e promove melhorias tangíveis na experiência e satisfação.

7. Gestão da reclamação no atendimento ao cliente

Fonte: Autoral.

Lidar de forma estruturada e estratégica com as insatisfações dos clientes é fundamental para transformar problemas em oportunidades reais de encantamento e fidelização. O estudo "The value of customer complaint management", da Harvard Business Review, revela que clientes que tiveram um problema resolvido eficazmente tendem a ser mais leais do que aqueles que nunca enfrentaram dificuldades.

A gestão da reclamação vai muito além de simplesmente responder a um chamado. Trata-se de um processo contínuo que envolve registrar e categorizar as queixas, analisar suas causas, aplicar soluções rápidas e monitorar os resultados para garantir que os problemas não se repitam. Empresas bem preparadas antecipam potenciais reclamações, estruturam bases de conhecimento e capacitam suas equipes para atuar com eficiência em cenários diversos.

Para isso, é indispensável contar com canais acessíveis e integrados como telefone, e-mail, redes sociais, *chat*, órgãos reguladores e plataformas de avaliação, como o Reclame Aqui, que possibilitam um fluxo único de informações, evitando retrabalho e garantindo consistência no atendimento.

O *empowerment* dos atendentes deve ser fomentado, mas sempre com limites claros e processos definidos, assegurando autonomia para a tomada de decisões ágeis e alinhadas às políticas da empresa.

Além disso, a prática do *closed-loop feedback* (comunicar ao cliente as melhorias implementadas a partir de sua reclamação) fortalece a confiança e consolida relacionamentos duradouros.

Essa gestão estruturada traz benefícios tangíveis: recuperação de clientes insatisfeitos, diminuição de custos operacionais, melhoria contínua de produtos e processos, e fortalecimento da reputação da marca, elementos centrais para a sustentabilidade competitiva das organizações.

Alguns desses pilares serão aprofundados por outros autores ao longo desta obra.

Governança na gestão do atendimento ao cliente

A gestão eficaz do atendimento ao cliente requer estruturas sólidas de governança[9] que garantam clareza, controle, conformidade e melhoria contínua dos processos. Governança, nesse contexto, significa assegurar que os procedimentos estejam bem documentados, auditáveis, alinhados às normas regulatórias e éticas da organização, além de serem comunicados a toda a equipe.

---

[9] Governança do atendimento define as diretrizes, políticas e responsabilidades estratégicas que orientam o que deve ser feito e monitorado para garantir qualidade, transparência e alinhamento com os objetivos da empresa; já a gestão do atendimento é a prática operacional que executa, controla e ajusta as ações diárias para entregar a experiência desejada ao cliente, transformando a estratégia em resultados efetivos.

Fonte: Treasy

Inclui programas rigorosos de monitoramento da qualidade do atendimento, que avaliam critérios técnicos e comportamentais por meio de indicadores como o Índice de Qualidade de Atendimento (IQA), que mensura aspectos qualitativos como cordialidade, assertividade e eficácia. Auditorias periódicas e protocolos claros de *compliance*, como os exigidos pela Lei Geral de Proteção de Dados (LGPD), são fundamentais para preservar a segurança da informação e a confiança do cliente.

Metodologias consagradas de melhoria contínua, como PDCA *(Plan, Do, Check, Act*[10]*)*, Lean[11] e Kaizen[12], são aplicadas para promover ajustes sistemáticos e engajamento da equipe na busca por excelência operacional. A certificação ISO 18295, específica para

---

10 O PDCA (Plan, Do, Check, Act) é um método de gestão cíclico que busca a melhoria contínua de processos por meio de quatro etapas: Planejar (definir objetivos e ações), Fazer (implementar o que foi planejado), Verificar (monitorar e avaliar os resultados) e Agir (corrigir falhas, padronizar melhorias e reiniciar o ciclo). Essa abordagem sistemática permite identificar problemas, testar soluções, garantir a eficiência dos processos e promover ajustes constantes para aumentar a qualidade e a produtividade organizacional.

11 Lean é uma filosofia de gestão que busca aumentar a eficiência, eliminar desperdícios e criar processos enxutos, focando na entrega máxima de valor ao cliente com o mínimo de recursos necessários. Originada no Sistema Toyota de Produção, Lean promove melhoria contínua e simplificação para reduzir custos e otimizar resultados.

12 Kaizen é uma filosofia japonesa de melhoria contínua que busca aprimorar processos, reduzir desperdícios e aumentar a produtividade por meio de pequenas mudanças constantes e graduais, envolvendo toda a equipe — desde colaboradores até a gestão. Essa abordagem valoriza ajustes diários simples, em vez de grandes transformações, para promover eficiência e evolução sustentada no longo prazo.

centrais de relacionamento, estabelece diretrizes internacionais que norteiam a qualidade e a consistência no atendimento.

A governança também contempla o desenvolvimento e manutenção de políticas documentadas, treinamentos constantes e comunicação efetiva para que toda a equipe esteja alinhada aos padrões técnicos, legais e éticos. Além disso, ela assegura uma experiência consistente em todos os canais de atendimento, elemento essencial em operações *omnichannel*.

Finalmente, a gestão estruturada da governança permite identificar e mitigar riscos operacionais e reputacionais, garantindo que falhas no atendimento, violações de dados ou não conformidades sejam prontamente corrigidas, protegendo a imagem da organização e fortalecendo a relação de confiança com o cliente.

Finalizando, a excelência no atendimento ao cliente é construída diariamente, a partir de uma combinação harmoniosa entre vários pilares conforme descrito. Gestores que dominam isso estão mais bem preparados para entregar um atendimento que não apenas resolve, mas encanta.

6

A experiência do colaborador aprimorando o atendimento ao cliente

Larry Sackiewicz

No cenário de negócios competitivo de hoje, a importância de oferecer um atendimento excepcional ao cliente não pode ser exagerada. Embora muito foco seja colocado em estratégias centradas no cliente, um fator igualmente importante muitas vezes passa despercebido: **a experiência do colaborador**. A satisfação e o engajamento dos colaboradores desempenham um papel fundamental na formação das experiências do cliente, e as empresas que reconhecem e investem nesse relacionamento podem colher recompensas significativas.

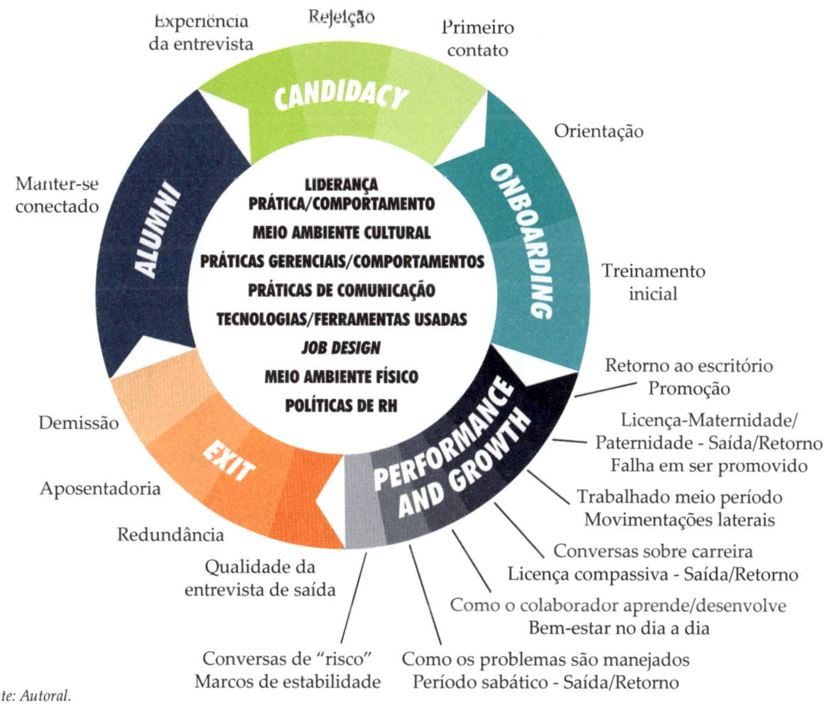

Fonte: Autoral.

A experiência do colaborador é a percepção geral de um colaborador sobre seu empregador com base em suas interações com a empresa ao longo dos cinco estágios do ciclo de vida do colaborador:

1. **Recrutamento;**
2. **Integração (ou *onboarding*);**
3. **Desenvolvimento;**
4. **Retenção;**
5. **Saída e *alumni*.**

Afinal, somos todos humanos. Quando nos sentimos estressados, isso se reflete em nossas ações e palavras. Colaboradores insatisfeitos manifestam seu desengajamento em seu trabalho e interações com os clientes, ainda que seja trabalho do colaborador permanecer positivo e profissional, mesmo com clientes exigentes ou impacientes.

Quando estressados, sobrecarregados ou se sentindo desvalorizados, até mesmo uma única palavra mal utilizada pode ser a última gota em um copo cheio de emoções negativas. Esse clima será transferido para os próximos clientes, eventualmente azedando a experiência do cliente com a marca e a experiência do colaborador.

Por outro lado, colaboradores felizes são mais propensos a irem além para ajudar um cliente. Ao se sentirem valorizados pelos gerentes e satisfeitos com seus trabalhos, uma experiência negativa não diminuirá seus ânimos. Assim como um pequeno soluço em uma viagem tranquila, os colaboradores continuarão engajados, motivados e comprometidos com seus trabalhos.

A dura verdade é que os Millennials e a Geração Z são menos propensos a permanecer em seus empregos. Para reter seus colaboradores, você deve oferecer mais do que apenas um local de trabalho "bom o suficiente".

A correlação entre EX e CX

O estudo "Customer Experience Horizons", do MIT Technology Review, examinou um grande varejista global cujos negócios dependiam de colaboradores voltados para o cliente. Depois de analisar três anos de dados financeiros e de colaboradores, os pesquisadores encontraram uma ligação clara e substancial entre colaboradores e receita.

> *"O MIT Technology Review Insights descobriu que os colaboradores estão procurando as mesmas coisas que os clientes de uma marca: personalização, valores e eficiência."*

Se uma área de atendimento ao cliente pudesse passar do quartil inferior para o quartil superior em cada uma das métricas de experiência do colaborador que estudamos, ela aumentaria sua receita em mais de 50% e os lucros em quase o mesmo... Se uma área de atendimento ao cliente pudesse passar do quartil inferior de desempenho para o quartil superior em cada uma das quatro dimensões, ela passaria de gerar R$ 285 por pessoa-hora trabalhada para R$ 435 por pessoa-hora. Isso é um aumento superior a 50% na receita.

Faz sentido que as empresas com colaboradores engajados superem as empresas que não têm colaboradores engajados. Afinal, fortes taxas de engajamento dos colaboradores levam a uma maior longevidade e, muitas vezes, são esses colaboradores mais antigos que são essenciais para fornecer CX sem problemas.

Embora a criação de uma cultura organizacional positiva seja fundamental para aprimorar EX e CX, o que acontece quando ela não existe?

Quando um bom serviço de atendimento ao cliente vacila: um estudo de caso pessoal

Eu tinha ouvido inúmeras histórias sobre experiências negativas de consumidores com relação ao atendimento ao consumidor de um cliente meu com quem estava trabalhando já há algum tempo. Por questão de ética, vamos dar a essa empresa o nome fictício de Beta, mas o fato é que não havia experimentado essas experiências negativas no atendimento em primeira mão.

Curiosamente, descobri que a verdadeira medida do CX é frequentemente revelada em tempos difíceis. Sim, isso é muito parecido com o ditado sobre indivíduos mostrando seu verdadeiro caráter em tempos de adversidade.

Após alguns meses de serviço forte, encontrei um problema com a Beta. Logo percebi que meu nível de satisfação com o serviço de atendimento deles estava caindo. Visivelmente, coincidiu com o início da alta rotatividade de colaboradores do atendimento ao cliente da Beta.

Em grande parte, minhas interações com a Beta foram on-line, mas tive a recente oportunidade de visitar seus escritórios, e em especial a área de atendimento ao cliente deles, e a visita forneceu mais informações sobre minha experiência ruim.

Nos bastidores: insights de uma visita à Beta

Durante minha visita à Beta, especificamente na área de *call center* interno, observei uma falta de trabalho em equipe entre os agentes de atendimento. Apesar de suas boas intenções, os colaboradores de todos os departamentos não foram capazes (ou talvez dispostos) de se unir para resolver meu problema.

Houve uma pessoa que assumiu o comando, um supervisor, mas, assim que a solução exigiu a ajuda de um colega de um grupo diferente, as conversas pararam. A atmosfera no escritório estava sombria e havia murmúrios sobre outro colaborador que havia se demitido no início da semana por um desentendimento com a gerência.

Uma conversa mais profunda com meus contatos revelou que os colaboradores sentiam que suas vozes não eram ouvidas e que não se sentiam valorizados. Um problema clássico de não ouvir a voz do colaborador.

Os pilares do engajamento dos colaboradores

Esses *insights* se alinham com a pesquisa da Gallup "O que é engajamento dos funcionários e como melhorá-lo?", que revelou os cinco principais impulsionadores do engajamento dos colaboradores e sua importância na construção de uma experiência forte para os colaboradores. Esses motivadores incluem criar um senso de propósito, garantir o desenvolvimento pessoal e profissional, emparelhar indivíduos com um gerente atencioso, facilitar conversas contínuas e focar nos pontos fortes e não nos pontos fracos de um indivíduo.

De todos os fatores da pesquisa da Gallup, a importância descomunal dos gerentes me surpreendeu. A Gallup descobriu que os gerentes determinam 70% da variação no engajamento da equipe. Embora alguns de nós tenhamos sorte e trabalhemos com grandes gerentes, nem sempre é esse o caso. Mas não há necessidade de se desesperar. Existem várias estratégias para melhorar a experiência do colaborador.

Elaborando a jornada do colaborador: dicas para melhorar o EX

Quando o engajamento dos colaboradores é forte, os colaboradores sentem um sentimento de pertencimento, assumem a responsabilidade, permanecem mais tempo na empresa e têm um desempenho em níveis mais altos. Assim como projetar um mapa da jornada do cliente, as empresas com forte EX precisam:

- Identificar as principais personas;
- Documentar os estágios da jornada de seus colaboradores;
- Identificar as principais necessidades;
- Identificar maneiras de melhorar o ciclo de vida do colaborador em cada estágio da jornada.

Por exemplo, uma persona, que pode ser a Joyce, uma jovem profissional de atendimento ao cliente que trabalha remotamente. Joyce tem três anos de experiência na área. Ela mora na periferia, mas gostaria de se mudar para um local próximo ao escritório.

Enquanto a vida na periferia é boa, Joyce está procurando a agitação e a espontaneidade da cidade. Do ponto de vista do trabalho, Joyce quer crescer em sua carreira e gostaria de administrar uma equipe de atendimento um dia.

Ao pensar no ciclo de jornada do colaborador de Joyce, as metas podem incluir:

Fonte: Autoral.

Com isso em mãos, o próximo passo é documentar a experiência do colaborador, respondendo:

- Quais são as atividades de Joyce em cada estágio da jornada?
- Quais são os pontos de contato e o processo?
- Quem ou quais grupos dentro da empresa estão envolvidos no processo?
- Quais tecnologias estão envolvidas, se houver?
- O que Joyce está pensando, sentindo e fazendo em cada estágio?
- O que está funcionando bem e o que precisa ser melhorado?
- Qual foi o motivo real da saída de Joyce?

Depois que a jornada do colaborador for documentada, você verá obstáculos que impedem que os colaboradores obtenham a melhor experiência. Após identificar esses obstáculos, você poderá trabalhar com a equipe para identificar soluções.

Dentro das empresas, o RH às vezes é dono da experiência do colaborador. No entanto, é importante saber que é preciso um esforço coletivo e multifuncional para garantir que a jornada do colaborador seja ideal em todo o ciclo de vida. Dada a importância do papel do gerente em impulsionar o engajamento dos colaboradores, o treinamento de gerenciamento e liderança geralmente se torna um componente crítico para melhorar o EX.

Não se sinta desanimado por quem está lendo isso e não trabalha em uma empresa onde o RH está assumindo a liderança e proporcionando uma ótima experiência para os colaboradores. Você sempre pode trabalhar com sua equipe para criar uma ótima experiência dentro dos componentes que possui. Começar pequeno e contar com a ajuda de equipes adjacentes pode ser exatamente o que seu grupo precisa para aumentar a experiência.

Mapa de Jornada do Colaborador

Fonte: Autoral.

Elevando o CX por meio de EX

A conexão entre EX e CX é crucial para o sucesso dos negócios. As empresas com colaboradores engajados relatam taxas de vendas e fidelidade de clientes significativamente mais altas. Colaboradores engajados são mais presentes, produtivos e sintonizados com as necessidades dos clientes, melhorando as interações e a satisfação destes. As empresas que priorizam uma experiência positiva do colaborador veem melhorias na satisfação do cliente, inovação e lucratividade, e esse fator é ainda mais importante na área de atendimento ao cliente, ponta de lança entre a empresa e o cliente.

No geral, minha experiência como contratante e fornecedor ressalta a importância de promover uma experiência positiva do colaborador para aumentar a satisfação do cliente. As empresas devem priorizar o bem-estar e o engajamento dos colaboradores para criar um círculo virtuoso de EX e CX aprimorados, beneficiando colaboradores e clientes.

Oportunidades de crescimento promovem um senso de lealdade

Investir em treinamento e desenvolvimento de colaboradores é uma situação vantajosa para os colaboradores e para a empresa. As empresas podem se manter competitivas, com uma equipe altamente qualificada e conhecedora das tendências e tecnologias recentes.

Por outro lado, aprender novas habilidades e ter um plano de carreira claro influenciam fortemente a satisfação no trabalho dos colaboradores.

Uma pesquisa da Gallup publicada no relatório "State of the Global Workplace 2024" revelou que as oportunidades de crescimento na carreira estão entre os fatores mais significativos na retenção de colaboradores. A pesquisa descobriu que 57% dos colaboradores desejam melhorar suas habilidades e 65% consideram essencial a qualificação fornecida pelo empregador ao considerar um novo emprego em potencial. Por outro lado, 48% mudariam de emprego se oferecessem treinamento de habilidades em outro lugar.

Flexibilidade para produtividade

Os empregadores que adotam a flexibilidade têm maior probabilidade de reter os melhores talentos, atrair colaboradores de uma ampla variedade de origens, criar um ambiente de trabalho positivo e solidário e, finalmente, alcançar maior sucesso.

A pesquisa mostrou consistentemente que os colaboradores que se sentem valorizados e apreciados têm maior probabilidade de se engajar e se comprometer com sua organização. Abraçar a flexibilidade significa reconhecer que diferentes colaboradores respondem de maneira diferente a vários incentivos e vantagens.

Por exemplo, alguns colaboradores podem preferir horários de trabalho flexíveis ou trabalho remoto, enquanto outros podem preferir tirar férias em períodos menores, em vez de duas semanas completas.

Além de melhorar a retenção e a produtividade dos colaboradores, a flexibilidade pode contribuir para um local de trabalho mais diversificado e inclusivo. Os empregadores podem atrair e reter trabalhadores de uma ampla variedade de origens e experiências, oferecendo uma variedade de opções para arranjos de trabalho.

A experiência do colaborador sofre com aplicativos desatualizados

A tendência de consumerização de TI — onde os colaboradores esperam que sua tecnologia de trabalho seja tão boa quanto a pessoal — só acelerou recentemente. A experiência do colaborador sofre com *software* antigo e desajeitado (os sistemas legados). Isso retarda tudo e faz com que os colaboradores percam tempo em tarefas repetitivas e de baixo valor, em vez de se concentrarem no que importa. Os colaboradores mais jovens, em particular, querem trabalhar para empresas com sistemas modernos para apoiar uma força de trabalho engajada e energizada.

Com tantas pessoas trabalhando em casa, os colaboradores confiam mais na tecnologia para ajudá-los a fazer seu trabalho. E se essa tecnologia for ineficiente, o trabalho remoto pode se tornar um desafio.

Quer aproveitar os benefícios da experiência do cliente (CX), incluindo ganhos em satisfação do cliente, fidelidade do cliente e vendas? Uma das maneiras mais eficazes de fazer isso é recorrer ao outro lado da moeda da experiência do cliente: a experiência do colaborador (EX).

As empresas líderes reúnem seus programas e estratégias de experiência do colaborador e experiência do cliente e combinam dados de experiência do colaborador e do cliente para fornecer resultados mais fortes para EX e CX.

Por que os colaboradores são essenciais para uma ótima experiência do cliente

Os colaboradores são um recurso incrível para identificar problemas que afetam a experiência do cliente e para encontrar soluções acionáveis para melhorar as experiências do cliente. Eles também são uma força dominante que molda a experiência geral do cliente. Quando os colaboradores estão engajados e satisfeitos, os clientes também estão.

Os colaboradores são um recurso poderoso para identificar problemas e soluções acionáveis para melhorar a experiência do cliente

Seus colaboradores da linha de frente sabem mais sobre seus clientes do que qualquer pessoa em sua organização. Se você quiser entender (quanto melhorar) a experiência do cliente, centralizar a voz de seus colaboradores é um dos melhores lugares para começar.

Sua empresa pode descobrir sobre o atrito na jornada do cliente e na jornada do colaborador que está tendo um impacto negativo na experiência do cliente, aproveitando o poder das pesquisas de *feedback* dos colaboradores, da escuta dos colaboradores e do *crowdsourcing* dos colaboradores.

O *feedback* dos colaboradores é inestimável para melhorar as experiências do cliente porque os colaboradores estão na linha de frente, interagindo diretamente com os clientes. Ao aproveitar essa riqueza de conhecimento, as empresas podem adaptar seus serviços ou produtos para atender às necessidades dos clientes com mais precisão, levando a uma maior satisfação e fidelidade. A incorporação do *feedback* dos colaboradores promove uma cultura de melhoria contínua e inovação, elevando a experiência geral do cliente.

Algumas das áreas em que os colaboradores podem ajudar as marcas a descobrirem problemas anteriormente não detectados ou negligenciados incluem desafios com processos, tecnologias, serviços e treinamento de colaboradores de uma empresa. Além de esclarecerem o que está prejudicando a experiência do cliente, os colaboradores também são um recurso valioso para identificar possíveis soluções que chegam à causa raiz.

Colaboradores engajados são mais propensos a oferecer uma ótima experiência ao cliente

Investir no engajamento dos colaboradores, em especial na área de atendimento ao cliente, pode ser uma estratégia vencedora para as empresas, por vários motivos. Para começar, os colaboradores que se sentem valorizados, ouvidos e conectados à sua marca são mais propensos a permanecer. Colaboradores felizes e engajados também são mais propensos a fazer seu melhor trabalho e fornecer melhores serviços e experiências ao cliente, o que, por sua vez, pode aumentar a satisfação, retenção, fidelidade, vendas e reputação da marca do cliente.

Quando os colaboradores entendem e se sentem conectados à promessa da marca e à estratégia de CX alinhada, eles ficam mais engajados e satisfeitos em seus trabalhos, além de oferecerem uma experiência diferenciada e preferida aos clientes. Por sua vez, clientes satisfeitos continuam a usar a marca e a defendê-la.

Descobriu-se que empresas com altos níveis de engajamento dos colaboradores observaram um aumento de 10% na fidelidade e no engajamento do cliente, de acordo com pesquisadores da Gallup.

Para colher essas recompensas, as marcas precisam priorizar ouvir, entender e atender às necessidades dos colaboradores e garantir que os membros da equipe se sintam conectados à missão geral da organização e estejam motivados a trabalhar juntos em apoio às metas de CX da empresa.

Sem entender o que seus colaboradores precisam e sem tomar medidas significativas para atender a essas necessidades, os colaboradores não podem oferecer a experiência do cliente que sua organização selecionou com tanto cuidado.

Por que as empresas devem alinhar suas estratégias de EX com suas estratégias de CX

De acordo com os especialistas que entrevistamos, quando as empresas reúnem seus esforços de experiência do cliente e do colaborador, elas têm o potencial de:

- Reduzir a rotatividade de colaboradores e clientes;
- Melhorar a satisfação de clientes e colaboradores;
- Impulsionar a fidelidade de colaboradores e clientes;
- Aumentar a eficiência operacional;
- Impulsionar a inovação;
- Fortalecer os resultados financeiros, como vendas.

> *A integração de estratégias de experiência do cliente e do colaborador pode criar um círculo virtuoso em que colaboradores satisfeitos levam a clientes satisfeitos e vice-versa.*

Os líderes de experiência do colaborador são quase 2 vezes mais propensos a relatar maior satisfação do cliente e maior retenção de clientes, e as empresas líderes de CX têm 2,8 vezes mais chances de serem vistas como um ótimo lugar para trabalhar, em comparação com empresas de baixo desempenho.

Como investir na experiência do colaborador para permitir ótimas experiências do cliente

1. Crie um programa de voz do colaborador (VoE)

As empresas líderes demonstram seu compromisso em incorporar o *feedback* dos colaboradores, criando canais estruturados para programas de voz do colaborador (VoE), semelhantes às iniciativas de voz do cliente (VoC).

Dê aos seus colaboradores uma plataforma para compartilhar *insights* e sugestões para melhorar as interações com os clientes por meio de:

- Pesquisas com colaboradores;
- Caixas de sugestões;
- Fóruns;
- *Feedback* de vídeo;
- *Crowdsourcing*.

2. Aja de acordo com as sugestões dos colaboradores

Mais do que simplesmente coletar sugestões dos colaboradores, é importante trazê-las à vida e garantir que os membros da equipe em toda a organização tenham o poder de influenciar as táticas de experiência do cliente.

Se você deseja conquistar novos clientes ou fazer um trabalho melhor de reter os clientes existentes ao longo do tempo, recorrer à inspiração de seus colaboradores pode ser transformador para sua organização.

Esse foi o caso de uma popular plataforma de hospedagem e compartilhamento de vídeos. Quando a empresa aproveitou uma recomendação de um de seus colaboradores, eles conseguiram lançar uma nova unidade de negócios que acabou ajudando a marca a evoluir de uma plataforma de *streaming* de vídeo em dificuldades para se tornar uma empresa SaaS de sucesso.

Esta é uma prática que a própria empresa pode colocar em ação e leva a inovações dentro da própria empresa. Ao ouvir o *feedback* dos colaboradores, a equipe da empresa descobriu que seus clientes estavam procurando maneiras de manter seus colaboradores engajados ao longo do ano. Como resultado dessa percepção, a marca introduziu um novo recurso, um calendário anual de engajamento de colaboradores cheio de ideias para ajudar os profissionais de RH a criarem planos de engajamento, que os clientes da empresa esperam receber todos os anos.

3. Implante esforços para melhorar o desempenho dos colaboradores

O esgotamento dos colaboradores, o moral baixo, o desengajamento e a diminuição da produtividade e do desempenho podem levar a consequências negativas para a experiência do cliente. Para preparar os membros de sua equipe para o sucesso, recomendamos usar as ferramentas e práticas recomendadas mais recentes, incluindo IA, otimização de fluxo de trabalho, treinamento de agentes, análises e automação, para otimizar o desempenho dos colaboradores e aprimorar as interações com os clientes.

4. Certifique-se de que os colaboradores entendam o "porquê" por trás de suas iniciativas de experiência do cliente

Para criar um ambiente no qual os colaboradores estejam mais dispostos a apoiar os esforços para melhorar a experiência do cliente, recomendamos garantir que os colaboradores tenham uma visão sobre o que se espera deles (e por quê).

A seguir, uma abordagem de cinco estágios projetada para transformar sua cultura organizacional, desenvolver uma experiência ideal para os colaboradores e, por sua vez, oferecer um envolvimento verdadeiramente elevado do cliente.

Estágio 1: Entenda seus dados

Você realmente sabe o que seus colaboradores e seus clientes pensam? Como eles estão se sentindo? O que você está fazendo bem? O que você poderia fazer melhor? Uma combinação de dados quantitativos e dados literais/qualitativos ajudará você a realmente entender o que seus clientes estão dizendo sobre sua marca.

Embora várias fontes e plataformas de dados de clientes devam ser revisadas, muitas vezes são suas equipes de linha de frente voltadas para o cliente que realmente sabem o que os clientes estão dizendo, pois estão mais próximas deles todos os dias. Não se esqueça de perguntar a eles.

Estágio 2: Crie uma visão de serviço

A maioria das empresas tem uma visão geral da empresa, mas uma visão de experiência do cliente é a chance de criar e focar em uma proposta comum de atendimento ao cliente: o "porquê", o propósito e a razão compartilhados para todos os colaboradores.

> *A visão da experiência do cliente deve ser sustentada por dados e insights reais (desde o primeiro estágio), com suas equipes de linha de frente desempenhando um papel ativo nessa criação.*

Estágio 3: Dê vida a essa visão de serviço

Traduza a visão de serviço para as equipes da linha de frente, estabelecendo padrões e comportamentos de serviço. Considere um programa de aprendizado (contínuo) que possa ser apreciado por todos, para que os padrões e comportamentos de serviço sejam compreendidos e incorporados em toda a organização. Aprender divertido e interativo funciona melhor, como Realidade Virtual (RV) ou o uso de avatares para representar graficamente a equipe e/ou os clientes. Revisite isso continuamente.

Sem essa etapa, você obtém uma estratégia que parece boa no papel, mas não é executada pelas equipes da linha de frente, e isso se torna o elo perdido.

Estágio 4: Meça o desempenho

Defina métricas de atendimento ao cliente, seja um aumento no *Net Promoter Score* ou uma diminuição nas reclamações. Continue monitorando e acompanhando o desempenho positivo ao longo do tempo.

A comunicação é realmente importante, tanto para garantir que a visão de CX esteja sendo entregue dia após dia pelas equipes que estão interagindo com os clientes, quanto para priorizar KPIs e métricas de CX acordados na agenda da diretoria para propriedade, monitoramento, revisão e melhoria contínuos por todos.

Estágio 5: Teça o fio condutor

Uma proposta de serviço comum (estágio dois) e padrões e comportamentos claros (estágio três) ajudam todos a se alinharem e entregarem um padrão consistente e esperado, independentemente do papel que desempenham. Esse fio condutor deve percorrer toda a jornada do cliente e internamente, desde o *C-Suite* até as equipes de entrega da linha de frente.

Independentemente de como os clientes entram em contato com sua equipe, a experiência deles deve ser consistente o tempo todo, com todos os membros da equipe da linha de frente exibindo os mesmos comportamentos e níveis excepcionais de serviço para encantar.

Felizmente, os resultados podem vir rapidamente quando esse processo é iniciado. As empresas que priorizam o serviço em detrimento do lucro estão reconhecendo que o serviço pode ser o maior diferencial no exigente mercado de clientes de hoje. As empresas também podem atrair talentos, reduzir a rotatividade e ver aumentos nas métricas de engajamento dos colaboradores.

Há um benefício real para as empresas que reconhecem a ligação vital entre a experiência do colaborador e a satisfação do cliente. Acredito que as forças de trabalho da linha de frente voltadas para o cliente são o fator mais importante de "fazer ou quebrar" em muitas experiências do cliente e, com a cultura organizacional certa e a experiência do colaborador elaborada, é possível um envolvimento verdadeiramente elevado do cliente.

Fonte: Autoral.

Benefícios da implantação do Gerenciamento da Experiência do Colaborador

Muitas empresas pensam que a questão é transmitir uma mensagem e conquistar o coração de seus colaboradores. E não é realmente sobre isso. A maioria dos colaboradores realmente se preocupa com os clientes, mas pensa: você está me capacitando? Você está me apoiando para cumprir a promessa de sua marca que você fez publicamente? E temos os recursos?

Maior motivação e produtividade dos colaboradores

Colaboradores satisfeitos geralmente são mais motivados e produtivos. Quando os colaboradores se sentem valorizados e apreciados, é mais provável que eles vão além em suas funções, oferecendo um serviço superior aos clientes. Essa atitude positiva e entusiasmo podem ser contagiantes, levando a uma experiência de atendimento ao cliente mais agradável e eficiente.

Melhores interações com o cliente

Os colaboradores satisfeitos com seus trabalhos tendem a ser mais educados, pacientes e atenciosos ao lidar com os clientes. Eles são mais propensos a ouvir ativamente, entender as necessidades do cliente e fornecer soluções apropriadas. Esse nível de cuidado e atenção pode aumentar significativamente a satisfação e a fidelidade do cliente.

Menor rotatividade

A alta rotatividade de colaboradores pode atrapalhar o atendimento ao cliente e levar a inconsistências. Colaboradores satisfeitos têm maior probabilidade de permanecer na empresa por mais tempo, resultando em uma força de trabalho mais experiente e conhecedora. Essa estabilidade permite o desenvolvimento de relacionamentos fortes com os clientes e uma compreensão mais profunda das preferências do cliente.

Cultura positiva no local de trabalho

Uma cultura positiva no local de trabalho, impulsionada por colaboradores satisfeitos e engajados, pode criar um ambiente onde o atendimento excepcional ao cliente prospera. Quando os colaboradores estão felizes, eles contribuem para uma atmosfera de apoio e colaboração, o que pode se traduzir em melhor trabalho em equipe e uma abordagem unificada para o atendimento ao cliente.

Embaixadores(as) da marca

Os colaboradores satisfeitos com seus empregos geralmente se tornam embaixadores da marca, representando orgulhosamente a empresa dentro e fora do trabalho. Sua perspectiva positiva pode influenciar clientes em potencial e melhorar a reputação da empresa, atraindo mais negócios e promovendo a confiança do cliente.

Estratégias para melhorar o engajamento e a satisfação dos colaboradores

Ofereça oportunidades de crescimento e desenvolvimento

Os colaboradores são mais propensos a se engajar e ficar satisfeitos quando veem oportunidades de crescimento profissional e progressão na carreira. Fornecer programas de treinamento, orientação e planos de carreira claros pode ajudar os colaboradores a desenvolverem suas habilidades e se sentirem mais investidos em suas funções.

Promova um ambiente de trabalho positivo

Criar um ambiente de trabalho positivo é essencial para a satisfação dos colaboradores. Isso inclui garantir um espaço de trabalho seguro e confortável, promover o equilíbrio entre vida profissional e pessoal e incentivar a comunicação aberta. Reconhecer e celebrar as conquistas dos colaboradores também pode contribuir para uma atmosfera positiva.

Ofereça remuneração e benefícios competitivos

Remuneração e benefícios justos são fundamentais para a satisfação dos colaboradores. Salários competitivos, benefícios de saúde, planos de aposentadoria e outras vantagens podem fazer com que os colaboradores se sintam valorizados e seguros, reduzindo o estresse financeiro e permitindo que eles se concentrem em oferecer um ótimo atendimento ao cliente.

Incentive o *feedback* dos colaboradores

Solicitar e agir regularmente de acordo com o *feedback* dos colaboradores mostra que a empresa valoriza suas opiniões e está comprometida com a melhoria contínua. A implementação de sugestões de colaboradores pode levar a uma força de trabalho mais engajada e melhores práticas no local de trabalho.

Promova o equilíbrio entre vida profissional e pessoal

Ajudar os colaboradores a alcançarem um equilíbrio saudável entre vida profissional e pessoal é necessário para seu bem-estar e satisfação. Oferecer horários de trabalho flexíveis, opções de trabalho remoto e férias suficientes pode prevenir o esgotamento e aumentar a satisfação geral no trabalho.

Construa uma cultura organizacional forte

Uma cultura organizacional forte que se alinhe com os valores e crenças dos colaboradores pode promover um sentimento de pertencimento e propósito. Comunicar claramente a missão, a visão e os valores da empresa e garantir que a administração lidere pelo exemplo pode fortalecer o comprometimento e o engajamento dos colaboradores.

Reconheça e recompense os colaboradores

O reconhecimento regular e as recompensas pelo trabalho árduo e pelas conquistas dos colaboradores podem aumentar o moral e a motivação. Seja por meio de prêmios formais, bônus, seja simples reconhecimentos, reconhecer as contribuições dos colaboradores pode fazer com que eles se sintam apreciados e valorizados.

Invista no desenvolvimento de liderança

A liderança eficaz é muito importante para o engajamento dos colaboradores. Investir em programas de desenvolvimento de liderança pode garantir que os gerentes tenham as habilidades para apoiar e inspirar suas equipes. Bons líderes podem promover um ambiente de trabalho positivo, fornecer *feedback* construtivo e ajudar os colaboradores a atingirem todo o seu potencial.

Incentive a colaboração em equipe

Promover o trabalho em equipe e a colaboração pode aumentar o envolvimento dos colaboradores. Organizar atividades de formação de equipes, incentivar projetos interdepartamentais e criar oportunidades para os colaboradores colaborarem pode fortalecer os relacionamentos e melhorar a satisfação geral no trabalho.

Garanta uma comunicação clara

A comunicação clara e transparente é essencial para um local de trabalho saudável. Manter os colaboradores informados sobre as metas, mudanças e expectativas da empresa pode reduzir a incerteza e criar confiança. Atualizações regulares e políticas de portas abertas podem facilitar a comunicação eficaz.

Conclusão

A ligação entre a experiência do colaborador e a excelência no atendimento ao cliente é inegável. Quando os colaboradores estão satisfeitos, engajados e motivados, a probabilidade de que forneçam um atendimento excepcional ao cliente é muito maior, alcançando satisfação e fidelidade. Ao investir em estratégias para melhorar o engajamento e a satisfação dos colaboradores, em especial aqueles que têm contato direto com o cliente, como a área de atendimento ao cliente, as empresas podem criar um ambiente de trabalho positivo que beneficie colaboradores e clientes. Priorizar o bem-estar dos colaboradores não é apenas uma prática ética sólida, mas também uma estratégia de negócios inteligente que pode impulsionar o crescimento sustentável de uma empresa.

7

Dados que transformam atendimento em estratégia

Wellington Oliveira

Por muito tempo, o atendimento ao cliente foi visto apenas como uma função operacional, sendo mais um centro de custos focado em resolver problemas. Mas esse cenário está mudando.

Com o avanço das tecnologias de dados, inteligência artificial e *analytics*, o atendimento se reposiciona como uma poderosa fonte de vantagem competitiva para as organizações.

Neste capítulo, você vai entender como dados simples do dia a dia podem ser transformados em decisões estratégicas. Vamos descomplicar conceitos como *Customer Analytics*, BI e IA, e mostrar, com exemplos práticos, como essas ferramentas podem antecipar demandas, melhorar a experiência do cliente e impulsionar resultados de negócio.

Se você acha esse tema inacessível, complicado ou que ainda é cedo para falar de inteligência artificial no atendimento da sua empresa, este capítulo é para você.

Saindo da operação para a estratégia (e vice-versa)

Quando se fala em atendimento, quem está mais distante da operação costuma imaginar uma grande central telefônica fazendo e recebendo ligações, respondendo mensagens por canais digitais ou pessoas uniformizadas lidando com demandas de clientes. E por aí vão multiplicando-se os estereótipos que orbitam o termo "atendimento".

De fato, tudo isso existe. Mas é apenas uma parte de um sistema muito maior dentro das organizações, cujo objetivo central é gerar resultados — tanto para a empresa quanto para o cliente.

O problema é que esses estereótipos acabam ofuscando o verdadeiro potencial do atendimento como um pilar estratégico. A busca por resultados rápidos, a ausência de uma visão mais ampla e a falta de domínio técnico fazem com que o atendimento fique limitado a resolver problemas, em vez de participar da construção de soluções, da captura de oportunidades e da geração de valor.

O atendimento ainda é tradicionalmente visto como "linha de frente", mas raramente como "linha de inteligência". Isso, no entanto, está mudando.

Com o avanço da maturidade digital, a explosão de dados disponíveis e a chegada de novas ferramentas potencializadas por inteligência artificial, líderes mais preparados começaram a enxergar o atendimento como o maior laboratório vivo da experiência do cliente. E mais: passaram a perceber que os dados que nascem ali são uma matéria-prima valiosa, que quando conectada a outras fontes pode alimentar decisões mais inteligentes, completas e estratégicas.

Exemplificando (setor Saúde)

Imagine uma grande rede da área da saúde que oferece serviços hospitalares, consultórios, pronto-atendimento, exames e até vacinas. A atuação é nacional e há convênios com diversos planos de saúde.

A ambição dessa organização é clara: gerar valor para o paciente, entregando melhores alternativas de tratamento e prevenção. Do outro lado, o paciente busca algo simples e essencial: ser cuidado e alcançar resultados reais em seu tratamento.

Em um atendimento puramente operacional, o processo costuma seguir um fluxo básico: o *call center* recebe o pedido de agendamento, depois envia um lembrete. No dia da consulta, o paciente chega, é recepcionado e encaminhado ao local correto. Funciona. Mas poderia ir além.

Agora, imagine a mesma jornada com um viés estratégico, orientada por dados e por *Customer Analytics*. O sistema já identificou, com base no histórico do paciente, que ele precisa de um retorno e fez automaticamente uma reserva de agenda no horário, local e com o médico de preferência. O melhor canal de contato foi identificado e, com isso, um e-mail personalizado foi enviado. Quando o paciente liga para tirar uma dúvida, é reconhecido de imediato — e o atendente, informado de que ele é um cliente muito satisfeito, agradece a preferência. No dia da consulta, ao chegar, o paciente é automaticamente identificado e direcionado, sem precisar passar pelos guichês tradicionais.

Articular todos esses pontos vai muito além de um bom *script* de atendimento ou do mapeamento de jornadas. Sair do modo operacional e atuar de forma estratégica exige intenção, uso inteligente de tecnologias, integração de dados, revisão de processos e capacitação de pessoas.

É complexo? Sim.

É possível? Com certeza.

A grande sacada é pensar grande, mas começar pequeno. Amarrar à estratégia de negócios. Não se assustar com o todo, e sim abraçar a complexidade com pragmatismo e visão de futuro.

E é exatamente isso que vamos explorar nos próximos tópicos:

- Quais dados são necessários?
- Que tecnologias ajudam?
- Como reconhecer o cliente?
- E qual o papel da inteligência artificial em tudo isso?

Os dados como ativos estratégicos

No exemplo anterior, deu para perceber que toda a jornada otimizada com foco no cliente foi construída com base em dados e, principalmente, na inteligência gerada a partir do bom uso dessas informações. Claro, isso só é possível com o apoio de tecnologia bem implementada, processos mapeados e otimizados, além de pessoas capacitadas para atuar nesse novo modelo.

Fazendo uma analogia simples: os dados são o combustível que movimenta toda essa engrenagem.

Saber qual é o melhor canal para se comunicar, conhecer o nível de satisfação ou as preferências do cliente — nada disso acontece por acaso. E, definitivamente, não tem nada a ver com adivinhação ou mágica. É análise. É método. É estratégia.

É nesse ponto que costumam surgir as dúvidas: por onde começar, quais dados coletar, como armazená-los e, principalmente, como transformá-los em ação.

É bom sempre lembrar que o tempo todo estamos gerando dados, mesmo sem querer. São nossas pegadas espalhadas por aí. E muitos destes dados estão salvos em sistemas, bancos de dados e por aí vai.

Quem sabe usar este combustível, que é o dado, é quem vai levar vantagem.

E a boa nova é que para gerar valor você não precisa fazer ciência de foguetes – não num primeiro momento...

Brincadeiras à parte, o primeiro passo para quem quer transformar o atendimento em inteligência é: comece pelo que você já tem. Pode parecer pouco, mas muitas empresas já possuem dados valiosos e subutilizados e nem se dão conta.

De quais tipos de dados estamos falando?

Zero party data

Os dados compartilhados pelo cliente

São informações fornecidas de forma voluntária e proativa pelo cliente, com total consentimento. Incluem preferências, intenções, contexto de vida e necessidades declaradas. É um dado de altíssimo valor, pois vem direto da fonte, sem inferência, e reforça a relação de confiança entre cliente e marca.

O simples clique num tema específico ou hora de abertura de um e-mail já podem ser utilizados como fonte de informação, assim como a forma de uso e comportamento no aplicativo ou mesmo o tom com que este cliente se comunica com os seus atendentes no *back office* (voz ou texto). Respostas em pesquisas de satisfação e depoimentos no Google Ratings são exemplos de captura da voz do cliente.

1st party data

Os dados direto da interação com o cliente

São as informações que a empresa coleta nas interações diretas com os clientes para a execução de um serviço ou a venda de um produto. São os dados que sao gerados muitas vezes automaticamente enquanto a interação com o cliente acontece. Podemos pensar aqui em notas fiscais, itens comprados, serviços executados, datas das interações, preço pago, desconto gerado ou canal de agendamento. Os dados cadastrais entram aqui nesta categoria.

2nd party data

Os dados dos parceiros

De forma simples: são o *1st party data* de outra empresa. São compartilhados por parceiros com quem a empresa tem uma relação direta. Complementam a visão do cliente e ajudam em jornadas integradas, especialmente em ecossistemas de saúde, varejo e serviços financeiros.

Exemplo: uma operadora de plano de saúde compartilhando histórico de utilização com um hospital parceiro. Farmácias compartilhando informação de compra de medicamentos para a indústria farmacêutica. Redes de concessionárias compartilhando dados com a montadora de automóveis.

3rd party data

Dados adquiridos de terceiros

São dados comprados de fontes externas, geralmente usados para enriquecer perfis com informações demográficas, interesses ou comportamento on-line. Nesta categoria também entram o fornecimento de *scores* de risco, modelos de propensão ou segmentação fornecidos por grandes empresas como Serasa Experian e B3.

Com a evolução das leis de privacidade como, por exemplo, a LGPD, o uso destes dados exige grande cuidado para não infringir a vontade do cliente.

Resumo dos tipos de dados

Tipo de Dado	Origem	Características	Exemplos	Valor Estratégico
Zero Party Data	Declarado diretamente pelo cliente.	**Voluntário**, intencional, fornecido com consentimento.	Preferências de contato, objetivos de saúde, tipo de conteúdo desejado, motivações declaradas.	Altamente confiável, permite personalização precisa e fortalece a confiança.
1st Party Data	Coletado pela empresa nas interações diretas.	**Exclusivo**, **confiável**, relevante, personalizado.	Histórico de agendamentos, canais usados, notas de satisfação, dados cadastrais.	Base principal para estratégias de relacionamento e automação.
2nd Party Data	Compartilhado por parceiros.	Acordado entre as partes, **complementar**, confiável dependendo da origem.	Histórico compartilhado por operadoras de saúde, dados de fidelidade de parceiros.	Amplia a visão do cliente, permite integração de jornadas em ecossistemas.
3rd Party Data	Adquirido de terceiros.	Menos preciso, afetado por **regras de privacidade.**	Dados de comportamento on-line, interesses demográficos, perfis digitais comprados.	Útil para aquisição e segmentação ampla, mas com uso em queda devido a privacidades.

Fonte: Autoral.

Exemplificando (setor Turismo)

Imagine uma rede de agências de viagem com muitos anos de mercado e atuação mais concentrada na região Sudeste. A empresa oferece pacotes e serviços para diversos perfis de viajantes, desde executivos até famílias, e tem forte presença digital, embora as lojas físicas ainda sejam relevantes para as vendas.

Atualmente, a empresa enfrenta um desafio: as vendas estagnaram nas regiões onde já atua, e não há recursos para expandir geograficamente.

Em um modelo de atendimento sem base em dados ou foco na centralidade do cliente, o esforço está apenas em fazer a próxima venda. O time de CRM e Marketing dispara e-mails em massa e mensagens genéricas no WhatsApp. Já nas lojas, um cliente recorrente é atendido como se fosse a primeira visita.

Agora imagine esse mesmo cenário com uma abordagem estratégica, orientada por dados. A jornada muda completamente.

Com base em *Zero e First Party Data*, o atendente já conhece as preferências do cliente. Antes de tudo, os e-mails são enviados de forma personalizada e com intenção de testar novas oportunidades. A navegação recente no site e os cliques em e-mails revelam interesse por um novo destino, diferente dos anteriores. Com o apoio do *Third Party Data*, descobre-se que esse cliente é sócio de uma empresa em fase de expansão nacional.

O atendimento passa a ser altamente personalizado. O pacote sugerido inclui visitas guiadas a pontos de interesse no novo destino, e o tipo de hospedagem é recomendado com base no histórico de consumo. Durante a conversa, o cliente compartilha que está indo à cidade justamente para abrir uma nova filial da empresa.

A partir dessa informação, a agência identifica uma oportunidade de negócio: estabelecer parcerias com *players* locais. Para isso, firma um acordo de *Second Party Data* com uma agência concorrente que já atua na região, permitindo troca de dados e expansão da cobertura, beneficiando ambas as empresas e, claro, o cliente.

Estou acumulando dados ou utilizando de forma estratégica?

Vivemos na era da abundância de dados e da democratização da inteligência artificial. Nunca foi tão fácil capturar, armazenar e processar grandes volumes de informação.

Com isso, surgem projetos ambiciosos, promessas de transformação digital e a busca por jornadas cada vez mais inteligentes e personalizadas. Mas a realidade muitas vezes é outra: muitos desses projetos afundam por falta de direcionamento claro, objetivos de negócio bem definidos e foco em gerar valor real.

Como vimos até aqui, a cada interação com o cliente novos dados são gerados em alta velocidade: cliques em um e-mail, tempo de espera em um atendimento, dados cadastrais, histórico de compras, notas fiscais, avaliações de satisfação, preferências explícitas e implícitas, e uma infinidade de sinais que compõem o comportamento e a característica de quem é esse cliente.

Mas tudo isso levanta uma pergunta fundamental:

> *Estamos realmente usando esses dados de forma estratégica ou estamos apenas os acumulando em sistemas sem lhes dar o devido uso?*

Dados não geram valor sozinhos. É a combinação entre tecnologia, método e mentalidade focada no cliente que os transforma em inteligência aplicável ao atendimento.

Muitas empresas podem nem estar olhando para estes dados e simplesmente ignorando o que capturam de informação ou, até pior, descartando-os por não os julgar importantes.

Com dado na mão, partiu para ação

Chegar à conclusão de que é preciso lançar um novo produto, ajustar uma jornada ou mudar a forma de atendimento não é mágica — é método, análise e decisão. E, principalmente, ação.

Estamos em um momento em que termos como *analytics, inteligência artificial* e *data science* ganham cada vez mais espaço. Antes disso, já vivemos ondas similares com o *Business Intelligence (BI), Big Data* e outros nomes que viraram tendência. Mas a verdade é que não importa o rótulo do momento: a lógica é a mesma. Sem dado, não há análise. Sem análise, não há boa decisão. E sem decisão, não há resultado.

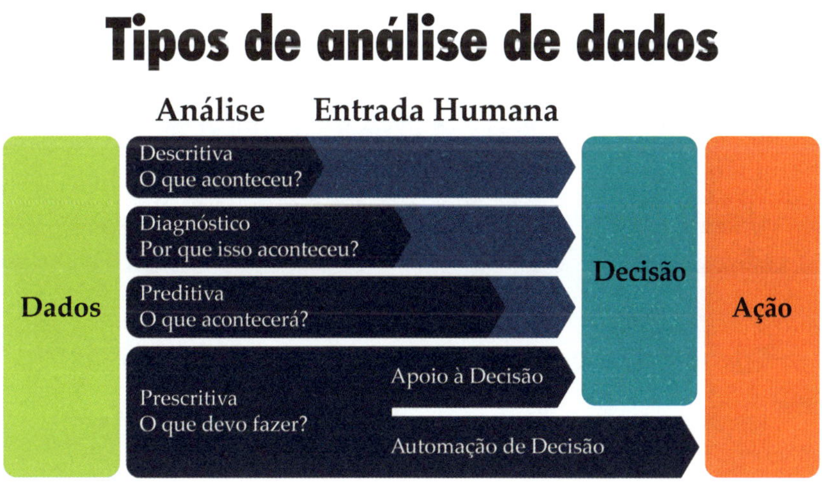

Fonte: Microsoft.

Antes de falarmos em personalizar o atendimento ou criar jornadas inteligentes, é fundamental conhecer bem a base de clientes, entender como eles utilizam os produtos e serviços, identificar tendências e até mesmo prever comportamentos futuros.

Cada uma dessas etapas pode ser respondida com um tipo de análise. Juntas, elas formam a base do que chamamos de *Customer Analytics*:

1. ***Análise descritiva – O que aconteceu?***

Essa é a porta de entrada para transformar dados em informação. O objetivo é resumir e avaliar o que já aconteceu, identificando padrões e acompanhando indicadores.

Utiliza gráficos, médias, medianas e contagens para representar o comportamento do cliente ou a performance de processos. É aqui que muitas empresas param, mas esse é só o começo.

Exemplo: quantos clientes entraram em contato no último mês? Qual o canal mais usado? Qual foi a média da nota de satisfação?

2. ***Análise diagnóstica – Por que aconteceu?***

Saber o que aconteceu é importante, mas entender o porquê é o que gera aprendizado.

Aqui entram as análises de causa, correlação, segmentações e cruzamentos para encontrar os fatores que influenciaram um determinado resultado.

O papel do analista ganha força, pois a interpretação humana ainda é essencial.

Exemplo: por que caiu a satisfação naquele canal específico? O tempo de espera aumentou? Houve mudança no perfil de atendimento?

3. ***Análise preditiva – O que provavelmente vai acontecer?***

Com o histórico bem entendido e os padrões mapeados, é possível começar a prever comportamentos futuros.

Modelos estatísticos e algoritmos ajudam a estimar tendências e antecipar movimentos.

É o início do uso de inteligência artificial de forma prática e aplicável. *Machine Learning* (uma forma de fazer IA) é muito utilizado neste momento.

Exemplo: qual a chance de um cliente não voltar após determinada experiência? Quem tem maior probabilidade de comprar um novo serviço? Qual a *next best offer*?

4. ***Análise prescritiva – O que devemos fazer a respeito?***

Aqui está o auge da maturidade analítica. Já sabemos o que aconteceu, o que causou e o que pode acontecer, então, qual a melhor ação a tomar?

A análise prescritiva oferece recomendações de ação e, em muitos casos, já pode automatizar decisões, especialmente com o uso de IA.

É o momento de transformar inteligência em estratégia concreta e mensurável.

Exemplo: que tipo de oferta, canal e momento têm maior chance de gerar conversão com aquele perfil específico? Como redirecionar um cliente insatisfeito antes que ele cancele?

O grande BI da Natura

Fonte: Forbes.

A Natura criou a Central de Experiência da Consultora como uma forma de integrar diversas áreas com o objetivo de acompanhar em tempo real as operações. Avalia-se a produção e as entregas dos produtos, além de monitorar o uso de site, *call center*, aplicativos e as redes sociais.

Focando no cliente

Os diferentes tipos de análise de dados oferecem elementos fundamentais para decisões mais acertadas e, principalmente, para ações mais eficazes. Mesmo os dados que já estão disponíveis, sem tratamento sofisticado, muitas vezes escondem oportunidades valiosas de melhoria no relacionamento com os clientes.

Na hora de definir estratégias e desenhar soluções para atrair, engajar e reter clientes, todos esses tipos de análise (descritiva, diagnóstica, preditiva e prescritiva) devem ser considerados. Mas podemos e devemos ir além.

A grande virada acontece quando os dados deixam de servir apenas para entender o passado ou prever o futuro e passam a ser usados para conhecer em profundidade cada cliente. É aí que entra a personalização de verdade, aquela que cria experiências únicas e memoráveis.

E poucas áreas têm tanto potencial para aplicar isso quanto o atendimento. Cada contato com o cliente é um momento da verdade. É o instante em que se conquista a confiança ou se perde uma oportunidade. É quando a compra é fechada ou abandonada.

Customer analytics

É a disciplina que organiza os dados do cliente e os transforma em conhecimento útil e acionável. É ela que permite enxergar padrões, identificar segmentos, prever comportamentos e até automatizar recomendações.

Não estamos falando apenas de relatórios, mas de análises orientadas a resultados e forma de usar na prática.

A segmentação de clientes

Personalizar começa por segmentar. A segmentação agrupa os clientes com características, comportamentos ou necessidades semelhantes e permite estratégias mais precisas para cada grupo.

Podemos segmentar com base em:

- Dados demográficos (idade, localização, renda);
- Dados transacionais (frequência de compra, *ticket* médio, categoria preferida);
- Perfil psicográfico (estilo de vida, interesses).

Em ambientes de atendimento, segmentar pode significar priorizar clientes estratégicos, ajustar *scripts* conforme o perfil.

Detecção de padrões

Os padrões existem e estão por aí. Cabe a nós coletar os dados, analisar e interpretar os padrões. E, o mais importante, agir.

Descobrir que clientes que viajam com filhos pequenos tendem a buscar destinos com menor tempo de voo e hotel com cozinha pode ser uma oportunidade para engajar proativamente o cliente numa próxima compra de pacotes especializados.

Previsão de *churn*

A concorrência não dá trégua. Mas os dados disponíveis nos dão a chance de entender se há a possibilidade de perdermos um cliente. E agir antes.

Para prevenir, uma forma é analisar a redução progressiva no volume de compras, queda no engajamento com comunicações e aumento no tempo médio de resposta a mensagens como sinais de possível abandono.

Também, usar algoritmos para pontuar o risco de *churn* com base em histórico de NPS, número de reclamações e ausência de recompra após determinado período.

Atendimento proativo e preditivo

Uma das métricas mais acompanhadas no mundo do atendimento é o *First Call Resolution* (FCR). Essa é a melhor maneira de ajudar um cliente: resolvendo o problema dele de primeira.

Imagine antecipar necessidades antes que elas sejam verbalizadas pelo cliente. Sim. É possível, para alguns casos, desde que os dados estejam estruturados para que isso aconteça.

Se já se sabe que o cliente solicita os mesmos exames mensalmente, na próxima ligação pode-se direcioná-lo direto para a célula de atendimento que faz o agendamento. Melhor ainda se o agendamento já tiver sido previamente feito e comunicado.

Exemplificando (setor Financeiro)

São muitas as formas de utilizar os dados para analisar e gerar mais insumos para o atendimento e relacionamento com clientes. Para exemplificar, vamos pensar no setor financeiro.

Imagine uma adquirente (aquelas empresas que têm as maquininhas para cartão). Ela é uma das grandes e nasceu digital e atende a grande massa de trabalhadores autônomos que estão nas ruas vendendo pipocas e algodão doce. É muita gente! Eles querem liderar o mercado apoiando os empreendedores, mas fica difícil atender a toda essa população quando eles têm uma demanda.

Do lado do cliente, o negócio é não perder a venda e ter os melhores benefícios e taxas.

Vejam, a guerra por atrair clientes é acirrada neste mercado. Vemos o tempo todo benefícios sendo dados aos clientes e taxas sendo reduzidas. Mas, até onde vai este poder econômico?

Esta empresa preferiu mudar a estratégia e, sim, brigar em benefícios e taxas, mas se diferenciar da concorrência através da forma de atendimento, sendo mais humana, personalizada e eficiente. Assim, buscando gerar mais ganhos em custos e retenção de clientes.

Com os dados esta empresa entendeu como estava a atração e retenção de clientes, a satisfação e os motivadores. Avaliou as causas das ligações e reclamações (*0 e 1st Party Data* + Análise Descritiva).

Correlacionou os dados internos com dados externos para descobrir os fatores que influenciaram o cliente a ir para a concorrência. Identificou o que causava o acúmulo de fila para atendimento no *call center* (*1st e 3rd Party Data* + Análise Diagnóstica).

Com mais conhecimento sobre os motivos de cancelamento e de ligações no *call center*, fez modelos preditivos para identificar quando a situação pode acontecer novamente e tomar a decisão de como se precaver (*1st e 3rd Party Data* + Análise Preditiva).

Sabendo que algumas situações mesmo que previstas não poderiam deixar de acontecer, fez modelos e automatizou nos sistemas de CRM gatilhos de tomada de decisão com foco em resolver o problema antecipadamente, impactando o *First Call Resolution* e, consequentemente, a satisfação do cliente e a eficiência operacional (*1st e 3rd Party Data* + Análise Prescritiva).

Não contente, esta empresa viu que uma parcela dos seus clientes, apesar de serem pequenos empreendedores, tinham muito movimento nas maquininhas de cartão, estavam com a satisfação baixa e com diminuição no uso nos últimos meses.

Clientes importantes que não poderiam ser perdidos de maneira alguma para a concorrência (*1st Party Data* + Análise Diagnóstica e Preditiva + *Customer Analytics*: Segmentação e Previsão de *Churn*).

E, na prática, um cliente que é do segmento mais valorizado pela empresa, ao ligar, tem canal preferencial e atendimento por alguém especializado. Cenários mais simples como a falta de papel já são identificados previamente - e sinalizados para o atendimento que são a possível causa da ligação (Atendimento Proativo e Preditivo).

Ação!

Transformar o atendimento ao cliente em vantagem competitiva não depende de mágica, nem de tecnologias futuristas. Depende de um olhar estratégico, do uso inteligente dos dados e de uma atuação coordenada entre pessoas, processos e tecnologia.

Customer Analytics, BI e IA são apenas ferramentas. O diferencial está em como você usa essas ferramentas para gerar valor real — para o cliente e para o negócio.

Em um mundo onde a tecnologia é cada vez mais acessível, o que diferencia uma empresa da outra é a forma como ela cuida dos seus dados e aplica esse conhecimento no relacionamento com o cliente.

Comece pequeno. Teste. Aprenda. Corrija. Escale.

Essa é a lógica de quem quer sair da operação para se tornar verdadeiramente estratégico.

8

A excelência começa no treinamento

Patricia Tucci

Durante um atendimento telefônico, o cliente interrompe a ligação:

"Meu filho está passando mal e vou levá-lo ao médico."

O atendente, do outro lado da linha, responde empaticamente: *"Sinto muito. Posso ajudar em algo?"*.

O que o cliente desconhecia é que quem o atendia era uma **inteligência artificial**.

Vivemos numa era onde, cada vez mais, a IA atende de forma humanizada, com foco em excelência, enquanto muitas pessoas atendem de forma robotizada e se esquecem de surpreender e encantar o cliente. Vemos isso no exemplo a seguir, onde temos um atendimento feito por um humano:

"Paulo, estou retornando o seu contato para saber se podemos fechar o seu pedido...".

O cliente responde:

*"Olha, não vou conseguir responder agora porque acabei de saber que **fui demitido**..."*

O atendente pergunta secamente:

"Prefere falar semana que vem?"

Esse último exemplo mostra como estamos deixando de usar nossos diferenciais humanos. A consequência disso: a perda de clientes. Essa carência de habilidades humanas, bem trabalhadas no atendimento, interfere diretamente nos resultados das empresas. Clientes desencantados compram menos, reclamam mais e buscam concorrentes.

Focando na excelência no atendimento, muitos clientes investem e percebem a necessidade de fortalecer habilidades como comunicação, empatia, escuta ativa, assertividade, boa educação, resiliência para lidar com críticas, proatividade para buscar soluções, capacidade de fazer boas perguntas, organização. A lista vai longe...

Os temas citados anteriormente são os mais recorrentes quando falamos de treinamento para a excelência no atendimento ao cliente.

Agora, a pergunta que vale um milhão: **como treinar a equipe para que ela tenha excelência no atendimento e encante os clientes, fortalecendo habilidades humanas**?

As respostas que as empresas têm encontrado variam muito, mas a palavra TREINAMENTO tem sido fundamental para compreender que **os comportamentos só evoluem, e melhoram, se treinarmos equipes com frequência**, com as ferramentas certas e a ajuda necessária.

Há mais de duas décadas, minha equipe e eu temos tido a oportunidade de ver a evolução dos treinamentos de atendimento, vendas e desenvolvimento pessoal. A mudança geracional, cultural e tecnológica fez com que muitas práticas ficassem obsoletas, dando palco para outras metodologias e experiências que surgem com força e eficiência.

O objetivo deste capítulo é trocar ideias, oferecendo boas sugestões para que os treinamentos sobre excelência sejam feitos com **mais excelência** e sua equipe se sinta mais estimulada e satisfeita. Vamos juntos!

Os quatro tesouros buscados pelo seu cliente

Para economizar o seu tempo, facilitar o desenho do seu treinamento e fazer com que a sua equipe seja mais valorizada, vamos direto ao ponto central de qualquer compra do cliente final: **a busca por Tempo, Dinheiro, Bem-estar e Apreciação**.

Pense numa ótima compra que você fez no último mês. Pode ser um produto, serviço ou experiência. O que essa compra trouxe de bom? Provavelmente, trouxe mais:

- **Bem-estar:** foi divertido, aumentou a segurança, a satisfação, a tranquilidade;
- **Tempo:** facilitou a vida, reduziu a correria, liberou a agenda;
- **Dinheiro:** foi uma ótima economia ou trouxe mais ganho;
- **Apreciação:** diferenciou, destacou, aumentou o seu valor pessoal ou profissional, fez com os outros o/a agradecessem.

Assim como você, seu cliente também busca alcançar esses tesouros quando faz uma compra. Portanto, **maior será a sensação de excelência** se o atendimento entregar, rapidamente, tempo, dinheiro, bem-estar e apreciação durante a jornada. Isso porque esses valores são a melhor tradução de excelência. Mas como fazer isso?

A seguir, veremos quais são as principais habilidades que o atendimento deve treinar para brilhar e encantar.

Power Skills e Mad Skills

Excelência é algo abstrato. Para alguns é a agilidade no atendimento. Para outros é a personalização. E ainda pode ser vista como luxo ou sofisticação. Assim, a excelência é uma percepção ampla e muito pessoal – varia de cliente para cliente.

Portanto, é necessário ter muitas habilidades interpessoais para poder entender as expectativas do cliente e oferecer a excelência que ele espera. É aqui que entram as *Soft Skills* – que prefiro chamar de *POWER SKILLS*.

O nome *"soft"*, que traduzido significa suave ou leve, é injusto para representar habilidades tão poderosas e essenciais como resiliência, persuasão, pensamento crítico, colaboração ou comunicação assertiva. Por isso, seguiremos com a referência de *Power Skills* (em tradução livre: habilidades poderosas).

Qualquer treinamento que foque em atendimento com excelência, relacionamento, negociação, vendas ou encantamento deve ter uma ampla e profunda base de *Power Skills*.

O grande desafio é que treinamentos sobre *Power Skills* devem ir muito além da teoria. Algo do tipo "imagine-se no lugar do cliente" é impossível funcionar quando fazemos esse pedido, por exemplo, para um atendente que pega 5 conduções, leva 3 horas para chegar no trabalho, dorme 5 horas por noite e sofre com as contas mensais...

O pulo do gato aqui é garantir que esses temas sejam **experimentados**, **sentidos** por uma equipe que dispõe de ferramentas e diretrizes claras para proceder.

Vamos analisar algumas propostas de soluções:

- *Cases* e os 6 chapéus;
- Vivências e jogos;
- Observação;
- *Mad Skills*;
- Diretrizes.

Cases e os 6 chapéus

Peça para que a sua própria equipe traga exemplos de *cases*. Selecione alguns, durante ou antes do treinamento. Para fortalecer o estímulo e a autonomia, uma boa opção é pedir para que os colaboradores escolham os *cases* mais difíceis que desejam analisar.

Sugestão: trabalhe os *cases* com uma metodologia inspirada nos 6 Chapéus do Pensamento, de Edward de Bono[1].

---

[1] Os 6 Chapéus do Pensamento é uma técnica de Edward de Bono que ajuda a analisar problemas e tomar decisões de forma criativa e estratégica. Cada chapéu representa uma forma de pensar.

Metodologia inspirada nos "6 Chapéus do Pensamento", de Edward de Bono

Fonte: Autoral.

Uma vez decidido o caso, peça para que a equipe o analise em seis etapas:

1. **Fatos:** peça para detalharem os FATOS, como o que ocorreu, pessoas envolvidas, data, local, horário, palavras, pedido, referência, solicitação, regra, SLA etc.;

2. **Emoções e sentimentos:** abra espaço para as pessoas falarem como se sentiram sobre o ocorrido, ou como se sentem ao ouvir sobre um *case* assim. Aqui é importante ouvir sem julgamentos e acolher. Afinal, para que sua equipe acolha os clientes, os colaboradores também precisam se sentir acolhidos;

3. **Lado ruim:** pensando em todos os aspectos, peça para fazerem uma lista de todos os tipos de prejuízo que um *case* desse tipo pode trazer para o colaborador, a equipe, o departamento e/ou a empresa;

4. **Lado bom:** pensando em todos os aspectos do *case*, peça para elencarem quais foram os aprendizados, que oportunidades de melhoria a situação trouxe ou pode trazer e o quanto a resolução desse tipo de *case* pode ser positiva para o colaborador, a equipe, o departamento e/ou a empresa;

5. **Ideias:** com base em tudo o que mapearam, reúna ideias. Aqui aceitamos tudo: das ideias mais malucas, irreais até as mais

possíveis. Como é o momento de criar, precisamos respeitar o *brainstorming*[2]. O papel do facilitador é essencial para aterrissar as ideias de forma prática. Uma ótima sugestão é fazer paralelos e questionar como resolveram situações semelhantes no passado, ou apresentar *cases* inusitados de outras empresas;

6. **Ações práticas:** hora de traçar ações que levarão a diretrizes, de forma que numa outra situação semelhante os colaboradores saibam exatamente o que fazer. Dentre as ações, haverá regras ou caminhos novos a serem construídos. É importante especificar quem fará o quê, quando, como e em quanto tempo.

Para esse tipo de prática, vale um acompanhamento e alguns reencontros a fim de alinhar como estão as novas ações, ajustar qualquer ponto necessário e celebrar as conquistas.

Vivências e jogos

A melhor forma de aumentar a empatia da sua equipe é colocando-a no lugar do cliente - seja o cliente interno, seja o externo.

As vivências são experiências que ensinam por si só. Algo como "cliente por um dia" ou troca de cadeiras entre cargos pode proporcionar uma visão rápida que nenhuma explicação ou teoria oferecem.

Os jogos e desafios em equipe também promovem muitos aprendizados. Em vez de falar sobre a importância da organização, por exemplo, o ideal é que seja feito um jogo onde a desorganização é o principal impeditivo para que alcancem uma meta.

Outro exemplo é o trabalho em equipe. Uma prática que exige a cooperação – como um encontro de culinária, arte, música ou uma sala cheia de desafios –, falará mais do que mil palavras ou teorias.

---

[2] *Brainstorming:* método de ideação para incentivar novas formas de pensar e gerar soluçoes, em grupo ou individualmente.

Aqui, vale compartilhar uma experiência que tivemos a oportunidade de facilitar numa prestigiada instituição de ensino. Para focar nos desafios comportamentais da equipe de atendimento, cocriamos, com a equipe de Gente e Gestão, uma analogia às famosas salas estilo Escape 60'[3]. Fizemos diversos desafios que, para serem superados, necessitavam de comunicação assertiva, empatia, colaboração, criatividade, resiliência, organização e pensamento crítico por parte das equipes. Além da atividade ser divertida, ela fez com que os participantes se sensibilizassem sobre seus próprios comportamentos durante a prova, percebendo o que e como deveriam melhorar em termos de habilidades humanas.

Por fim, vale lembrar que há uma forma clássica de trazer a vivência para o treinamento: por meio de dramatizações. Dar vida a uma situação faz com que o atendente se coloque no lugar do outro. É importante ter um facilitador que tenha a sensibilidade e a técnica para dirigir os esquetes, tirar o melhor de cada dramatização e saber o momento de acolher o participante.

É pela vivência que sentimos na pele o que o outro passa e percebemos quais habilidades precisamos desenvolver. Isso garante uma abertura maior na hora de acolher os sentimentos dos outros e ainda estimula a criação, a compreensão e a aceitação de certas diretrizes com foco na excelência.

Observação

Paco Underhill[4], um especialista em ciência do consumo, conseguiu ajudar várias empresas por meio da observação.

---

3 O Escape 60' é uma empresa que oferece jogos de escape room e escape game. Os participantes precisam resolver enigmas, encontrar pistas e escapar em 60 minutos.

4 Paco Underhill é um psicólogo comportamental norte-americano especializado em ciência do consumo. Entre seus livros publicados em português, estão "Vamos às Compras!".

Por horas sua equipe mapeava caminhos, olhares, obstáculos e cantinhos preferidos dos clientes. Isso gerava dados que permitiam às empresas fazer diversos ajustes de *layout*, oferta e atendimento.

O jogo da observação pode ser feito por sua equipe com base em algumas premissas. A observação pode ser real, ao vivo, ou feita em gravação (**IMPORTANTE**: sem expor a sua equipe! Você pode ter exemplos de outros negócios ou gravar um vídeo seu).

Vale dividi-los em grupos e orientá-los sobre o que devem observar. Exemplos:

- Quando os clientes recebem um "bom dia com sorriso", o que ocorre em suas feições? Ou, quantos sorrisos você receberá hoje a partir do seu próprio sorriso?
- Quantos clientes entram e ficam perdidos, buscando ajuda para encontrar algo? Quanto tempo, em média, leva para alguém chegar e oferecer ajuda? O que ocorre primeiro: o cliente busca ajuda ou alguém da empresa chega para ajudar?
- Por quanto tempo o cliente ficou na fila do caixa? O que os clientes costumam fazer enquanto esperam na fila? A partir de quanto tempo na fila começam a reclamar? O que dizem?
- Em geral, sobre o que os clientes perguntam ou solicitam mais na primeira, segunda, terceira e/ou última semana do mês?
- Qual foi o produto mais procurado por mulheres, homens, crianças, adolescentes, casais ou pessoas acima de 50 neste mês?
- Como está a organização do espaço? Quais objetos estão fora do lugar e de que forma isso interfere no caminho do cliente? Como estão a luz, a sinalização e a decoração?

O objetivo aqui é entender o cliente, colocando-o no centro das atenções. E perceber de que forma o atendimento pode provocar boas experiências, evitando as más.

Mad Skills

As *Mad Skills*[5] são apontadas como as habilidades que diferenciam um colaborador. Embora a tradução do inglês seja "Habilidades Malucas", o termo se refere a atividades criativas ou em equipe, como artesanato, vôlei, banda etc. Essas atividades fortalecem a musculatura social dos colaboradores, bem como aprimoram diversas habilidades.

Tocar numa banda ou jogar vôlei, por exemplo, exige a prática da colaboração, da escuta, da percepção do outro e/ou de resiliência.

Uma atividade de arte pode fortalecer a paciência, observação dos detalhes, criatividade e/ou flexibilidade.

Um clube do livro estimula as pessoas a melhorarem suas comunicações e ainda promove abertura a opiniões diversas, respeitando o outro e melhorando as habilidades de negociação.

Portanto, estimular sua equipe a abraçar uma *Mad Skill* pode ser uma eficiente forma de treiná-los.

Diretrizes

Um dos grandes desafios é "aterrissar" as *Power Skills*, transformando-as em ações práticas. Para isso, o segredo é ter diretrizes e ações comportamentais claras.

Em vez de dizer para a sua equipe: "Tenham bom senso na hora de acolher um cliente bravo", prefira dizer: "Comecem com a frase: *Sinto muito, estou aqui para encontrar uma solução já!*".

---

5 *Mad Skills:* habilidades, experiências ou interesses pessoais que não estão diretamente relacionados com a profissão de uma pessoa. Elas podem ser um diferencial competitivo no mercado de trabalho.

Vamos ampliar os exemplos comparativos:

Falas abstratas	Diretrizes claras (prefira estas)
a. Dê atenção ao cliente.	a. Em qualquer contato com o cliente, pare e olhe em seus olhos. Evite interromper quando ele fala. Confirme até 3 pontos para ter certeza de que a demanda está entendida.
b. Receba bem o cliente.	b. Receba o cliente com um sorriso, e diga *"Seja bem-vindo, em que posso ajudar?"*
c. Seja rápido no retorno.	c. Diga que irá retornar em até 15 minutos, 1 hora ou no dia seguinte. Se ainda precisar de mais um tempo, retome o contato antes do fim do prazo e explique. Renegocie o retorno.
d. Seja empático e acolha o cliente.	d. Use palavras que validam o sentimento do cliente e demonstram escuta ativa, tais como: *"Sinto muito por..., Parabéns por..., ou Agradeço por..."*.
e. Cuide da sua imagem.	e. Siga o visual de trabalho oferecido pela empresa. Por gentileza, mantenha o uniforme limpo, a camisa por dentro da calça e os botões fechados. Evite chinelo ou tamanco.
f. Organize sua mesa.	f. Mantenha à mesa apenas os papeis de anotação, lápis e vaso. Na parte interna da mesa, mantenha os documentos que trazem informações de clientes. Os lanches devem ser feitos na copa.

Fonte: Autoral.

É moderno pensar que um treinamento sobre excelência no atendimento **pode e deve ir além do formato de sala de aula e instrutor.** E que temas abstratos precisam de diretrizes claras para que todos sigam no caminho da excelência.

Usando a criatividade e a assertividade, sua equipe pode encantar muito mais e ficar mais estimulada com o processo de aprendizagem em si. Uma vez que os conceitos e habilidades para a prática da EXCELÊNCIA tenham sido transmitidos, agora é necessário pensar na sustentação.

Sustentando a excelência

Ah , como seria bom ter o bíceps musculoso treinando apenas uma vez por ano! Impossível? Com certeza!

Muitas equipes de atendimento carecem de "musculatura" para entregar excelência. Isso porque o conceito apreendido e pouco treinado é perdido.

O treinamento, como a própria palavra nos diz, precisa ser constante. É por isso que a sustentação é essencial para manter a excelência em dia.

Existem diversas formas de fazer sua rede e trilha de sustentação. Aqui vão alguns formatos para considerar.

1. Embaixadores e modelos

Pessoas da própria empresa ou departamento que são considerados modelos exemplares de excelência no atendimento. Os colaboradores podem passar o dia acompanhando estas pessoas ou você pode promover encontros de trocas. Nestes encontros, os embaixadores ou modelos podem trazer situações e resoluções que exemplificam a excelência no atendimento.

Abuse da criatividade neste ponto. Essas mensagens dos embaixadores ou modelos podem ser presenciais, digitais ou gravadas. Podem estar numa plataforma ou circular em redes sociais internas da empresa. E, quando falamos em modelos, é *essencial* que a liderança das equipes de atendimento tenha a excelência em seu comportamento diário. Qualquer ensinamento dado em treinamento só se sustenta se a liderança abraça, patrocina e exemplifica na prática, por meio de suas atitudes.

2. Multiplicadores e mentores

Pessoas dentro ou fora da empresa que possam acompanhar e estimular o aprendizado contínuo, por meio de *feedback*, encontros em grupo ou individuais. Aprendemos mais com quem nos conectamos.

Logo, pessoas similares são ótimas professoras. Ter um colega expert em comunicação assertiva pode te ajudar a melhorar seus e-mails; contar com um mentor em persuasão pode fazer com que a sua fala fique mais cativante e atrativa. Enfim, cada um colabora e compartilha conhecimento.

Para isso, é importante mapear os talentos que existem internamente e pensar quais precisam ser buscados no mercado.

3. Trilhas síncronas ou assíncronas

É o puro treinamento dado de duas formas: ao vivo ou gravado. Os treinamentos síncronos, dados de forma remota, híbrida ou presencial precisam proporcionar novos *cases*, exemplos ou dinâmicas para fazer o colaborador mergulhar fundo nos temas que já conheceu. Deve-se evitar o estilo "repeteco" e realmente trazer algo que complemente ou amplie a visão sobre alguma habilidade.

Um dos grandes desafios aqui ainda é o modelo assíncrono. Pesquisas mostram que a taxa de conclusão de um curso gravado varia de 3% a 20%. Ainda é bem baixo. Em outras palavras, poucos têm o estímulo de seguir na trilha gravada e muitos ainda "fazem" o curso enquanto realizam outras atividades, sem reter muito conhecimento.

Empresas como a Degreed[6] criaram uma metodologia que estimulou muito o consumo de conteúdos assíncronos com base em alguns segredos.

Primeiramente, há um mapeamento claro sobre as necessidades dos colaboradores. Assim, o colaborador recebe sugestões

6 A Degreed é uma empresa de tecnologia educacional.

de temas onde já sabe, previamente, que precisa melhorar. Em segundo lugar, a plataforma de cursos se conecta com uma rede social que mostra quais treinamentos foram feitos pelos colegas. Essa "fofoca do bem" estimula o desenvolvimento dos colegas. Muitos pensam "Ah, tô vendo que fulano está se destacando… Deixe-me ver que habilidades ele tem treinado e quais cursos tem feito... Vou fazer também!".

Por fim, dois estímulos essenciais ajudam a impulsionar os treinamentos gravados: a clareza de que, se o colaborador deixar de evoluir em habilidades essenciais, ele pode prejudicar seu crescimento, e a visão de quais premiações o colaborador pode ter ao evoluir no seu aprendizado assíncrono.

Afinal, se o colaborador ficar sem visão de ganho ou de perda, qual será o seu apetite para se desenvolver mais?

4. Tecnologia, Inteligência Artificial e criatividade

Para reter a atenção de sua equipe e fortalecer suas habilidades, use a tecnologia sem perder o lado humano. Hoje em dia, o ChatGPT já tem agido como um mentor, ajudando com questionamentos e ideias sobre desenvolvimento pessoal. A cada momento, novas ferramentas surgem para que a IA se transforme no *personal trainer* de habilidades humanas. Assim sua equipe de atendimento pode passar por situações desafiadoras, com clientes falsos, com base em situações reais.

Se a ideia de usar uma IA parece algo muito fora do alcance, você vai ficar feliz em saber que existem formas acessíveis de colocar a IA para trabalhar a favor dos seus treinamentos.

O aplicativo Notebook, do Google, por exemplo, te ajuda a consolidar materiais e aprofundar temas importantes do desenvolvimento. Você pode fazer o *upload* de diversos materiais já usados na trilha de treinamento e em segundos terá um Guia de Estudo, um resumão ou um FAQ (guia de perguntas e respostas sobre um determinado tema). Essa ferramenta pode te ajudar a pensar no aprofundamento de um tema e proporcionar material para diversos veículos como *posts* de WhatsApp, *newsletter* e e-mails. E ainda tem mais! Em minutos, pode transformar a consolidação dos materiais em um roteiro de *podcast*, e ainda oferecer a gravação do próprio podcast com a opção de interação ao vivo, ao longo da reprodução. Estas são excelentes formas assíncronas de treinar sua equipe!

Outro ótimo exemplo de uso da IA aconteceu recentemente, de forma inédita. Nós tivemos a oportunidade de criar uma *playlist*[7] com músicas que tratam das ferramentas de *Power Skills*. Criamos as letras baseadas em técnicas de empatia, escuta ativa, resiliência, conexão, organização, superação de objeções, perguntas abertas, persuasão, entre outros, e fizemos a sonorização por meio da IA SUNO. Foi um casamento sensacional entre a tecnologia e a sensibilidade humana. Você deve lembrar das músicas cantadas no cursinho ou por professores que criaram letras sobre a Tabela Periódica ou Preposições. Isso tem um efeito de memorização incrível em longo prazo, porque toca o coração e tem uma letra "chiclete". Usando esse recurso, os participantes dos treinamentos podem ouvir as músicas enquanto conhecem as ferramentas ou como forma de sustentação, após os treinamentos.

Portanto, oferecer algo diferenciado, criativo, interessante, provocativo ou emocional pode fazer a diferença para aprofundar, reter o conhecimento e garantir o padrão de excelência no atendimento.

---

7 Você pode conferir a *playlist* aqui https://abrir.link/eOJlC

Os detalhes fazem toda a diferença

A excelência muitas vezes está no detalhe. É aquele chocolate gostoso na cama do hotel, o perfume na loja de roupas ou a música do restaurante. Assim também deve ser no treinamento sobre excelência.

Sabe aquele ditado corrigido "faça como eu digo e como eu faço"? Pois bem, no treinamento ou na sustentação, os programas que ensinam excelência devem surpreender o próprio colaborador.

Pensando nisso, aqui vão alguns pontos importantes:

- **Colaborador no centro:** demonstre que o colaborador é percebido, acolhido, ouvido e protagonista na construção da excelência;
- **Boas surpresas:** crie momentos que vão além do esperado para um treinamento. Pode ser uma lembrança especial, um ambiente refinado ou um *coffee* muito caprichado com opções para todos que têm alguma restrição alimentar;
- **Estimule os 5 sentidos**: tenha um perfume no ar, uma *playlist* bacana, algo gostoso para saborear, uma apresentação com belas imagens para ver e atividades práticas com materiais que estimulam o toque;
- **Conquiste pelo coração:** trate o colaborador pelo nome, procure conhecer quem é o participante antes do treinamento (por meio de questionários ou conversando com pessoas da área), use fotos das famílias, faça premiações etc.

Esses cuidados falam mais que mil palavras e demonstram a todos que "em casa de ferreiro, o espeto é de **metal**".

Atenção! Você está sendo avaliado

Para aperfeiçoar a excelência no atendimento, precisamos ter formas claras e boas métricas para entender onde queremos chegar, de onde estamos partindo e se estamos no caminho certo.

Existem várias formas de avaliar o atendimento. O mais conhecido é o *Net Promoter Score* – NPS. Além do NPS, o mercado também utiliza *Customer Satisfaction Score* (CSAT) e *Customer Effort Score* (CES). Estas metodologias de avaliação serão aprofundadas no capítulo sobre MÉTRICAS.

Métricas do atendimento

NPS | CSAT | CES

Pensando nas três métricas de avaliação, onde o atendimento tem uma participação fundamental, aqui vão as sugestões de habilidades a serem treinadas para fortalecer a excelência.

Foco no treinamento:

- **Conexão por estilo:** como se conectar com diversos tipos de clientes;
- **Perguntas eficientes:** como descobrir o que o cliente deseja;
- **Escuta ativa e empática:** como saber ouvir, com atenção e gentileza, acolhendo o cliente em diversas situações;
- **Comunicação assertiva:** como explicar de forma clara para o cliente, evitando devoluções ou reclamações;

- **Tradução:** habilidade de explicar de forma simples conceitos ou processos complexos;
- **Pensamento crítico:** habilidade de analisar as situações buscando as melhores soluções;
- **Organização:** organizar melhor o tempo, a agenda, sabendo diferenciar o prioritário do urgente;
- **Respostas rápidas:** ser ágil no retorno para o cliente, cumprir com os prazos e dar posicionamentos sobre resoluções ou pedidos.

Enfim, seja qual for a avaliação escolhida, o importante é ter uma visão clara de onde estão e de quais habilidades precisam ser fortalecidas para se chegar à métrica desejada.

Vamos em frente!

Pensando em tudo o que conversamos neste capítulo, chegou a hora da prática. Para isso, aqui vão bons questionamentos:

1. **Avaliação:** pensando nos formatos de avaliação, quais metodologias você utiliza para medir o atendimento? O que estas pesquisas têm apontado como pontos fortes ou desafios do seu atendimento? Quanto o cliente sente que tem excelência no atendimento?
2. **Ferramentas e temas:** Quais ferramentas são necessárias para que a sua equipe ofereça mais excelência no atendimento? Que temas ajudariam a lidar com os desafios apontados nas avaliações?
3. **Treinamento:** De que forma você pode sensibilizar sua equipe e prepará-la para aprender mais? Que técnicas ou recursos diferenciados você pode usar em seus treinamentos? Como vai surpreender sua equipe?

4. **Sustentação:** Quem pode multiplicar continuamente esse modelo de atendimento com excelência dentro dos departamentos? De que forma podem apoiar as lideranças para que eles sejam um modelo ativo de excelência no atendimento? Que metodologias podem usar para criar uma trilha de sustentação?

Parabéns pela sua excelência!

Para fecharmos com excelência, vale aqui parabenizá-lo pela vontade de fortalecer esse tipo de atendimento na sua empresa ou equipe. O fato de você ter chegado aqui, no final do capítulo, já demonstra que você tem habilidades essenciais para encantar, como interesse, abertura para ouvir, dedicação e vontade de aprender.

Junte muita ação e você terá um caminho brilhante pela frente, iluminando as equipes de atendimento, as empresas e, ouso dizer, a sociedade onde vivemos. Isso porque pessoas que se sentem bem tratadas, além de **virarem clientes fiéis, aumentarem suas compras e indicações**, ainda ficam mais calmas, felizes e gentis.

Então, faço votos de que o atendimento com excelência seja o guia para o seu sucesso.

9

Medir para encantar

Andréa Naccarati de Mello

Durante muitas décadas, o atendimento ao cliente foi predominantemente tratado como um centro de custos nas organizações. Isso significa que era visto como uma área que apenas consumia recursos como pessoal, infraestrutura e tecnologia sem gerar retorno direto mensurável, como vendas ou receita. Esse entendimento tradicional tinha raízes na gestão financeira clássica e na contabilidade gerencial, que categorizavam o atendimento como uma despesa operacional, e não como fonte de valor estratégico (ZEITHAML; BITNER, 2003).

No entanto, à medida que empresas começaram a perceber o impacto do atendimento na experiência do cliente, na retenção e no *lifetime value* (LTV), esse paradigma começou a mudar. Segundo a Harvard Business Review, organizações que transformam o atendimento de centro de custo em centro de valor conseguem aumentar a fidelização e gerar receita incremental por meio da personalização e da escuta ativa (HBR, 2009). Essa mudança de visão foi decisiva para o surgimento da disciplina de *Customer Experience (CX)* como uma área estratégica, na qual o atendimento é visto como protagonista na construção de vínculos duradouros com o cliente.

Vivemos hoje na chamada "economia da experiência", na qual a interação com a marca, a jornada vivida e a sensação deixada são tão valorizadas quanto o produto ou serviço em si. Segundo Pine e Gilmore (1999), nessa nova fase os consumidores pagam não apenas pela função ou utilidade, mas pela experiência transformadora que o contato com a marca proporciona. Além disso, empresas que priorizam a experiência do cliente oferecendo jornadas integradas com atendimento ágil, digital e emocional têm 3 a 7% mais vendas, maior rentabilidade e fidelização prolongada, conforme demonstrado por pesquisas de McKinsey e outras publicações do setor.

Várias empresas já compreenderam que o atendimento é um dos principais pontos de contato com a marca, e que ocorre praticamente ao longo de toda a jornada do cliente. Assim, para criar experiências satisfatórias, e até memoráveis, as empresas buscam excelência no atendimento.

A excelência no atendimento ao cliente não acontece por acaso; é construída com método, cultura e, sobretudo, dados. Medir deixou de ser uma função de controle para se tornar um instrumento de encantamento. O cliente de hoje não quer apenas ser atendido, ele quer ser compreendido, lembrado e valorizado. E para que isso ocorra, as empresas precisam ouvir mais, analisar melhor e agir com inteligência.

Nesse contexto, as métricas são ferramentas que orientam ações, revelam pontos de fricção, destacam oportunidades de encantamento e traduzem percepções subjetivas em dados objetivos.

Métrica de atendimento	Significado	Finalidade
CSAT	*Customer Satisfaction Score*	Mede a **satisfação imediata** do cliente com a interação.
NPS	*Net Promoter Score*	Avalia a **probabilidade de recomendação** da marca; indicador de lealdade.
CES	*Customer Effort Score*	Mede o **esforço que o cliente teve** para resolver sua demanda.
FCR	*First Contact Resolution*	Verifica se o problema **foi resolvido no primeiro contato.**
TMA	Tempo Médio de Atendimento	Tempo médio que o atendente leva para **concluir um atendimento.**
TME	Tempo Médio de Espera	Tempo médio que o cliente **aguarda** antes de ser atendido.
Taxa de Abandono		Percentual de clientes que **desistem antes do atendimento** começar.

Fonte: Autoral.

As métricas de atendimento que têm sido mais utilizadas são o CSAT, o NPS, o CES, o FCR, o TMA, o TME e a taxa de abandono.

1. CSAT (*Customer Satisfaction Score*)

A métrica de satisfação é uma das mais utilizadas para avaliar a percepção imediata do cliente sobre uma interação de atendimento. Geralmente é medida com a pergunta: "Quão satisfeito você ficou com o atendimento recebido?" em uma escala de 1 a 5 ou 1 a 10.

Fórmula:

$$CSAT = \frac{\text{Total de respostas positivas}^{1}}{\text{Total de respostas}} \times 100$$

Entre as principais vantagens do CSAT estão a simplicidade de aplicação, a alta taxa de resposta e a flexibilidade de uso em canais como e-mail, *app*, WhatsApp ou ponto de venda. Por fornecer *feedback* quase em tempo real, é ideal para medir a satisfação logo após uma interação específica.

No entanto, por capturar apenas o momento final da jornada, o CSAT não revela a causa de eventuais atritos e pode gerar uma visão parcial. Clientes satisfeitos podem ter enfrentado dificuldades anteriormente ou manter baixa lealdade. Por isso, empresas líderes combinam o CSAT com métricas como CES e NPS, criando um painel mais completo que permite entender não apenas a satisfação, mas também o esforço do cliente e sua propensão a recomendar, traduzindo percepções em ações estratégicas.

---

[1] Notas 4 e 5, em uma escala de 1 a 5, ou 8 a 10 em uma escala de 1 a 10.

2. **NPS (*Net Promoter Score*)**

O NPS mede a lealdade do cliente por meio da clássica pergunta: "Em uma escala de 0 a 10, o quanto você recomendaria nossa empresa a um amigo ou colega?".

Classificação:

9 a 10: Promotores;

7 a 8: Neutros;

0 a 6: Detratores.

Fórmula:

NPS **= %Promotores – %Detratores**

O NPS não mede apenas o atendimento, mas sim toda a experiência com a marca. Por isso, uma nota alta pode mascarar problemas em outras etapas da jornada ou até no próprio atendimento. Há casos em que o cliente dá uma nota 9 ou 10 porque gostou do atendente, mesmo que sua solicitação não tenha sido resolvida. Além disso, empresas com NPS alto ainda podem ter alta taxa de cancelamento, o que mostra que o indicador, sozinho, não é suficiente. Para uma visão mais completa, é importante cruzar o NPS com métricas como FCR e CES e analisar os comentários abertos, entendendo os reais motivos por trás das notas.

Embora o NPS relacional não avalie exclusivamente o atendimento, esse canal exerce forte influência sobre o indicador, pois é um dos principais pontos de contato emocional com a marca. Se o atendimento for falho (ineficiente, impessoal ou demorado), ele tende a impactar negativamente o NPS geral, mesmo que outros pontos da jornada estejam satisfatórios. Por outro lado, interações bem conduzidas podem contribuir significativamente para elevar a percepção de confiança e fidelidade.

3. CES (*Customer Effort Score*)

Avalia o esforço que o cliente teve para resolver um problema ou obter ajuda. A pergunta típica é: "O quanto foi fácil resolver sua solicitação hoje?".

Fórmula:

$$CES = \frac{\Sigma \text{Notas dos respondentes}^{2}}{\text{Número total de respondentes}}$$

Quanto menor o esforço, maior a probabilidade de satisfação e lealdade. Segundo estudo da Gartner, 96% dos clientes que relatam uma experiência de baixo esforço demonstram maior intenção de repetir negócios, enquanto 81% dos que enfrentam alto esforço dizem que compartilharão uma experiência negativa com outras pessoas. Essa métrica é especialmente útil em canais digitais, SACs e autoatendimentos, onde processos complexos ou desarticulados aumentam o atrito.

Além disso, pesquisas da Harvard Business Review mostram que o esforço do cliente é um melhor preditor de comportamento futuro do que a satisfação ou o NPS, principalmente em contextos de resolução de problemas. Empresas que monitoram o CES conseguem identificar rapidamente gargalos operacionais, como múltiplos encaminhamentos, repetições de informação ou interfaces confusas — e, a partir disso, redesenhar jornadas mais simples, intuitivas e eficientes.

4. *First Contact Resolution* (FCR)

Mede a porcentagem de atendimentos resolvidos já no primeiro contato. É um dos principais indicadores de eficiência operacional e experiência do cliente.

---

[2] Escala numérica de 1 a 7 (1 muito difícil e 7 muito fácil).

Fórmula:

$$FCR = \frac{\text{Casos resolvidos no primeiro contato}}{\text{Total de casos}} \text{ X } 100$$

FCR é considerado alcançado mesmo que o problema não seja resolvido imediatamente, desde que o cliente não precise entrar em contato novamente sobre o mesmo assunto.

Essa métrica exerce um impacto direto na satisfação do cliente: para cada 1% de aumento no FCR, estima-se uma elevação de 1% no CSAT, segundo o SQM Group. Além disso, melhorar o FCR em 1% tende a gerar uma economia operacional de 1 %, reduzindo o volume de contatos repetidos.

Contudo, taxas artificialmente elevadas de FCR podem mascarar soluções superficiais ou encerramentos precipitados de chamados, sem efetiva validação com o cliente, o que reforça a importância de cruzar FCR com CSAT ou NPS transacional para garantir a qualidade da resolução.

5. Tempo Médio de Atendimento (TMA)

O TMA mede o tempo médio que um atendente leva para resolver uma solicitação. Serve como termômetro de produtividade e de complexidade dos casos.

Fórmula:

$$TMA = \frac{\text{Tempo total de atendimento}}{\text{Número total de atendimentos}}$$

Inclui:

1. Tempo de conversa;
2. Tempo de espera com o atendente;
3. Tempo de pós-atendimento (*After Call Work* - *ACW*).

Ele é um termômetro essencial da eficiência operacional e da experiência do cliente: enquanto um TMA reduzido indica agilidade, métricas excessivamente baixas podem sugerir pressa ou falta de profundidade no atendimento. Além disso, a otimização do TMA impacta diretamente os custos operacionais: ao reduzir o tempo de atendimento, é possível atender mais clientes com menos recursos sem comprometer a qualidade. Entretanto, o ideal é equilibrar produtividade e empatia, sempre triangulando o TMA com CSAT ou NPS para garantir que rapidez não sacrifique percepção.

6. Tempo de Espera

Reflete a agilidade no início da interação. Longos tempos de espera são uma das principais causas de frustração do cliente.

Fórmula:

$$TME = \frac{\text{Soma dos tempos de espera de todos os clientes}}{\text{Número total de clientes atendidos}}$$

O TME exerce grande influência na experiência do cliente. Conforme relatado pelo ACSI[3], clientes que esperam mais do que o estimado podem ficar até 18% menos satisfeitos, e essa percepção negativa tende a persistir além da interação. Curiosamente, um atendimento mais rápido do que o esperado gera um impacto 1,6 vezes mais positivo na satisfação geral.

Estratégias como exibir o tempo estimado de espera ou enviar atualizações automáticas durante a fila ajudam a alinhar expectativas e reduzir a ansiedade do cliente, transformando o tempo de espera em um elemento gerenciável da experiência.

7. Taxa de Abandono

A taxa de abandono mede o percentual de clientes que desistem

---

3 *American Customer Satisfaction Index.*

do atendimento antes de serem atendidos (por exemplo, cancelam a chamada ou saem do *chat*).

Fórmula:

$$\textit{Taxa de Abandono (\%)} = \left(\frac{\text{Número de contatos abandonados}}{\text{Número total de contatos recebidos}}\right) \times 100$$

Embora as estatísticas específicas para atendimento de serviço não sejam amplamente divulgadas, estudos gerais da Zendesk indicam que mais de 70% dos consumidores esperam ser atendidos em menos de 5 minutos, e tempos de espera prolongados contribuem significativamente para abandono e queda na satisfação. Monitorar este indicador ajuda a identificar gargalos operacionais, como falta de equipe ou rotas automatizadas ineficazes.

Estratégias como informar o tempo de espera estimado, enviar atualizações automáticas ou priorizar clientes recorrentes são práticas eficazes para reduzir o abandono e melhorar a percepção do atendimento.

Além dos indicadores tradicionais, empresas que buscam excelência no atendimento vêm incorporando a Qualidade Percebida como uma métrica complementar e estratégica. Diferente dos dados quantitativos como NPS, CSAT ou TMA, esse indicador mergulha na dimensão subjetiva da experiência, analisando aspectos como tom de voz, empatia, fluidez da linguagem, escuta ativa e aderência a boas práticas ou *scripts* definidos. Sua aplicação é comum em programas internos de monitoria de qualidade e *coaching* contínuo, onde supervisores avaliam interações gravadas com foco em comportamentos que encantam ou frustram o cliente.

A Qualidade Percebida atua como um contrapeso essencial aos números frios, revelando nuances que os *dashboards* não capturam, como quando um atendimento é tecnicamente correto, mas transmite frieza, impaciência ou falta de envolvimento emocional. Quando bem-estruturada, essa métrica também alimenta *feedback* personalizado, promove evolução de equipe e fortalece a cultura de cuidado com o cliente.

Existem diversas ferramentas especializadas no mercado para mensurar e acompanhar Qualidade Percebida no atendimento, muitas delas integradas a plataformas de *CX*, *contact centers* e CRMs.

Nenhuma métrica isolada revela tudo o que importa no atendimento ao cliente. Por isso, empresas líderes combinam indicadores para obter diagnósticos mais completos. Um exemplo é o uso do NPS relacional com o CSAT transacional: enquanto o NPS mostra a lealdade geral à marca, o CSAT avalia a satisfação com uma interação específica, como um contato com o SAC. Já o cruzamento de CSAT e CES permite entender se o cliente ficou satisfeito e se o processo foi simples ou desgastante, essencial em canais digitais e autoatendimento. Em atendimentos críticos, como reclamações, a combinação de CES e NPS ajuda a medir se o esforço elevado comprometeu a lealdade do cliente. Essas abordagens integradas, já utilizadas por empresas como Porto Seguro, Magalu e Natura, ajudam a transformar dados em decisões e o atendimento, em fator estratégico de fidelização.

- NPS relacional* + CSAT transacional**: mede percepção geral e satisfação pontual.
- CSAT + CES: mede satisfação imediata e esforço envolvido na jornada.
- CES + NPS: avalia esforço e lealdade após interação crítica.

* NPS relacional é aplicado periodicamente (mensal, trimestral, anual) para medir a lealdade geral à marca.
**CSAT transacional é aplicado logo após uma interação específica, como um atendimento via *chat*, telefone ou e-mail, medindo a satisfação imediata.

As métricas de atendimento também são valiosos indicadores preditivos de *churn* quando analisadas em conjunto. Altas taxas de esforço (CES), baixa resolução no primeiro contato (FCR) e quedas recorrentes no CSAT sinalizam falhas na jornada que elevam o risco de cancelamento. Estudos de Frederick Reichheld, da Bain & Company, mostram que um aumento de 5 % na retenção de clientes pode gerar entre 25 % e 95 % de lucro adicional para a empresa. Isso evidencia que prevenir *churn* é mais eficiente do que recuperar confiança após o desgaste.

Organizações avançadas cruzam métricas transacionais (CSAT, CES, FCR) com dados de comportamento e uso, identificando padrões de desgaste como múltiplos contatos, avaliações negativas ou abandonos de fila, que frequentemente precedem a saída do cliente. Com plataformas de CRM e VoC munidas de inteligência artificial, esses sinais são transformados em alertas automáticos de risco, permitindo intervenções proativas e personalizadas. Assim, o monitoramento contínuo do atendimento torna-se não apenas um diagnóstico, mas um instrumento estratégico de retenção.

O futuro do atendimento ao cliente será cada vez mais orientado por dados, impulsionado por tecnologia e guiado por um propósito claro: criar valor humano em cada interação.

> *Métricas bem aplicadas não servem apenas para mensurar desempenho, elas revelam emoções, identificam pontos de fricção e iluminam caminhos para o encantamento.*

Quando combinadas à inteligência emocional e a uma escuta verdadeiramente ativa, transformam o atendimento de um processo reativo em uma alavanca estratégica de diferenciação.

Empresas que entendem isso não se limitam a resolver problemas: elas constroem relações, geram confiança e criam experiências memoráveis que fortalecem a lealdade.

Medir é uma forma de ouvir. Ouvir é um ato de cuidado. Cuidar, com consistência e empatia, é o primeiro passo para encantar. E encantar é o que torna uma marca inesquecível.

10

Implantação e gestão do VoC nas organizações

Isabella Cavichiolli

A excelência no atendimento ao cliente só será verdadeiramente alcançada quando a organização for capaz de entender profundamente seus clientes, bem como suas dores e desejos, e propor soluções eficientes para saná-los. No cenário atual, em que emergem soluções hiperpersonalizadas a partir do uso de dados, algoritmos de *machine learning* e inteligência artificial, os consumidores se acostumaram a ter experiências de excelência por preços acessíveis. Desse modo, a competitividade no mercado exige das empresas uma atenção redobrada às necessidades e expectativas de seus clientes.

Neste contexto, um programa de *Voice of Customer*, ou voz do cliente, se torna uma ferramenta indispensável. Trata-se de uma abordagem estratégica que permite às empresas capturar, analisar e utilizar o *feedback* dos clientes de forma estruturada, transformando dados valiosos em ações concretas que melhoram produtos, serviços e, consequentemente, a experiência do cliente.

A reputação de uma marca é um ativo intangível, mas extremamente valioso. Quando o *feedback* dos clientes é coletado através de um programa VoC, torna-se um elemento extremamente valoroso que apoia gestores e organizações no monitoramento e gerenciamento da reputação da marca. Comentários e avaliações podem revelar percepções negativas que precisam ser abordadas ou aspectos positivos que podem ser amplificados em campanhas de marketing e comunicação.

Além disso, esse *feedback* deve ser a base para a identificação de falhas no atendimento e na implementação de melhorias. Segundo um estudo feito pela Mercado & Consumo em 2022, 94% dos brasileiros consideram que um bom atendimento é fundamental dentro da experiência com uma marca. Sabemos que gerir uma operação de atendimento ao cliente é um grande desafio e, portanto, um programa VoC bem-estruturado pode ser um grande aliado de gestores de CX e CS, uma vez que permite monitorar a performance dos canais de atendimento, identificar problemas recorrentes e treinar a equipe para oferecer um serviço mais eficiente e empático. Isso resulta em respostas mais ágeis e satisfatórias, elevando o nível de satisfação do cliente e transformando o atendimento num diferencial competitivo do negócio.

Ademais, um bom programa VoC é essencial para o desenvolvimento de novos produtos e para a inovação contínua. Ao entender as necessidades não atendidas e os desejos dos clientes, as organizações podem criar produtos, funcionalidades e serviços que realmente façam a diferença, além de oferecer uma experiência fluida e, porque não, encantadora aos seus clientes. A capacidade de transformar *feedback* em ações concretas não só aprimora a oferta de produtos e serviços, mas também fortalece a reputação da marca, cria um atendimento mais eficiente e impulsiona a inovação, garantindo um ciclo de melhorias contínuas que beneficiam tanto a empresa quanto seus consumidores.

Por que ter um programa de VoC

Um dos principais benefícios de um programa VoC é a capacidade de obter um entendimento profundo do cliente. Ao coletar *feedback* de diversas fontes, como pesquisas de satisfação, entrevistas em profundidade e análise de dados comportamentais, as empresas conseguem mapear as expectativas, preferências e pontos de dor dos clientes. Isso permite uma visão holística e detalhada do que realmente importa para eles.

É impossível construir boas soluções quando não conhecemos bem os problemas. Não é difícil dentro das organizações observarmos equipes criando processos ou funcionalidades extremamente complexas na tentativa de mitigar problemas ou desenvolver aquilo que se pensa (sem apoio de dados consistentes) que seja melhor para o seu cliente, quando muitas vezes a solução pode ser simples.

George Maeda traz um excelente exemplo em um artigo que escreveu em seu LinkedIn: ele aponta que 44% dos clientes detratores poderiam ser evitados no setor de supermercado através de um programa de VOC estruturado. Neste estudo, dentre as principais reclamações estão questões relacionadas a *mix* de produtos, como a disponibilidade de determinados produtos e marcas que são importantes para aquela região, e ao atendimento ao cliente, como a falta de cordialidade dos funcionários. Ou seja, com ações simples e bem direcionadas, como o ajuste no monitoramento do processo de compras de produtos e aplicação de bons treinamentos de atendimento à equipe, boa parte das reclamações feitas às empresas deste segmento seriam solucionadas.

É comum, dentro de áreas de atendimento, CX e CS, que seja um desafio priorizar iniciativas e decidir onde vale a pena investir esforços. Ao invés de tomar decisões baseadas em suposições, um programa VoC fornece dados concretos e acionáveis. Isso permite que as empresas tomem decisões mais informadas e estratégicas, alinhadas às expectativas dos clientes e às tendências do mercado. Ademais, a aplicação destes *insights* ajuda a prever comportamentos futuros e a adaptar estratégias de maneira proativa e vencedora.

Outro ponto de relevância é que há uma queixa bastante comum por parte de profissionais da liderança de áreas de CX e CS de que não se sentem ouvidos dentro da organização e de que os apontamentos feitos pelos clientes não são devidamente endereçados. Uma das principais razões pelas quais isso acontece é a dificuldade na coleta de dados de forma estruturada e a transformação desses dados em *insights* que facilitem a tomada de decisão dentro da organização.

Ainda assim, poucas são as empresas que fazem bom uso desses dados quando os têm. Um estudo feito pela Temkin Group levantou que apenas 24% das empresas que alegam ter um programa de VoC bem-sucedido conseguem de fato utilizar as informações coletadas para implementar mudanças positivas nas organizações. Isso significa que as organizações que o fazem têm uma vantagem competitiva real, uma vez que podem transformar essas informações em *insights* para tomada de decisão, o que impulsiona mudanças e melhorias significativas, além de trazer o cliente para o centro do processo de inovação. Sem um plano, os dados são mais um fardo do que um recurso.

A implementação de um programa VoC eficaz

Para a implementação de um programa de VoC eficaz, deve-se valer de boas metodologias de coleta e estruturação de dados, não apenas em âmbito superficial (como, por exemplo, indicadores de NPS e CSAT), mas valer-se de um conjunto de informações que são complementares entre si. Como sugestão, gosto de utilizar bons dados comportamentais, aliados a pesquisas quantitativas e, posteriormente, a pesquisas qualitativas. Dessa forma, é possível ter uma visão sistêmica e um entendimento profundo dos problemas.

Algumas opções podem incluir:

Dados comportamentais: São essenciais em um programa de *Voice of Customer*, pois revelam padrões e preferências, permitindo às empresas antecipar necessidades, personalizar interações e melhorar continuamente a experiência do cliente com base em *insights* reais e acionáveis.

Pesquisas de satisfação: Podem ser utilizadas para medir a satisfação do cliente em diferentes pontos da jornada do cliente. Por meio de questionários bem organizados, pode-se ter uma percepção das opiniões dos clientes sobre vários aspectos do produto. A chave do sucesso neste caso está no planejamento da pesquisa: as perguntas precisam ser claras, precisas e relevantes.

Entrevistas em profundidade: Este é um dos métodos mais valiosos que podem ser usados para obter *feedback* qualitativo detalhado sobre a experiência do cliente. Através de entrevistas individuais, é possível ter acesso não só às opiniões dos clientes, mas também suas percepções, reações, emoções e motivações. Este método permite observações como tom de voz e expressões faciais, além de gerar histórias poderosas a respeito do uso de nossos produtos e seu impacto na vida dos clientes.

Análise das redes sociais: As plataformas de redes sociais são uma vitrine do seu negócio. Nelas acontecem abordagens naturais e não solicitadas, através das quais os clientes compartilham suas experiências, opiniões e sugestões com o público em geral. A análise dessas interações pode revelar uma visão autêntica do que os clientes realmente pensam de uma marca em tempo real. São oportunidades de responder rapidamente aos problemas emergentes, evitando crises de reputação e melhorando sua presença on-line.

Chamados: Solicitações, comentários e sugestões obtidos centralmente – ou seja, obtidos diretamente pelos canais de atendimento – são outra fonte valiosíssima de *feedback*, que pode indicar pontos relevantes a serem melhorados.

Em resumo, é escutar o seu cliente para priorizar iniciativas dentro da organização, tanto no que diz respeito a processos e melhoria contínua, quanto a programas de inovação e ao lançamento de novos produtos.

Atualmente, temos *software* que colaboram na árdua tarefa de realizar a gestão dessas diferentes fontes de dados de forma integrada e funcional. Alguns deles já utilizam Inteligência Artificial como ferramenta para otimizar as análises e conseguir o grande feito de avaliar de forma crítica 100% dos apontamentos. Alguns exemplos são o *software* Qualtrics XM, o OpenCX da Track.co e a Nubia da NeoAssist.

Um exemplo de campanha estratégica que uniu o lançamento de um produto com um desejo real dos seus clientes foi do Grupo Boticário. Em 2023, a empresa lançou no imaginário das pessoas a possibilidade de existir uma nova fragrância do renomado perfume Egeo, através da plataforma TikTok. A diretora-executiva do Grupo Boticário, Marcela De Massi, conta em seu LinkedIn que a companhia está sempre de olho no que os clientes pedem nas redes sociais, e dessa vez não foi diferente. Os clientes participaram ativamente da criação deste produto e, em maio de 2024, o grupo realizou o lançamento da sua fragrância escolhida pelo público, o Egeo Melancia. Em 57 horas, as vendas do novo produto esgotaram os estoques.

É isso o que acontece quando ouvimos a voz dos nossos clientes! Ou seja, para além da coleta estruturada de dados, essas informações precisam ser utilizadas para retroalimentar o *roadmap* de iniciativas dentro da organização, principalmente dentro das áreas de produto e atendimento. Isso significa que os *insights* obtidos não só orientam melhorias e ajustes contínuos, mas também desempenham um papel fundamental na definição de prioridades e no planejamento estratégico.

Além disso, em situações de crise, por exemplo, ter um programa de VoC bem-estruturado facilita o *feedback* imediato dos clientes, que é essencial para uma resposta rápida e eficaz. Isso permite identificar problemas antes que eles se agravem e implementar ações de recuperação de clientes, mostrando que a empresa está comprometida em resolver problemas e melhorar continuamente, prevenindo impactos significativos na reputação da marca.

Em uma das empresas por onde passei, passamos por um momento difícil, em que a nossa taxa de *churn* estava aumentando rapidamente e corríamos o risco de perder alguns dos nossos clientes mais importantes. Nesse período, nossa estratégia enquanto área de *Customer Success* foi justamente implementar um programa de VoC mais robusto, em que toda a empresa se engajou e até mesmo o então CEO participou de algumas entrevistas em profundidade para ouvir nossos clientes e priorizar a implementação de mudanças importantes. O resultado foi excelente: revertemos *churns* de empresas *Key Account*, cujo faturamento era importantíssimo para a nossa organização, e reconquistamos a lealdade dos nossos clientes, atingindo 82 pontos de NPS.

O framework dos 6Ds

A metodologia dos 6Ds, criada pela Temkin Group, é um *framework* interessante para guiar a implementação eficaz de um programa de VoC. Ela descreve 6 passos que são: *detect* (detectar), *disseminate* (divulgar), *diagnose* (diagnosticar), *discuss* (debater), *design* (projetar), *deploy* (implementar).

Fonte: Adaptado de Temkin Group

Explicando cada uma dessas etapas:

1. **Detectar**: Essa é a fase que estabelece os objetivos específicos para o programa VoC, sendo essencial determinar o que a empresa espera alcançar com a coleta de *feedback* dos clientes. Esses objetivos podem incluir incrementar a receita, aumentar novas vendas, melhorar a satisfação do cliente e a reputação da marca, e identificar oportunidades de inovação. É indispensável que estes objetivos estejam amalgamados com os objetivos estratégicos da organização;
2. **Divulgar**: Nesta fase, é importante envolver todas as áreas da empresa com a distribuição de informações a respeito do novo programa que se inicia, promovendo a transparência e a

colaboração, e assegurando que todos os departamentos estejam cientes das iniciativas em andamento e possam contribuir para o sucesso destas;

3. **Diagnosticar**: Nesta fase, iniciamos de maneira substancial a coleta de dados, através de metodologias adequadas (por exemplo, as citadas acima), e a estruturação deles para que se transformem em *insights* valiosos para a organização. Isso envolve analisar o *feedback* para identificar padrões, mensurar impacto e então planejar iniciativas que possam resolver os problemas apontados pelos clientes ou atender às suas necessidades não atendidas;
4. **Debater**: De maneira a buscar uma visão sistêmica e mitigar efeitos colaterais, é importante que os *insights* coletados na fase de diagnóstico sejam debatidos com todas as áreas envolvidas nos processos que precisam ser ajustados ou dos novos produtos e funcionalidades que serão desenvolvidos. Dessa forma, é possível priorizar as ações que têm maior impacto no negócio e exigem menos esforço de implementação;
5. **Design (projetar)**: É essencial que de fato utilizemos os *insights* descobertos para desenharmos soluções que atendam às necessidades e expectativas dos clientes. É importante definir o que será feito e como os resultados serão mensurados. Neste âmbito, a priorização é chave para garantir o sucesso. Lembre-se de escolher poucas iniciativas, mas que tenham real impacto no negócio e que sejam rapidamente implementáveis;
6. ***Deploy* (implementar)**: Finalmente, vamos para a implementação desta mudança. É muito válido adotar uma abordagem ágil, realizando testes pequenos que possibilitem ajustes rápidos nas soluções propostas. Isso permite que a empresa

responda de forma eficiente às necessidades dos clientes, refinando continuamente suas estratégias e melhorando a satisfação e fidelidade do cliente.

Como gerir e mensurar os resultados?

Para um programa de VoC ter sucesso contínuo, é essencial acompanhar as iniciativas e entender se os problemas que foram identificados nas fases de diagnóstico estão sendo, de fato, endereçados e se a percepção dos clientes a respeito da organização está mudando. Observar dados comportamentais e pesquisas de satisfação constantemente e voltar a conduzir entrevistas em profundidade para entender verdadeiramente o que os clientes pensam e sentem após a implementação das soluções é uma ótima alternativa.

A melhoria contínua do atendimento ao cliente é um processo dinâmico que exige dedicação e comprometimento. Ao estabelecer objetivos claros, utilizar metodologias variadas para coleta de *feedback*, desenhar ações estratégicas, implementar mudanças e comunicar os resultados de forma transparente, as empresas podem criar um círculo virtuoso de aperfeiçoamento. Essa abordagem sistemática não só eleva a qualidade do atendimento, mas também fortalece a reputação da marca e aumenta a fidelidade dos clientes.

Em resumo, a excelência no atendimento ao cliente não é um destino, mas uma jornada contínua. Adotar um programa VoC eficaz é um primeiro passo certeiro dentro desta jornada, permitindo que as empresas compreendam melhor seus clientes, ajam de forma proativa para atender às suas necessidades e construam relacionamentos duradouros baseados em confiança e satisfação mútua. Ao colocar o cliente no centro de suas estratégias, as empresas não só garantem seu sucesso a longo prazo, mas também criam valor significativo para todos os *stakeholders* envolvidos.

11

Central de atendimento como um *hub* de informações

Estela Pletsch

No dinâmico e implacável cenário empresarial do século XXI, a capacidade de uma organização em tomar decisões rápidas, precisas e informadas se tornou um fator crítico de sucesso. A informação emerge como um ativo estratégico, impulsionando a diferenciação, a sobrevivência e a prosperidade das empresas em um ambiente globalizado e cada vez mais competitivo.

Este capítulo explora a intrincada relação entre o fluxo de informações e a tomada de decisão, com enfoque no papel da Central de Atendimento como ponto central de coleta, processamento e distribuição de dados. Além disso, será analisado como a gestão eficaz do fluxo de informações pode impactar positivamente a tomada de decisão estratégica, aprimorar a experiência do cliente e gerar valor para a organização como um todo.

Era da Informação: desafios e oportunidades

A crescente disponibilidade de dados e informações, impulsionada pelas tecnologias digitais, marca a era em que vivemos. A revolução da informática e a disseminação da internet criaram acesso sem precedentes ao conhecimento e à comunicação.

No entanto, a abundância de informações também apresenta desafios significativos. A sobrecarga de dados, a dificuldade de identificar informações relevantes e a necessidade de garantir a qualidade e a confiabilidade dos dados são apenas alguns dos obstáculos que as organizações precisam superar.

Falta de veracidade

A falta de checagem de informações pode resultar em informação errada fornecida ao cliente.

Dificuldade em confirmar informações

Algumas informações exigem comprovação e verificação, o que pode demandar tempo e esforço.

Propagação de informações falsas

Informações falsas podem se espalhar de forma descontrolada e complicar o atendimento ao cliente.

Além disso, a "desigualdade digital" persiste como um problema crítico. O acesso desigual à tecnologia e à internet limita a capacidade de muitos indivíduos e comunidades de participar plenamente da era da informação. Garantir a inclusão digital, promovendo o acesso igualitário à tecnologia e às ferramentas necessárias, é essencial para construir uma sociedade mais justa e equitativa.

A abundância de dados, impulsionada por *Big Data* e Inteligência Artificial, não resolveu o problema da desinformação. Pelo contrário: em muitos casos, tornou a informação mais opaca, técnica e difícil de interpretar. Ao mesmo tempo, narrativas desconectadas da realidade passaram a ganhar força e influenciar decisões com base em percepções, em vez de fatos.

Hierarquia essencial: dados, informação, conhecimento e inteligência

Para que a informação se torne um ativo estratégico, é fundamental compreender a distinção entre dados, informação, conhecimento e inteligência. Dados são fatos brutos, desprovidos de contexto e significado inerente.

Embora os dados sejam componentes importantes, eles não produzem automaticamente informações relevantes e oportunas. As organizações podem possuir um vasto volume de dados, porém não devem se limitar a coletar, filtrar e apresentar fatos pertinentes que supram as necessidades do tomador de decisão. Os dados se transformam em informação quando são contextualizados e organizados. A informação ajuda a responder perguntas e entender situações.

Apenas após o tratamento pelos recursos informacionais disponíveis e seguindo critérios racionais ou intuitivos do usuário, os dados poderão ser transformados em informação (sistemas de informação) e disponibilizados no momento e na forma adequada para serem utilizados com eficiência pelo usuário como apoio à tomada de decisão.

Os sistemas de informação utilizam dados *hard* e *soft*. Assim, as fontes de informação precisam ser claramente entendidas, principalmente quando existem participantes humanos. A informação é útil para a tomada de decisões, análises e planejamento, pois fornece *insights* e clareza sobre um determinado assunto.

A qualidade da informação é medida por fatores como precisão, relevância, atualidade e clareza. Informações de alta qualidade são mais confiáveis e úteis. Considerando que a informação é o alicerce da geração de conhecimento, para garantir a sua qualidade, é preciso:

1. **Incentivar a comunicação:** Encorajar a colaboração e o compartilhamento de informações entre as equipes da empresa;
2. **Aprimorar treinamentos:** Melhorar o treinamento das equipes que atuam junto aos clientes para que possam compreender e lidar melhor com a informação;
3. **Atualizar sistemas:** Investir em soluções tecnológicas modernas para melhorar a organização e a gestão das informações.

A gestão da informação, isto é, a forma como as organizações acessam, organizam, compartilham, fazem uso da informação e criam conhecimento, é uma das mais importantes bases para a competitividade.

O conhecimento, por sua vez, é a combinação de instintos, ideias, regras e procedimentos que guiam ações e decisões.

A inteligência organizacional, finalmente, é a capacidade de usar informações estratégicas para tomar decisões eficazes e alcançar os objetivos da organização.

Relação entre dados, informação e conhecimento

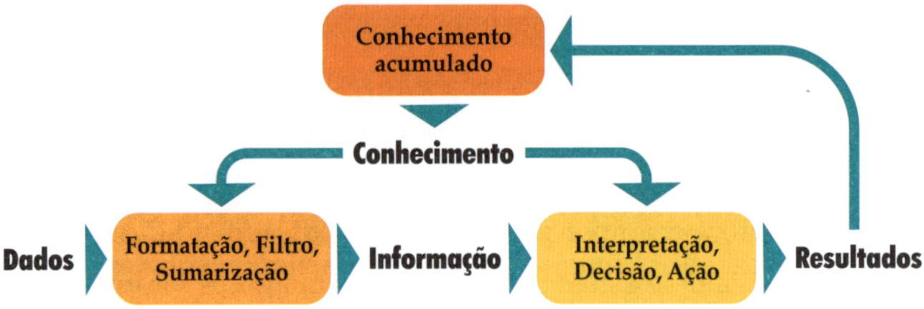

Fonte: Autoral.

Central de Atendimento como um hub de informações

A Central de Atendimento, muitas vezes vista como um mero centro de custos, possui o potencial inexplorado de ser tratado como *hub* de informações estratégicas. Como ponto focado no contato com clientes, a Central de Atendimento coleta uma vasta gama de dados sobre suas necessidades, expectativas, reclamações e sugestões. Tais informações, quando devidamente processadas e analisadas, podem fornecer *insights* importantes para a tomada de decisão em diversas áreas da organização.

Logo, a Central de Atendimento serve como o principal meio de contato para os clientes acessarem informações sobre produtos, serviços, políticas e procedimentos da empresa. Em cada contato, existe a coleta e o armazenamento de dados sobre interações com clientes, incluindo perguntas frequentes, problemas relatados e *feedback*. As informações coletadas nas interações com clientes podem ser usadas para criar relatórios e análises, permitindo uma melhor compreensão das tendências e necessidades do cliente. Isso mune as organizações para a tomada de decisões estratégicas.

Os *insights* obtidos por meio do recolhimento de *feedback* dos clientes sobre produtos e serviços oferecidos pelas organizações podem ser compartilhados com outras áreas da empresa, como desenvolvimento de produtos e marketing. Em resumo, as centrais de atendimento não apenas melhoram a experiência do cliente, mas também contribuem para a eficiência operacional da empresa.

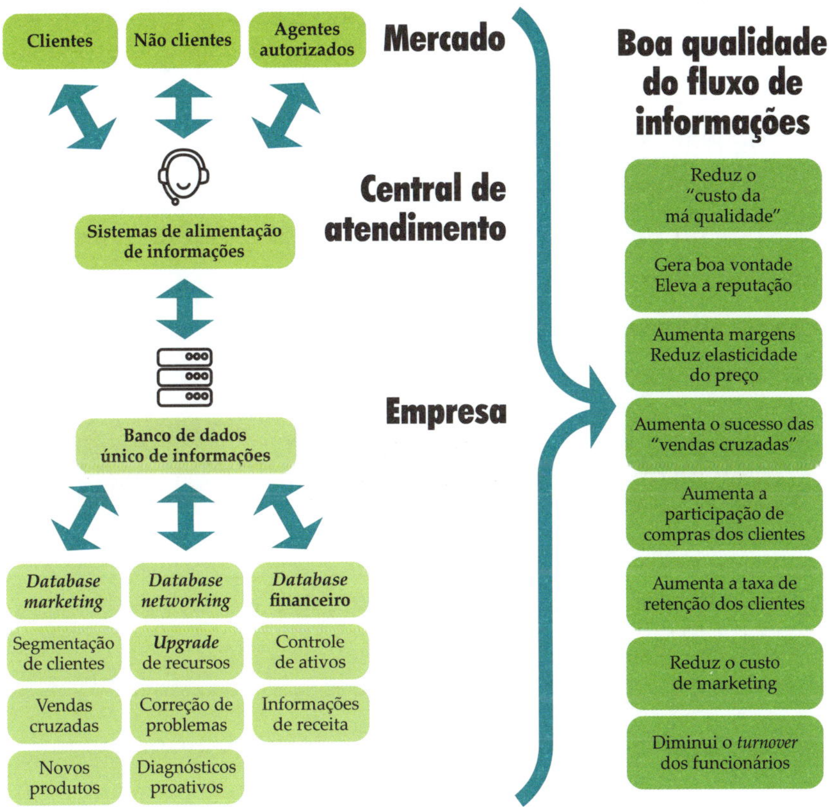

Fonte: Autoral.

O papel do infomediário: transformando dados em ações

O infomediário primeiramente coleta informações junto a clientes, para, em seguida, as processar e, por fim, disponibilizá-las através de um fluxo de informação para os tomadores de decisão.

Informações, estas, previamente definidas através de um mapeamento das necessidades informacionais.

Os tomadores de decisão analisam a informação e devolvem para o infomediário novas necessidades para a coleta de informações adicionais. Em paralelo, o cliente também demanda informações junto à organização, e vice-versa.

O atendente da Central de Atendimento, nesse contexto, assume o papel de um infomediário, sendo o profissional responsável por coletar, processar e disseminar informações relevantes para a consequente tomada de decisão.

Para desempenhar esse papel de forma eficaz, o atendente precisa possuir um profundo conhecimento dos produtos e serviços da empresa, habilidades de comunicação e empatia, bem como a capacidade de identificar as necessidades dos clientes e traduzi-las em dados acionáveis.

Fonte: Autoral.

Desafios na gestão de informações na Central de Atendimento

Os atendentes são treinados para fornecer respostas rápidas e precisas, transformando dados (como reclamações ou perguntas) em soluções informativas. Isso ajuda a aumentar a satisfação do cliente.

A gestão de informações na Central de Atendimento enfrenta diversos desafios, como:

Volume excessivo de dados: A grande quantidade de dados coletados pode dificultar a organização, o processamento e a análise das informações;

Prazos apertados: A pressão por atender um grande número de clientes em um curto espaço de tempo pode comprometer a qualidade da coleta de dados;

Complexidade das informações: A natureza técnica de alguns produtos e serviços pode dificultar a compreensão e o registro preciso das informações;

Falta de padronização: A ausência de padrões claros para a coleta e o registro de dados pode gerar inconsistências e dificultar a análise das informações;

Falta de integração com outros sistemas: A falta de integração entre o sistema da Central de Atendimento e outros sistemas da empresa pode dificultar o compartilhamento de informações e a tomada de decisão.

Estratégias para otimizar o fluxo de informações na Central de Atendimento

Visando à superação dos desafios ligados à gestão de informações na Central de Atendimento, as empresas devem adotar as seguintes estratégias:

1. **Definir objetivos claros:** Estabelecer objetivos claros para a coleta de dados, definindo quais informações são relevantes para a tomada de decisão em cada área da organização;
2. **Padronizar processos:** Criar padrões claros para a coleta, o registro e a análise de dados, garantindo a consistência e a qualidade das informações;
3. **Investir em treinamento:** Capacitar os atendentes para que compreendam a importância de seu papel como infomediários e para que possuam as habilidades necessárias para coletar e registrar as informações de forma precisa e completa;

4. **Implementar ferramentas de análise de dados:** Utilizar ferramentas de análise de dados para identificar padrões, tendências e *insights* relevantes para a tomada de decisão;
5. **Integrar sistemas:** Integrar o sistema da Central de Atendimento com outros sistemas da empresa, facilitando o compartilhamento de informações e a colaboração entre as áreas;
6. **Promover a cultura de dados:** Incentivar a utilização de dados e informações em todos os níveis da organização, criando uma cultura de tomada de decisão baseada em evidências.

Assim, o fluxo de informações na Central de Atendimento será devidamente aproveitado e otimizado nas organizações.

Estruturação de dados

A estruturação de dados pode ser implementada conforme o segmento e a necessidade da empresa.

A estruturação mais comum é por produto, jornada, etapa do processo, MAT (motivo, assunto, tipo) ou persona. O importante é garantir a alimentação e retroalimentação entre as diversas áreas e a Central de Atendimento e vice-versa.

Esta integração sistêmica deve possibilitar que:

- O atendente visualize o resultado do seu trabalho, percebendo melhor o seu papel de infomediário dentro da organização e a importância do registro de dados corretamente;
- Os demais departamentos, interagindo com a Central de Atendimento, utilizem as informações disponíveis como apoio à tomada de decisão e que subsidiem de informações o atendente para que o mesmo possa entender melhor o cliente;
- A árvore de motivos de ligações seja revista conforme as necessidades e demandas de cada área, podendo, assim, mais

facilmente captar a percepção e o entendimento do cliente sob um determinado aspecto desejado.

Por meio de elementos visuais, como tabelas, gráficos e mapas, a visualização de dados se torna uma forma acessível de enxergar e compreender tendências, valores discrepantes e padrões nos dados.

Existem diversos tipos populares de visualização para dispor informações de maneira eficaz, tais quais gráfico de barras para comparação, mapa para dados espaciais, gráfico de linhas para dados temporais, gráfico de dispersão para comparar duas medidas e muito mais.

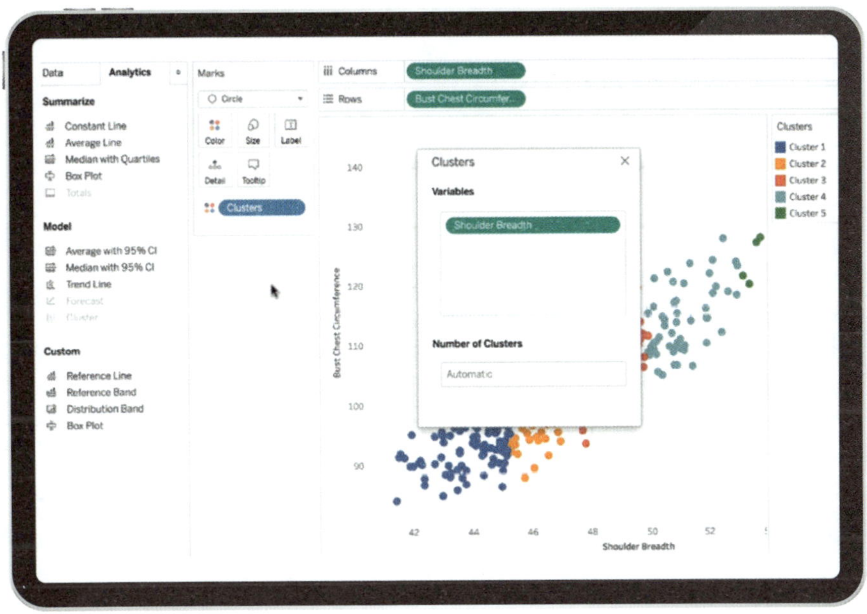

Fonte: Tableau

A Inteligência Artificial como catalisador da transformação

A Inteligência Artificial (IA) surge como um catalisador da transformação na gestão de informações. A IA pode ser utilizada para automatizar tarefas repetitivas, analisar grandes volumes de dados, identificar padrões complexos e personalizar a experiência do cliente.

Na Central de Atendimento, a IA pode ser utilizada para:

1. **Analisar o sentimento do cliente:** Identificar o tom emocional das interações com os clientes, permitindo que os atendentes respondam de forma mais eficaz às suas necessidades;
2. **Personalizar o atendimento:** Oferecer soluções personalizadas com base no histórico de interações e nas preferências dos clientes;
3. **Automatizar tarefas:** Automatizar tarefas como o preenchimento de formulários e o encaminhamento de chamados, liberando os atendentes para se concentrarem em atividades mais complexas e estratégicas;
4. **Prever o comportamento do cliente:** Antecipar as necessidades dos clientes e oferecer soluções proativas, melhorando a experiência do cliente e aumentando a fidelização.

Casos de sucesso: lições aprendidas

Empresas como L'Oréal, Domino's, Gucci e Walmart demonstram como a gestão eficaz de informações pode impulsionar o sucesso.

A L'Oréal utilizou o *feedback* dos clientes para aprimorar seus produtos, enquanto a Domino's otimizou a experiência de compra por meio de um *chatbot* no WhatsApp. A Gucci não ficou para trás, utilizando dados para obter *insights* fundamentais sobre tendências de mercado. Por último, o Walmart se destaca pela sua cultura de dados e foco no cliente.

Se torna evidente a necessidade e os benefícios da gestão das informações como um ativo das organizações.

Rumo a um futuro data-driven

Em um mundo cada vez mais complexo e competitivo, o fluxo de informações emerge como um pilar fundamental para a tomada de decisão estratégica e a excelência no atendimento ao cliente. Ao investir na estruturação de dados, na capacitação de seus colaboradores e na utilização de tecnologias como a IA, as empresas podem transformar a Central de Atendimento em um centro de inteligência, impulsionando a inovação, a satisfação do cliente e o sucesso a longo prazo.

A evolução dos centros de atendimento ao cliente, desde os tradicionais *call centers* até os centros de interação integrados, destacam a importância de se adaptar às expectativas dos clientes na era digital e a necessidade das empresas derrubarem as barreiras internas para proporcionar uma experiência unificada ao cliente em vários canais, como *web*, voz, e-mail e *chat*.

Para atender a essas expectativas, as empresas precisam implementar o conceito de centros de interação, que combinam o contato telefônico com interações por meio de *web*, voz, e-mail e *chat* (*omnichannel*).

Os benefícios esperados incluem aumento da retenção e fidelidade do cliente, crescimento da receita por meio de vendas cruzadas e melhoria da eficiência operacional. As centrais de atendimento ao cliente precisam evoluir para centros de interação, se transformando em canais para gerar lucro.

Os clientes agora esperam que as empresas sejam responsivas e capazes de resolver problemas, independentemente de como o contato inicial foi feito. Alcançar esse nível de integração exige a quebra de barreiras internas entre os diferentes departamentos para criar uma visão unificada do cliente. Isso é identificado como um desafio significativo, já que o cliente tem diferentes pontos de contato, em lojas e em parceiros e não somente nas centrais de atendimento.

O futuro pertence às organizações que souberem transformar dados em informações, informações em conhecimento e conhecimento em ações estratégicas.

12

Service recovery para transformar reclamações em lealdade

Mônica Rocha

Todo serviço contratado carrega uma promessa, mas, ainda assim, por mais que as empresas invistam em processos, tecnologia e capacitação, falhas acontecem.

É bem provável que a grande maioria das pessoas já tenha passado por uma história ruim com prestação de serviço: o voo cancelado, o plano de saúde que nega um procedimento básico, ou a peça de roupa que volta danificada da lavanderia. Para piorar o cenário, aquela sensação de que a empresa nem se importou com a situação: atendimento robótico, protocolar, sem empatia, quando tudo o que o cliente precisava era ser escutado. E o resultado? Provavelmente, o cliente nunca mais volta a consumir aquela marca.

Agora imagine um cenário diferente: a empresa reconhece o erro, pede desculpas com sinceridade, resolve o problema com agilidade e ainda acompanha o desfecho do caso.

Nesses dois exemplos entra em cena um dos temas mais sensíveis e, ao mesmo tempo, mais estratégicos da experiência do cliente: a gestão da reclamação no atendimento.

Pode parecer estranho, mas reclamar é um ato de esperança, é um sinal de que o cliente ainda acredita que a empresa pode, e deve, fazer melhor. Ele não foi embora, mas continua interagindo com a empresa para receber o que decidiu consumir. A relação empresa-cliente está aberta e ainda em tempo de se manter aquecida. Para isso, é preciso ter atenção, pois gerenciar bem uma reclamação exige mais do que registrar e responder, requer: escuta ativa, acolhimento, ação coerente e aprendizado contínuo.

É dentro desse contexto que entra o *Service Recovery* (recuperação de serviço, em tradução literal para o português), tema central deste capítulo, e um dos pilares mais importantes da excelência no atendimento: a arte de transformar falhas em vínculos mais fortes.

Mas, afinal, o que é *service recovery*? É um conjunto de ações que a empresa coloca em prática para lidar com uma falha na prestação do serviço[1]. Mais do que corrigir um erro de forma pontual, o objetivo é reconstruir a confiança, preservar o vínculo e transformar uma experiência negativa em uma oportunidade de fidelização. É aquele instante em que a empresa, mesmo após decepcionar, tem a oportunidade de mostrar ao cliente que ele é muito importante.

Resolver é corrigir o erro. Reparar é cuidar da relação

Como mencionado no início deste capítulo, as falhas acontecem mesmo nas organizações que possuem processos, sistemas e treinamentos voltados à prevenção delas. E, nesse momento, o que define uma boa experiência não é a ausência de erro, mas como a empresa reage quando ele acontece.

Trouxemos a definição de *service recovery* como o conjunto de ações que uma empresa adota para reparar falhas na prestação de serviços ao cliente. Mas como isso funciona, na prática?

Imagine que você comprou uma refeição com bebidas sem açúcar e, ao chegar, recebeu bebidas com açúcar. Ou que deixou uma roupa na lavanderia e ela retornou com uma mancha. O que a empresa faz a seguir pode destruir ou fortalecer a relação com você.

---

[1] Yves Van Vaerenbergh and Chiara Orsingher, 2016: Service Recovery: An Integrative Framework and Research Agenda. AMP, 30, 328–346

Se há escuta empática, respeito e solução ágil, a falha deixa de ser um problema e se transforma em uma relação de confiança entre você e a marca.

As falhas não são o fim, mas uma oportunidade para que as organizações demonstrem seu compromisso e fortaleçam a relação com o cliente – além de aprimorarem seus processos, claro. A recuperação da experiência é uma oportunidade estratégica porque contribui para:

- Redução do *churn*;
- Aumento da satisfação e lealdade;
- Fortalecimento da reputação;
- Melhoria dos processos internos.

E aqui é importante destacar que *service recovery* e *closed loop* são coisas diferentes, embora complementares. É comum haver confusão entre eles, pois ambos são termos relacionados à gestão de experiência do cliente, mas com focos diferentes.

O *service recovery* diz respeito à resposta imediata à falha vivida pelo cliente, buscando reparar o problema, acolher a insatisfação e restaurar a confiança na marca.

Já o *closed loop* (ciclo fechado) também é uma etapa importante da gestão de pesquisas dos clientes. Ele reforça o compromisso da empresa com escuta ativa e melhoria contínua, e se divide em dois movimentos:

- ***Inner loop*** – refere-se à tratativa individual com o cliente que respondeu à pesquisa. A empresa fecha o ciclo diretamente com a pessoa afetada, por meio de contato personalizado, como uma ligação, um e-mail ou mensagem. Resolvendo o problema, óbvio.

- ***Outer loop*** – envolve a análise agregada do *feedback* recebido por meio das pesquisas. A partir da identificação de padrões e causas raízes, são implementadas melhorias sistêmicas nos processos, produtos ou serviços, com o envolvimento de diversas áreas. E, tão importante quanto agir, é comunicar essas mudanças de volta aos clientes, normalmente de forma massiva, demonstrando que a opinião deles gerou transformação real.

Mais importante do que tentar evitar falhas, é preparar os colaboradores da empresa para reagirem de forma certa quando elas acontecerem. A excelência do atendimento pressupõe o planejamento para os momentos de falha.

Não existe uma fórmula única para recuperação da experiência do cliente, visto que cada organização tem sua própria cultura, processos e sistemas. As estratégias mais eficazes podem variar entre o tipo de indústria e contexto da organização. No entanto, um planejamento adequado e uma estrutura clara podem orientar respostas estruturadas e eficazes.

As três etapas a seguir ajudam a traduzir esse direcionamento em ações concretas de *service recovery*:

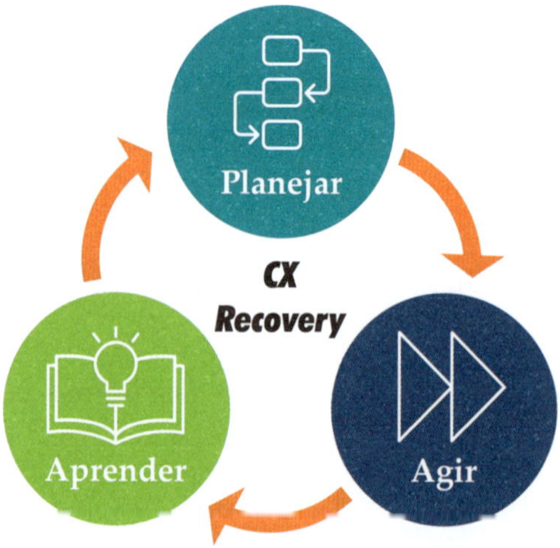

Fonte: Autoral.

Etapa 1 – Planejar: preparo para o momento da falha

1. **Mapeie os pontos mais críticos da jornada do cliente:** identifique onde as falhas mais comuns ocorrem e o que costuma causá-las;
2. **Crie protocolos com margem para adaptação:** defina procedimentos claros por canal (ex.: aplicativo, balcão, WhatsApp) e tipo de falha, permitindo ajustes de acordo com o contexto;
3. **Capacite a equipe com foco em propósito:** treine o time para acolher, decidir e agir com empatia e autonomia, reforçando o papel estratégico e relevante da linha de frente no processo de recuperação;
4. **Estabeleça as respostas coerentes com o impacto da falha:** compensações e soluções devem considerar o histórico do cliente e o valor da relação;
5. **Implemente canais de *feedback* contínuo e acessíveis:** disponibilize canais digitais e tradicionais para que o cliente possa reportar falhas com facilidade.

Etapa 2 – Atuar: a falha aconteceu, e agora?

1. **Responda com agilidade e responsabilidade:** tempo é crítico; cada minuto de silêncio aumenta a frustração;
2. **Acolha o sentimento do cliente:** escute ativamente, valide a experiência emocional vivida, mesmo que a solução ainda esteja em andamento;
3. **Ofereça uma solução prática e justa:** cumpra o que foi prometido, com coerência e confiança;
4. **Adapte o tom ao canal e ao cliente:** um pedido de desculpas por WhatsApp não deve parecer uma ata de reunião; cada canal tem sua linguagem e tempo de resposta;
5. **Acompanhe o cliente após a resolução:** um gesto simples de *follow-up* mostra que o cuidado era genuíno, não apenas uma obrigação.

Etapa 3 – Aprender: a falha também ensina

1. **Analise a causa raiz:** investigue para entender o que realmente provocou a falha;
2. **Registre e compartilhe o aprendizado entre as áreas:** use cada erro como insumo de melhoria para evitar outras falhas no futuro e promova o alinhamento entre as equipes;
3. **Crie uma cultura que aprende com o erro:** estimule a transparência e o protagonismo na busca por soluções, sem punição ou silêncio;
4. **Meça o impacto da recuperação para o cliente:** use KPIs de CX pós-falha, intenção de recompra, intenção de boca a boca para avaliar se a relação entre o cliente e a empresa foi reparada;
5. **Meça o impacto da recuperação para o negócio:** avalie melhorias nos processos, redução de ocorrências, *churn*, engajamento e percepção da equipe dos funcionários.

A gestão do atendimento ao cliente em momentos de falhas não pode ser fruto de improviso. Ela exige preparo, critérios bem definidos, combinando práticas preventivas e reativas de forma estruturada. Não é uma ciência de foguetes. Iniciativas simples, mas bem executadas têm o poder de transformar uma experiência ruim em algo memorável.

Protocolos de recuperação por canal: nem sempre o script serve

Os diferentes canais de atendimento exigem abordagens específicas, ajustadas ao comportamento do cliente e às características da interação.

Criar respostas baseadas em escuta, e não em *scripts* engessados, é essencial para transmitir empatia e credibilidade. Mais do que frases prontas, o atendimento deve contar com modelos flexíveis e bem-estruturados, que orientem tom de voz, linguagem e postura de forma consistente.

Um sistema eficaz de recuperação combina diretrizes formais de processo, como registro, prazos e encaminhamento, com orientações comportamentais sobre como interagir com o cliente, além de políticas claras. Ter um conjunto de "*dos and don'ts*" por canal e tipo de falha também facilita a atuação da linha de frente e garante uma experiência coerente em todos os pontos de contato.

O que o cliente espera em cada canal:

Canal	Expectativa do cliente
WhatsApp e *Chatbots*	Agilidade, clareza e simplicidade.
Redes Sociais	Tom adequado à plataforma, resposta rápida e objetiva.
E-mail	Formalidade, detalhamento e organização das informações.
Telefone	Escuta ativa, atenção ao tom de voz e clareza nas explicações.
Presencial	Acolhimento, escuta ativa e coerência entre a linguagem verbal e não verbal.

Fonte: Autoral.

Independente do canal, o cliente quer uma resolução eficaz da falha, e, acima de tudo, ser tratado com empatia, transparência e confiabilidade. O tom de voz adotado em todas as interações deve respeitar o momento do cliente e o contexto da situação vivida, refletindo a identidade da marca. E aqui vai outro ponto de atenção: é preciso que o time envolvido no *service recovery* tenha clara a identidade da marca que está representando.

Como medir se a recuperação funcionou

Não é novidade que reter um cliente é mais lucrativo do que conquistar um novo. Além disso, clientes leais são um dos ativos mais valiosos de qualquer organização, pois eles compram mais, permanecem por mais tempo e recomendam a marca para seus amigos e familiares.

Por isso, é fundamental medir o impacto real da recuperação da experiência, tanto na percepção do cliente quanto nos indicadores de negócio. Recuperar uma falha não é apenas resolver um problema: é proteger valor, reduzir riscos e reforçar vínculos.

Indicadores recomendados:

Percepção do cliente

- **NPS *(net promoter score)* pós-falha:** lealdade após o erro e a recuperação;
- **CES *(customer effort score)*:** esforço para reportar a falha e conseguir ajuda;
- **CSAT *(customer satisfaction score)*:** satisfação com a solução recebida;
- **Intenção de recompra:** probabilidade de seguir consumindo após a falha.

Impacto no negócio

- ***Churn*:** clientes perdidos após falhas mal resolvidas;
- **Reincidência de reclamações:** reclamações sobre o mesmo problema;
- **Retenção de clientes:** taxa de permanência após a recuperação;
- ***Market share*:** participação da marca no mercado;
- **Impacto evitado:** financeiro (custos operacionais e perda) e reputacional.

Aprendizado organizacional

- **Melhorias de processo:** redução de falhas recorrentes e eficácia das soluções implementadas;
- ***Closed loop* efetivo:** aplicação de aprendizados em melhorias reais.

Perspectiva interna

- **CSAT da equipe de atendimento:** grau de satisfação dos colaboradores com processo de recuperação e as condições para atuar com qualidade;
- **eNPS *(employee net promoter score)*:** nível de engajamento e lealdade dos colaboradores com a empresa e a recomendação como um bom lugar para trabalhar;
- ***Turnover*:** a rotatividade das equipes pode sinalizar sobrecarga emocional, falta de preparo ou ausência de suporte para atuar.

Medir é essencial, mas interpretar com profundidade é o que transforma números em decisões relevantes. Acompanhar os indicadores certos permite avaliar se a recuperação foi efetiva não apenas na resolução do problema, mas na reconstrução da confiança. E mais do que isso: ajuda a empresa a evoluir continuamente, evitando recorrências, fortalecendo vínculos e promovendo uma cultura que aprende com cada erro.

Casos reais: quando a falha virou fidelização

Como já foi dito, quando um cliente decide reclamar, ele está estendendo a mão e não batendo a porta. Reclamar é sinal de interesse, de expectativa frustrada, mas ainda viva, e é justamente aí que mora a oportunidade.

A gestão eficaz da reclamação é o primeiro passo para a recuperação da confiança. E, quando a resposta da empresa é empática, ágil e coerente, o que era um problema pode se tornar o início de um relacionamento mais forte.

Nos exemplos a seguir, você verá como diferentes marcas de diferentes segmentos conseguiram reverter falhas em admiração, desconfortos em encantamento, e transformar clientes insatisfeitos em promotores fiéis. São provas reais de que o erro, quando bem tratado, pode ser o ponto de virada mais poderoso da experiência do cliente.

1. Banco digital – escuta ativa nas redes sociais

Contexto: o cliente insatisfeito reclamou nas redes sociais por ter sido cobrado por algo que havia cancelado.

Ação: em poucos minutos a empresa reconheceu o erro, estornou o valor e enviou uma mensagem com tom empático e bem-humorado.

Desfecho: o cliente postou um agradecimento e se declarou ainda mais fã da marca.

2. Aplicativo de entregas – falha na entrega revertida em admiração

Contexto: o cliente recebeu a refeição faltando a bebida.

Ação: ao relatar o erro via *app*, imediatamente recebeu pedido de desculpas, estorno automático e cupom de desconto.

Desfecho: cliente compartilhou a agilidade e resolução como um diferencial.

3. Hospital – atendimento humanizado em falha de agenda

Contexto: um paciente chegou para consulta, mas o médico não estava mais no local devido a erro de agendamento.

Ação: a recepcionista pediu desculpas, ofereceu reagendamento imediato com encaixe prioritário e acompanhamento médico por telefone.

Desfecho: o paciente elogiou a condução e disse que "erros acontecem, mas o acolhimento fez toda a diferença."

Quando bem conduzido, o *service recovery* não apenas resolve o problema do cliente, mas fortalece o relacionamento, contribuindo para a melhoria contínua da organização e para a sua reputação de marca.

Nem sempre o erro é o fim

Em tempos de tanta concorrência, hiperexposição e clientes cada vez mais exigentes, não é possível garantir uma jornada perfeita o tempo todo. O erro é inevitável. Mas o que realmente importa, e diferencia, é o que a empresa faz quando ele acontece.

Recuperar a experiência do cliente não é apenas uma resposta operacional. É uma postura estratégica, uma demonstração de maturidade organizacional e um compromisso com relações duradouras.

As marcas que se destacam são aquelas que não fogem da falha, mas a encaram com coragem, responsabilidade e humanidade. Porque no fim das contas, o cliente pode até esquecer o problema, mas ele nunca vai esquecer como foi tratado.

13

Cliente oculto e a excelência no atendimento ao cliente

José Worcman

Já deixou de voltar a algum estabelecimento (restaurantes, hotéis, lojas de varejo, entre outros) por causa do atendimento que recebeu? Nestes meus 17 anos trabalhando com cliente oculto no Brasil, percebi que o atendimento ao cliente — o famoso e moderno termo *customer experience* (CX) — é o que realmente faz com que um consumidor decida adquirir ou não um determinado produto ou serviço.

Imagine se você pudesse ver a sua empresa exatamente como o seu cliente vê. Se você tivesse como saber se a jornada de compra que você idealizou para eles é, de fato, a que estão vivenciando todos os dias. Esse é o papel do cliente oculto: ajudar as empresas a experimentarem a jornada real do seu cliente, ver se o que desenharam está funcionando na prática e fazer ajustes caso não estejam. É ele quem observa, analisa e reporta a experiência do cliente de maneira imparcial e profunda, permitindo que a gestão tenha uma visão verdadeira do tipo de atendimento que está sendo oferecido todos os dias, algo que muitas vezes passa despercebido pela própria empresa.

A metodologia do cliente oculto, também conhecida internacionalmente como "*Mystery Shopping*", foi difundida entre as empresas de varejo americanas na década de 1940. O objetivo principal era a idoneidade dos funcionários do varejo, mas hoje em dia ela faz bem mais do que isso. Hoje, essa metodologia é utilizada em praticamente todos os setores e é uma ferramenta estratégica para obter *insights* reais sobre a qualidade do atendimento ao cliente.

Um cliente oculto é uma pessoa comum que é selecionada e treinada para se passar por um consumidor real. Pode ser um médico, um advogado, um estudante ou uma dona de casa. São pessoas de diferentes perfis, idades e regiões que trazem perspectivas diferentes para a análise do atendimento ao cliente. A empresa que fundei 17 anos atrás possui mais de 300 mil desses clientes ocultos cadastrados no nosso banco de dados espalhados por todo o Brasil, atuando tanto no ambiente físico quanto no digital. As pessoas que se cadastram no nosso banco de dados são recrutadas, selecionadas e treinadas por um time específico, para que esses clientes ocultos sejam escolhidos de acordo com os perfis de consumidores de cada marca a ser avaliada, alinhando a persona certa com o perfil da marca.

Esses clientes ocultos se passam por consumidores reais e percorrem todas as etapas da jornada do cliente, registrando em relatórios cada detalhe da experiência que tiveram no estabelecimento, desde o momento em que entraram até a saída, do atendimento telefônico até o presencial. Essa avaliação costuma ser personalizada de acordo com os interesses da empresa que contrata a ferramenta. Uma avaliação pode incluir, por exemplo, registros em foto, áudio ou vídeo, avaliação da recepção e o atendimento dos funcionários, da qualidade e da disponibilidade dos produtos, até fatores como limpeza, organização e a climatização do ambiente.

Quando o cliente oculto registra toda a experiência que ele teve em um relatório detalhado, está oferecendo à gestão da empresa a possibilidade de verificar se o atendimento prestado está ou não à altura dos padrões esperados pela própria marca e, mais importante, se está à altura das expectativas dos seus clientes.

Ao falarmos sobre a experiência do cliente, precisamos ter em mente que hoje a jornada de compra é muito mais do que uma simples interação com a marca: hoje ela é composta por uma série de pequenos momentos que começam no instante em que o cliente faz o primeiro contato e cada detalhe importa. Desde a infraestrutura do local até o atendimento prestado, passando pela qualidade do produto ou serviço em si, e pela interação dos colaboradores com os clientes em multicanais. Quando somados, são esses os fatores que criam (ou não) uma boa experiência para o cliente. Mas se um ponto falhar, o impacto pode ser suficiente para frustrar toda a experiência do consumidor e fazer com que ele nunca mais volte a se relacionar com aquela marca.

Por exemplo, digamos que o ambiente de um estabelecimento esteja desorganizado, os produtos não estejam bem-dispostos, mal iluminados ou, ainda, com filas muito longas e demoradas. Todos esses fatores frustram a experiência do cliente e pode levá-lo a ter uma sensação de desconforto dentro do estabelecimento, o que é quase tão prejudicial quanto um produto de baixa qualidade. Outro exemplo: se a equipe de atendimento for despreparada, não tiver empatia, demorar muito para ajudar e dar retorno ao cliente, ou fizer qualquer coisa que faça aquele comprador sentir que não foi bem atendido, isso virará um fator que afastará rapidamente os clientes, porque uma experiência ruim interrompe o dia do consumidor, o frustra. Não esperamos por isso como consumidores, muito pelo contrário, quando entramos em um estabelecimento contamos que aquela marca atenderá às nossas necessidades e expectativas. Então, quando as experiências ruins acontecem, as notícias se espalham nas redes sociais e no boca a boca, gera reclamações e más avaliações na internet que impactam a reputação da marca.

Empresas fazem muitos investimentos em publicidade e propaganda para conseguir atingir seu público. Imagine investir milhares de reais em uma publicidade excelente para, no final, seu cliente reclamar em todos os canais disponíveis sobre a qualidade do atendimento? Isso é péssimo. O cliente oculto atua como o guardião da experiência do cliente, pois avalia a experiência de forma preventiva e preditiva, antes que a falta dessa avaliação seja traduzida em reclamações que podem manchar a reputação da empresa em locais como o Reclame Aqui, Google e diversas redes sociais. Nenhum gráfico ou métrica isolada consegue captar a essência da experiência do cliente como ela é na prática. O cliente oculto, por outro lado, é o único que oferece uma visão genuína e estratégica que coloca os gestores para calçarem os calçados do consumidor.

Cliente Oculto

Avaliação estratégica da experiência do cliente

O que é?
Técnica em que uma pessoa avalia de forma disfarçada.

Objetivos principais
- Medir a qualidade do atendimento;
- Verificar padrões;
- Identificar problemas.

O que é avaliado?
- Tempo de espera;
- Funcionários.

Vantagens para empresas
- Visão realista;
- Aperfeiçoamento.

Fonte: Autoral.

A St Marche destacou a relevância dessa prática para os negócios:

> *"Apesar de sempre ter outras formas de avaliar a experiência do consumidor nos estabelecimentos, nada é tão fiel e real quanto você ter uma avaliação de cliente oculto. Nós precisávamos achar uma forma de avaliar fielmente como era a experiência de compra para o consumidor, o que é muito diferente dos dashboards e KPIs que vemos quando estamos na matriz."*

Se uma empresa está realmente comprometida com a excelência no atendimento, então o cliente oculto é indispensável. Não há como melhorar o que você não vê claramente. O que torna essa metodologia tão valiosa é sua capacidade de traduzir a vivência do consumidor em dados qualitativos, permitindo identificar o que está fazendo falta na jornada de compra do cliente, a fim de ajustar a rota para entregar o que aquele consumidor realmente espera encontrar.

Segundo uma recente pesquisa do BCG[1], empresas que redirecionam seus investimentos para promover melhorias na experiência do cliente conseguem gerar um crescimento até 190% maior do que a média em um prazo de três anos, e de acordo com o *The Economist*, empresas lideradas por CEOs que colocam o cliente como o centro do negócio são 64% mais lucrativas que seus concorrentes. Esses são apenas alguns dos motivos pelo qual o número de empresas que passaram a investir em cliente oculto tem aumentado ano a ano.

Em um mercado tão competitivo como o que temos hoje, onde a experiência do cliente define o sucesso de uma marca, investir nesta metodologia deixou de ser uma opção e se tornou uma necessidade estratégica da gestão das empresas para ter crescimento, ainda mais quando a principal causa de insatisfação dos clientes é a discrepância entre a expectativa criada pela marca e a experiência que o cliente vivenciou. Se a marca prometer muito e entregar pouco, o consumidor terá a sua experiência frustrada, e para contornar a situação a gestão precisa entender exatamente onde essa discrepância ocorre. É no atendimento telefônico? No estabelecimento? No site? É na cordialidade da equipe de atendimento?

Conforme destacado no estudo *"Closing the Delivery Gap"* da Bain & Company, 80% das marcas acreditam que estão oferecendo experiências incríveis aos seus clientes[2], quando, no entanto, apenas 8% dos clientes concordam que estão recebendo uma entrega superior. Isso revela que existe um *gap* de 72% entre a promessa da marca e a sua real entrega aos consumidores.

---

1 Boston Consulting Group (BCG). Building customer experience for the future. 2023
2 Bain & Company. Closing the Delivery Gap. 2005

Porcentagem de empresas

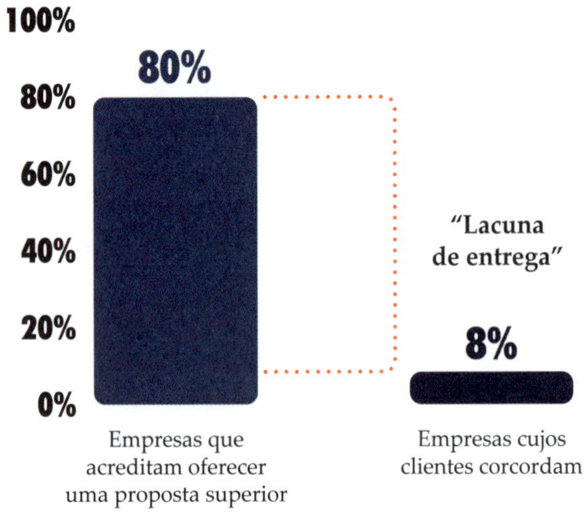

Fonte: Dados do estudo "Closing the delivery gap" - Bain & Company.

A Dengo, marca conhecida por seu compromisso com a experiência do consumidor, é um exemplo de como o cliente oculto fortalece a experiência do cliente. A Dengo utiliza a metodologia de cliente oculto desde a abertura do seu primeiro estabelecimento no Brasil com o objetivo de avaliar se os pilares da marca, o conhecimento dos atendentes sobre os produtos e a agilidade do atendimento refletem o que é proposto pela empresa.

Utilizando a metodologia regularmente, a Dengo consegue ajustar sua comunicação, contato e relacionamento com o cliente, garantindo que cada ponto de interação reflita os valores e a qualidade que seus clientes esperam receber.

Para que os benefícios do cliente oculto sejam realmente eficazes, sua aplicação precisa ser feita com regularidade. Essa é a única maneira de garantir que as empresas não estarão apenas corrigindo falhas pontuais e sim acompanhando a evolução dos padrões de atendimento ao longo do tempo. É essa consistência que transforma os dados qualitativos em melhorias contínuas.

Quer um excelente motivo para investir em melhorar a experiência do cliente? Uma pesquisa da American Express[3] constatou que 74% dos consumidores estão dispostos a gastar mais com empresas que oferecem um atendimento excelente. Quando empresas investem na metodologia do cliente oculto, elas conseguem obter dados que as fazem olhar para a real necessidade de investir em melhorar a qualidade do atendimento das suas equipes, e esses investimentos trazem resultados. Empresas que adotam essa prática frequentemente percebem reduções significativas no *churn*, aumentos na satisfação dos clientes, fortalecimento da reputação da marca e, claro, crescimento nas vendas.

Quando eu tinha 10 anos, vendia adesivos para bancas de jornal, mas logo percebi que não estavam vendendo e queria entender o motivo. Será que os adesivos estavam bem expostos? O dono da banca os oferecia ou apenas os deixava lá? Foi então que pedi ao meu primo para ir até a banca, se passar por um cliente e comprar os adesivos. Sem saber, ele estava desempenhando o papel do que hoje chamamos de cliente oculto, me ajudando a enxergar o porquê de os clientes da banca não estarem comprando os adesivos.

Eu também acompanhava a rotina do meu pai, que era proprietário de um hotel no centro de São Paulo. Tinha o hábito de observar o atendimento aos hóspedes e foi essa vivência que me fez passar a convidar alguns amigos para se hospedarem e me contarem como foi a experiência que tiveram. Pedia que me falassem sobre as ações dos atendentes e a qualidade do serviço prestado, sem saber que aquele primeiro contato com a experiência do cliente seria tão decisivo para o meu futuro e que viria a ser a minha verdadeira vocação.

---

3 American Express. 2014 Global Customer Service Barometer.

Anos mais tarde, me especializei no que conhecia de melhor, Hospitality Management, na Florida International University em Miami, e tive a oportunidade de trabalhar em um *resort* de luxo da rede Mandarin Oriental, onde passei por áreas como a recepção, *concierge* e reservas, e foi ali que descobri de forma mais profissional o que era o serviço de cliente oculto, porque o atendimento que eu prestava costumava ser avaliado por eles. Eu recebia *feedback* positivo dos gestores e era valorizado por isso. Cheguei até mesmo a ser premiado com dinheiro, dias de folga e um olhar mais atento ao meu crescimento profissional. Foi o que me fez entender como é importante o reconhecimento positivo da empresa para os funcionários, e que isso não apenas me motivava a continuar oferecendo um excelente serviço, mas também me fazia sentir que meu trabalho tinha valor para a empresa; que minhas ações impactavam diretamente a experiência do cliente.

Quando falamos da valorização dos profissionais envolvidos no atendimento, a metodologia de cliente oculto tem um papel fundamental, pois os relatórios gerados por meio das avaliações são utilizados nas políticas de valorização de bons funcionários e gestores, e incluem recompensas instantâneas, promoções e pagamentos de bônus. São essas iniciativas que favorecem o engajamento e a retenção de colaboradores. Além do mais, se os atendentes sabem que suas ações podem ser avaliadas a qualquer momento por um cliente oculto, isso cria um senso de responsabilidade e melhora o compromisso com o trabalho. As empresas devem entender que a motivação da equipe de atendimento é um fator determinante no sucesso da experiência do cliente. Afinal, os colaboradores são a face da marca, e o atendimento deles personifica a qualidade do serviço oferecido.

Um exemplo claro de como o cliente oculto pode ser utilizado para treinar e capacitar as equipes vem do *case* da Adidas, em todos os países que operam na América Latina há muitos anos:

"O cliente oculto não é punitivo. Não é porque um vendedor não se saiu bem naquela avaliação que deve ser punido, não. O importante é ter esse feedback, tomar as ações junto com a equipe, os gerentes e os vendedores para que todos possam praticar os pontos do checklist em busca de um resultado melhor."

O cliente oculto não visa apenas encontrar falhas, mas identificar áreas de melhoria e oportunidades de crescimento. No caso da Adidas, essa abordagem ajuda a criar um ciclo contínuo de aprendizado, no qual cada avaliação de cliente oculto se transforma em uma oportunidade de desenvolvimento para os colaboradores. Por isso, é essencial que as empresas compreendam que a metodologia do cliente oculto deve ser vista como parte integrante da cultura organizacional, não como uma ferramenta isolada ou pontual. Apenas ao integrar a avaliação constante da experiência do cliente à cultura interna é que as empresas conseguem gerar resultados e, para isso, é fundamental o envolvimento da alta gestão. O comprometimento de todos, desde os líderes até os gestores de linha de frente, é o que garante que os dados coletados pelas avaliações sejam utilizados de maneira eficaz para promover mudanças reais. Sem esse suporte, qualquer esforço para melhorar a experiência do cliente fica restrito ao nível operacional, sem gerar um impacto profundo na cultura organizacional.

Case de sucesso: Movida

A Movida, conhecida marca de aluguel de carros e compra e venda de seminovos, aderiu à metodologia de cliente oculto para garantir um atendimento padronizado em todas as concessionárias de veículos da franquia e aprofundar a relação com os clientes.

Quando implementaram o cliente oculto como uma estratégia de gestão, a empresa passou a avaliar os principais pontos que tangem a experiência do cliente, desde o ato da reserva em multicanais (pela central de reservas, *chat*, aplicativo e site) até a locação presencial, passando pela retirada e devolução do veículo.

A aplicação da metodologia também abrange a experiência de compra de seminovos e o atendimento pós-venda. Agora, a Movida acompanha mais de perto o cliente, tanto durante o processo de aquisição do veículo quanto após a compra, avaliando sua satisfação com a aquisição no pós-venda.

> *"Nós recebemos todos os relatórios por e-mail e também temos uma classificação dentro da ferramenta, onde conseguimos acessar e analisar nossos resultados em relação ao cliente oculto por concessionária, regional e por estado, o que facilita demais o nosso trabalho."*
> *Gerente de Atendimento da Movida*

Após quatro anos utilizando a metodologia, a Movida adquiriu uma visão mais detalhada da experiência que seus clientes têm em cada unidade, o que possibilitou padronizar e melhorar o atendimento, fortalecendo a relação com os clientes e aumentando sua fidelidade por meio de um serviço mais personalizado.

A Movida também é um exemplo bem-sucedido de cliente oculto incorporado à cultura organizacional: a metodologia é tão bem aceita entre os lojistas que, durante as visitas às concessionárias e locadoras por todo o Brasil, a Gerente de Atendimento frequentemente recebe pedidos para aumentar a frequência das avaliações de cliente oculto naquelas franqueadas. Todo o time passou a esperar por essas avaliações porque, com elas, os lojistas conseguem identificar quais as suas forças e seus pontos de desenvolvimento, e isso diz muito sobre o impacto positivo do cliente oculto, mas também sobre o comprometimento dos colaboradores da Movida em oferecer um serviço excepcional.

A excelência no atendimento ao cliente é um aprendizado contínuo, um ciclo de avaliações e melhorias. E o cliente oculto como o guardião da experiência do cliente permite que empresas enxerguem a verdadeira experiência de quem consome seus produtos ou serviços.

Aos gestores e líderes, meu convite é claro: olhem para o atendimento de suas empresas com a mesma dedicação com que aperfeiçoam seus produtos e serviços, procurando formas de gerar métricas e monitorar a experiência do seu consumidor. O cliente oculto não é apenas uma forma de medir a qualidade do serviço, mas um meio de colocar o cliente no centro das decisões: afinal, no mercado competitivo de hoje, os clientes não são mais fiéis às marcas, mas sim às experiências que elas proporcionam.

PARTE 3

ECOSSISTEMA DO CRM

14

CRM for Everyone: ecossistema colaborativo com foco no cliente

Weverton Soares

A adoção de um CRM abrangente vai muito além das áreas de atendimento, vendas e marketing. O conceito *CRM for Everyone* propõe o envolvimento ativo de todos os setores da empresa, garantindo uma visão integrada e compartilhada do cliente *(Lifetime Value – LTV)*. Empresas líderes como Amazon, Netflix e Disney já demonstram o valor dessa abordagem, usando dados integrados para antecipar desejos e necessidades dos clientes.

Ao aplicar esse modelo universal, sua empresa consegue tomar decisões mais rápidas e personalizadas, resultando em experiências altamente customizadas e uma forte cultura *Customer Centric*.

Neste capítulo, eu listo os 8 segredos de empresas inovadoras, de alto crescimento e que constroem um ecossistema de CRM eficiente.

Fonte: Autoral.

1. **Atendimento conversacional e *Customer Engagement***

Com a popularização de mensageiros como o WhatsApp, o cliente espera respostas imediatas e conversas fluidas, não formulários ou filas de espera. Quando esse atendimento não é ágil nem personalizado, a frustração aparece — e com ela, a perda de oportunidades.

Atendentes e vendedores cada vez mais especializados atuam com cadências bem definidas, usando ferramentas que automatizam interações sem perder o tom humano. Um CRM integrado a canais de mensageria e equipado com recursos nativos de *Customer & Sales Engagement* — como sequências de prospecção automatizadas e *chatbots* inteligentes — permite executar cadências com inteligência: personalizar abordagens, definir prioridades e não deixar nenhum *lead* escapar.

O ganho de produtividade é visível. A Amazon, por exemplo, ampliou a conversão do time de atendimento comercial ao adotar CRM com foco em agilidade e contexto nas interações. Já a Embracon passou a aproveitar 20% mais *leads* após integrar seu processo comercial ao CRM, mostrando como visibilidade e automação podem impulsionar os resultados.

2. ***Service Desk Omnichannel***

Quando o cliente precisa repetir informações a cada novo canal de atendimento, a frustração cresce — e a fidelidade diminui. Essa fragmentação entre e-mails, *chats*, redes sociais e telefone não apenas atrapalha a experiência, como também compromete a reputação da empresa.

Uma abordagem *omnichannel* resolve isso ao conectar todos os pontos de contato em uma só visão de atendimento. Com um CRM integrado ao *service desk*, é possível garantir continuidade, contexto e agilidade em qualquer canal, sem perder o histórico do cliente.

Um exemplo claro é o da VAGAS, que conseguiu reduzir o tempo de resolução de chamados em dois terços e dobrar o engajamento nas pesquisas de satisfação após centralizar seus canais e fluxos de atendimento em uma única plataforma. O resultado foi um salto significativo na retenção e na percepção de valor do cliente.

3. ***Work Management System* (WMS)**

A má gestão das tarefas internas frequentemente gera gargalos que impactam diretamente o atendimento ao cliente. Demandas mal distribuídas e equipes sobrecarregadas resultam em atrasos, falhas e perda de qualidade na experiência entregue.

Um CRM que unifica ferramentas de *Work Management* ao atendimento transforma a operação: os fluxos se tornam visíveis, as prioridades são claras e o trabalho flui com menos atrito. Essa organização automatizada melhora a produtividade e reduz o retrabalho.

Segundo o PMI, empresas que adotam soluções integradas de gestão apresentam até 28% mais eficiência operacional. Já a Harvard Business Review (2023) revela que organizações de crescimento acelerado investem duas vezes mais em tecnologias que aumentam a produtividade das tarefas. CRM + *Work Management*, portanto, é mais que uma escolha de conveniência — é uma decisão estratégica.

4. **Dados e BI Integrado *(Analytics)***

Em muitas empresas, os dados estão espalhados por diferentes sistemas — CRM, ERPs, planilhas, plataformas de marketing. O processo de juntar essas informações é lento, complexo e caro, resultando num ambiente desconectado, onde a análise é fragmentada. Além disso, a integração pontual entre CRM e BI muitas vezes consome tempo de TI, gera altos custos e falhas no fluxo de dados, sem entregar inteligência real.

Sem uma plataforma única, os relatórios são gerados tardiamente, *insights* chegam atrasados e decisões ficam baseadas em suposições. O custo oculto dessa desconexão se manifesta em oportunidades perdidas e análises superficiais, que não respaldam ações estratégicas com rapidez e segurança.

Um exemplo claro vem da consultoria Catalyst, especializada em cadeia de suprimentos. Ao adotar um ambiente unificado com CRM e BI integrados nativamente, reduziram custos de estoque entre 15% e 20% em clientes que movimentam bilhões, e obtiveram mais da metade da receita proveniente de suas soluções analíticas. Esse tipo de resultado só é possível quando dados se transformam em informação e informação vira inteligência — e não apenas quando sistemas funcionam em conjunto, mas de forma coerente e unificada.

Fica evidente que um ecossistema de CRM sem transformar dados em inteligência não é um ecossistema eficiente. Em vez de investir tempo e dinheiro na integração manual entre CRM e BI, é muito mais eficaz adotar uma plataforma única onde dados, análise e ação coexistem. Essa abordagem permite que equipes operem com clareza, antecipem tendências, reajam com agilidade e mantenham a empresa orientada por dados reais, não por fragmentos desconectados.

5. **Inteligência Artificial (IA) e Agentes**

Rotinas repetitivas ainda ocupam boa parte do tempo das equipes, reduzindo a eficiência e atrasando o atendimento ao cliente. Tarefas manuais como triagem de *leads*, respostas iniciais ou atualizações de status consomem energia que poderia ser dedicada à estratégia e ao relacionamento.

É nesse ponto que entram os agentes automatizados — robôs inteligentes integrados ao CRM que executam tarefas de forma proativa, autônoma e personalizada. Combinando fluxos automáticos, *machine learning* e linguagem natural, esses agentes assumem a linha de frente do atendimento e da produtividade operacional.

De acordo com o Gartner (2024), agentes baseados em IA estarão presentes em 75% das interações com clientes até 2026, impulsionando velocidade e escalabilidade no relacionamento. Em vez de substituir pessoas, eles liberam tempo para que as equipes foquem no que realmente exige julgamento humano.

6. ***CRM for Everyone*** **como recurso estratégico**

Muitas empresas ainda deixam o CRM restrito a algumas áreas, enquanto outras equipes operam com sistemas próprios, planilhas ou e-mails informais. Essa fragmentação atrapalha o fluxo de informação, causa retrabalho e impede a visão integral da jornada do cliente.

Quando os times precisam buscar dados em ferramentas diferentes, o resultado são processos mais lentos, aprovações demoradas e experiências desconexas. O cliente acaba repetindo informações, lidando com mensagens incoerentes e percebendo falta de coordenação entre as áreas.

Essa abordagem isolada está se tornando obsoleta. O modelo mais eficaz hoje posiciona o CRM como o centro de todas as operações, com equipes colaborando dentro de uma única plataforma. Ao adotar agentes inteligentes e automações que interligam departamentos, o CRM passa a funcionar como o sistema nervoso central da empresa.

É o que aconteceu na Editora Globo: seus 198 usuários passaram a gerenciar 6.800 clientes, 1.800 negociações mensais e quase 200 atividades especiais integradas em um único CRM. Com isso, reduziram falhas manuais, ganharam agilidade no atendimento e padronizaram processos comerciais — além de poderem acompanhar tudo em tempo real.

Por isso é essencial adotar um CRM unificado, com fluxos automatizados entre departamentos, visibilidade compartilhada e contexto preservado. Essa unificação transforma a operação interna e eleva a experiência do cliente a um verdadeiro diferencial competitivo, consolidando o CRM como o coração da empresa.

7. **Automação de CRM de Marketing**

Investimentos elevados em marketing perdem impacto quando as ações não refletem a realidade do cliente. Sem uma base única de dados, campanhas se tornam genéricas e desatualizadas, o que compromete a efetividade e o retorno sobre o investimento.

Ao integrar automação ao CRM, a empresa ganha capacidade de hiperpersonalizar em escala — entregando o conteúdo certo, no canal certo, na hora certa. A inteligência passa a operar de forma contínua, transformando dados em ações que realmente fazem sentido para cada cliente.

Segundo a McKinsey (2023), esse tipo de personalização pode reduzir o CAC em até 50%, aumentar a receita em 5% a 15% e elevar o ROI de marketing entre 10% e 30%. Métricas que provam que personalizar com base no CRM deixou de ser tendência: é estratégia essencial.

8. **Automação de Vendas *(Blueprint)***

Em muitos times de atendimento comercial, os processos ainda são confusos, mal documentados ou simplesmente ignorados na prática. *Playbooks* envelhecem rápido, e a tecnologia avança mais rápido ainda. O resultado? Profissionais improvisam, o ciclo de atendimento comercial se estende e a previsibilidade desaparece.

Segundo a Gartner (2024), 89% dos líderes de atendimento comercial acreditam que seus *playbooks* estão desatualizados frente à velocidade das mudanças tecnológicas e comportamentais. A Forrester complementa: apenas 28% das equipes reportam que esses processos estão realmente integrados às ferramentas digitais que usam no dia a dia. Ou seja, mesmo quando os fluxos existem, eles seguem analógicos ou desconectados do CRM.

Manter processos claros, automatizados e visíveis exige esforço — mas quem faz isso sai na frente de mais de dois terços das operações. Com um CRM que incorpora recursos como *Blueprint*, é possível transformar fluxos desenhados em ações reais: automatizar tarefas, eliminar retrabalho, guiar o time passo a passo e garantir que nenhuma etapa crítica seja ignorada.

8 segredos de um ecossistema de CRM eficiente

Checklist de soluções		Situação	Problema	Implicação	Necessidade
☐	**Atendimento Conversacional e *Engagement***	Equipe lenta nas respostas.	Comunicação impessoal e tardia.	Perda de vendas e insatisfação.	Agilizar e personalizar contatos.
☐	***Service Desk Omnichannel***	Canais de contato isolados.	Atendimento fragmentado.	Clientes frustrados e pouca retenção.	Unificar canais de atendimento.
☐	**WMS**	Demandas internas desorganizadas.	Tarefas acumuladas sem controle.	Queda na eficiência operacional.	Organizar tarefas automaticamente.
☐	**Dados e BI Integrado**	Informações espalhadas em sistemas.	Demora nas decisões estratégicas.	Resultados impactados negativamente.	Centralizar e agilizar análises.
☐	**Inteligência Artificial**	Execução manual e repetitiva.	Produtividade comprometida.	Atendimento lento e ineficiente.	Automatizar com inteligência.
☐	***CRM for Everyone***	Áreas atuando de forma isolada.	Conflitos e retrabalho frequentes.	Cliente com experiência inconsistente.	Integrar departamentos no CRM.
☐	**Automação de CRM de Marketing**	Alto investimento em campanhas.	Baixa clareza sobre o cliente.	Conversões abaixo do esperado.	Automatizar segmentação de clientes.
☐	**CRM e Automação de Vendas (*Blueprint*)**	Processos comerciais improvisados.	Operação sem padrão definido.	Produtividade e previsibilidade baixas.	Padronizar e automatizar processos.

Neste capítulo, vimos que o conceito *CRM for Everyone* amplia o papel tradicional do CRM, integrando áreas como atendimento, vendas, marketing e operações em um ecossistema colaborativo centrado no cliente.

Ao conectar canais, automatizar tarefas, integrar dados e trazer inteligência para cada ponto de contato, o CRM se consolida como um pilar estratégico da excelência no atendimento, garantindo agilidade, personalização e consistência em todas as interações.

Casos reais como Amazon, Embracon, VAGAS e Editora Globo demonstram que, quando bem implementado, o CRM transforma não só processos internos, mas também a experiência percebida pelo cliente.

Mais do que tecnologia, trata-se de uma escolha cultural: colocar o atendimento - e o cliente - no centro de toda a operação.

15

Implantação do CRM de atendimento

Alex Mariano

Se existe um ponto em comum entre empresas que buscam excelência no atendimento, é a percepção de que o cliente não quer apenas ser atendido — ele quer ser compreendido, lembrado e valorizado. E é justamente aí que o CRM deixa de ser apenas tecnologia e passa a ser um agente transformador.

Implantar um CRM de atendimento não é um projeto de TI. É uma decisão estratégica que impacta a forma como a empresa enxerga o cliente e como o time se organiza para entregar valor em cada interação.

Neste capítulo, compartilho um modelo prático — fruto de experiências reais em empresas de diferentes segmentos — para que a implantação do CRM de atendimento seja mais do que um *check* na lista de metas do ano. Que seja o início de uma nova cultura de relacionamento, orientada por dados, por processos bem definidos e, acima de tudo, por pessoas engajadas em servir melhor.

Modelo prático de implantação do CRM de atendimento

1. Comece pelo porquê;
2. Realize mapeamento dos canais e dos fluxos de atendimento;
3. Estruture os dados;
4. Crie regras e *ownership* do CRM;
5. Engaje o time desde o início;
6. Lance de forma progressiva;
7. Monitore, aprenda e otimize continuamente;
8. Use automação e IA para potencializar o atendimento.

Fonte: Autoral.

1. **Comece pelo porquê: o CRM de Atendimento como instrumento de estratégia**

Antes de definir qual plataforma usar, é essencial entender **por que** sua empresa precisa de um CRM de atendimento. A resposta não pode ser apenas "para organizar os atendimentos". O verdadeiro motivo está em algo maior: **construir uma relação contínua com o cliente**, que gere confiança, resolva problemas com agilidade e antecipe necessidades.

CRM é estratégia. É inteligência aplicada ao relacionamento. Se for encarado como um simples sistema operacional, será tratado como mais uma obrigação — e, como consequência, negligenciado no dia a dia.

Portanto, o primeiro passo é alinhar o CRM aos objetivos estratégicos da empresa. Ele deve responder a perguntas como:

- Como queremos que nosso cliente se sinta após um atendimento?
- Quais indicadores precisamos acompanhar para evoluir a experiência?
- Que dados ainda não temos e que são essenciais para personalizar o relacionamento?

2. **Mapeie os canais e os fluxos de atendimento**

> *Antes de configurar o CRM, compreenda como o cliente realmente se conecta com sua empresa.*

Um erro comum nas implantações de CRM de atendimento é pular diretamente para a configuração da ferramenta sem entender, com profundidade, como os fluxos de contato acontecem na prática. A consequência? Criam-se processos que não refletem a realidade operacional — e que, por isso, não são utilizados.

O ponto de partida deve ser **mapear os canais ativos** e entender a jornada do atendimento ponta a ponta. Essa jornada começa no momento em que o cliente tem uma dúvida, dor ou solicitação — e só termina quando ele sente que o problema foi resolvido.

Quais canais estão em uso hoje?

- WhatsApp? E-mail? Telefone? *Chat* no site? Instagram ou Facebook?
- Existem fluxos automatizados em algum desses canais?
- A empresa usa URA, *bots* ou atendimento humano direto?

Como esses atendimentos são distribuídos?

- Existe uma triagem inicial? Ou todos os atendimentos vão para o mesmo time?
- O atendimento é centralizado ou distribuído por setor?
- Há níveis de prioridade? Quem define o que é urgente?

Como os dados circulam?

- O cliente precisa repetir as informações se mudar de canal?
- Existe continuidade no histórico de atendimento? Ou cada contato é isolado?

Segundo o relatório "Zendesk CX Trends 2025", **70% dos consumidores acreditam que há uma lacuna clara entre empresas que utilizam IA de forma eficaz no atendimento ao cliente e aquelas que não o fazem**.

Esse dado reforça o quanto o mapeamento de fluxos é essencial. Um CRM bem implantado depende de processos bem definidos. E processos bem definidos começam com a realidade do cliente — e não com o desenho idealizado no PowerPoint.

Dica prática:

Faça entrevistas com o time de atendimento, acompanhe sessões reais (*shadowing*) e levante os "fluxos paralelos" — como planilhas, mensagens no celular pessoal e anotações em papel. Tudo isso indica que o sistema atual não está cobrindo necessidades reais da operação.

Essa fase do projeto não é só operacional. É estratégica. É aqui que você identifica gargalos, silos, redundâncias e oportunidades de automação.

No fim, o CRM só será eficaz se refletir o que realmente acontece no dia a dia da equipe. Mapeie, questione, observe e documente. Só então comece a desenhar a solução.

3. Estruture os dados que precisam ser coletados

CRM não é um repositório infinito de informações. É um **organismo vivo de dados relevantes**. Por isso, é preciso selecionar — com critério — quais campos realmente fazem sentido serem preenchidos durante o atendimento.

- Quais dados precisamos para personalizar o atendimento no futuro?
- Que informações são essenciais para resolver problemas rapidamente?
- Há campos que ninguém preenche? Por quê?

A partir dessas perguntas, criamos **campos obrigatórios, lógicos e acionáveis**. Ou seja, que não só servem para controle interno, mas que ajudam o time a tomar decisões e melhorar a experiência do cliente.

Além disso, é fundamental estruturar **categorias e etiquetas padronizadas**, que permitam análises futuras. Não adianta cada atendente usar uma nomenclatura diferente. A padronização é o que transforma dados em inteligência.

Um exemplo real: simplificando o atendimento em uma corretora de seguros

O setor de seguros nos Estados Unidos é um dos principais segmentos em que atuo atualmente com projetos de CRM, especialmente voltados à melhoria do atendimento e da experiência do cliente. Em uma corretora especializada em seguros de saúde nos Estados Unidos, o time de atendimento enfrentava um problema recorrente: **muitos chamados reabertos e histórico inconsistente no CRM**. Ao analisar a fundo, descobriu-se que cada atendente registrava os atendimentos de forma diferente — alguns detalhavam conversas, outros deixavam campos em branco, e havia diversas variações nos termos usados para classificar o tipo de solicitação (ex: "cancelamento", "troca de plano", "mudança de endereço", "erro de cobrança").

O sistema permitia customização, mas não havia um padrão claro. Como resultado, a gestão não conseguia extrair relatórios confiáveis, e os próprios atendentes tinham dificuldade para dar continuidade a casos iniciados por outros colegas.

A correção veio com uma reestruturação completa da **ficha de atendimento**. O time definiu, com base nas solicitações mais frequentes, **um conjunto de campos mínimos obrigatórios**: tipo de solicitação, categoria padronizada, breve resumo, status final e próxima ação (se aplicável). Além disso, os termos foram todos unificados com ajuda de menus suspensos e etiquetas predefinidas.

A equipe também foi treinada para registrar **o que é útil para o próximo atendente**, e não apenas para cumprir um protocolo. O foco passou a ser: "se alguém pegar esse atendimento amanhã, terá clareza para seguir?".

Em três meses, a taxa de reabertura de chamados caiu 41%, e o tempo médio de resolução diminuiu em 27%. O CRM deixou de ser um repositório de texto solto e passou a ser uma fonte confiável de contexto e continuidade.

4. Crie regras claras de uso e *ownership* do CRM

> *Sem regras, o CRM vira um campo de anotações soltas. Com ownership, vira fonte de inteligência.*

CRM não se alimenta sozinho. Para que funcione, é preciso definir **regras claras de uso e responsabilidades bem estabelecidas**.

- Quem registra o quê?
- Quando o atendimento deve ser encerrado no sistema?
- O que acontece com chamados incompletos ou mal classificados?

Essas definições precisam ser **documentadas, comunicadas e validadas com o time** desde o primeiro treinamento. Não basta apresentar regras em um *slide*: é preciso integrá-las aos rituais da operação e revisá-las com frequência, especialmente quando houver atualizações no sistema ou mudanças nos fluxos.

Exemplo prático de regra clara:

Se um atendimento for transferido entre setores, o atendente original deve registrar a transferência com um breve histórico e reclassificar o chamado para "em andamento - aguardando setor responsável". O novo atendente é responsável por atualizar o status após assumir o caso. Nenhum atendimento deve permanecer mais de 48h sem atualização de status.

Quando regras como essa estão bem descritas e são reforçadas com frequência, evitam-se situações comuns como: *tickets* sem dono, histórico confuso, duplicidade de chamados ou informações perdidas na transição entre atendentes.

Ownership: quem cuida faz diferença

Ownership não é apenas uma responsabilidade operacional — é um pilar de sustentabilidade do CRM. Ter **um(a) responsável claramente definido(a)** pela gestão do CRM de atendimento é fundamental para garantir:

- A qualidade dos dados registrados;
- A atualização contínua das categorias e etiquetas;
- O suporte técnico e processual aos usuários;
- A monitoração de uso, adesão e melhoria contínua.

Essa pessoa atua como um elo entre o time operacional, a liderança e a equipe técnica (TI ou fornecedor do sistema). Pode ser alguém da liderança, um analista de processos, ou até mesmo quem tenha um papel rotativo com revezamento mensal — o importante é que **alguém "cuide" do CRM como um ativo vivo.**

Em projetos que acompanhei, o simples ato de **instituir um "guardião do CRM"** — com um papel reconhecido e valorizado — resultou em melhorias significativas:

- Redução de 38% na ocorrência de campos obrigatórios deixados em branco;

- Aumento de 47% no uso correto das classificações de chamados;
- Resolução mais rápida de dúvidas e suporte aos atendentes no uso do sistema.

Ownership é sobre zelo, consistência e evolução. Um CRM bem implantado depende tanto da tecnologia quanto **da disciplina de quem a mantém viva**.

5. Engaje o time desde o início

Toda mudança gera resistência. Na implantação de CRM isso não é diferente. Por isso, o time precisa ser **envolvido e escutado** desde o início do projeto — não apenas informado.

Muitas vezes, a equipe de atendimento já passou por outras tentativas frustradas de implantação de sistemas. A diferença acontece quando, ao invés de impor um novo processo, o projeto convida os colaboradores a **cocriar a nova forma de trabalhar**.

Aqui vão algumas estratégias que funcionam:

- **Faça *workshops* de cocriação de fluxos** com os atendentes;
- **Mostre exemplos reais de como o CRM ajuda a melhorar a vida deles**, com foco em eficiência e reconhecimento;
- **Crie uma campanha interna de lançamento**, usando elementos de *storytelling* e reforçando o impacto positivo da mudança;
- **Dê voz aos colaboradores nas fases-piloto e nos ajustes da plataforma** — ouça quem está na linha de frente.

Uma ótima forma de reforçar esse engajamento é aplicar os princípios abordados no capítulo "***Gamification* aplicada ao CRM de Atendimento**". A gamificação, quando bem desenhada, transforma o uso do CRM em uma experiência estimulante, reconhecendo esforços e promovendo senso de conquista. Reconhecimento simbólico, *rankings* saudáveis e recompensas simples podem aumentar drasticamente a adesão e o uso consistente da ferramenta.

Quando as pessoas se sentem parte do processo, elas passam a ser **defensoras da mudança e não barreiras.**

6. Lance de forma progressiva

Evite o erro de lançar "tudo ao mesmo tempo agora". Uma boa implantação de CRM de atendimento acontece por **etapas**. Comece com o essencial e vá evoluindo conforme o time se adapta.

Etapas recomendadas:

1. Módulo básico de atendimento com registro de chamados;
2. Inclusão de automações e respostas prontas;
3. Integração com WhatsApp e e-mail;
4. Gatilhos de prioridade, SLA e reclassificação automática;
5. Relatórios operacionais e *dashboards* de qualidade;
6. *Gamification* e reconhecimento de performance.

A implantação progressiva reduz erros, aumenta a confiança do time e permite ajustes mais ágeis. Cada nova fase deve ser acompanhada de treinamento prático e reforço da comunicação.

7. Monitore, aprenda e otimize continuamente

Implantar o CRM não é o fim — é o começo. A partir do uso real, surgem aprendizados, novas necessidades e oportunidades de melhoria.

Acompanhe de perto:

- Taxa de preenchimento dos campos obrigatórios;
- Tempo médio de atendimento;
- Satisfação do cliente (NPS, CSAT, avaliações pós-atendimento);
- Taxa de reabertura de chamados;
- Aderência aos fluxos e regras definidas.

Crie **rituais mensais de análise e evolução**, reunindo o time para olhar os dados e propor melhorias. Faça da otimização contínua uma parte da cultura do atendimento.

8. Use automação e IA para potencializar o atendimento

> *Reduza esforço operacional, ganhe escala e melhore a experiência.*

A combinação de automação e inteligência artificial com o CRM de atendimento permite transformar interações antes repetitivas em processos ágeis, personalizados e escaláveis — tudo sem comprometer o fator humano da relação com o cliente.

Mas atenção: **automatizar não é robotizar o relacionamento**. A boa automação é aquela que reduz atrito e libera o time humano para atuar onde ele é mais necessário: nos casos complexos, sensíveis ou de alto valor.

A evolução da IA no atendimento

Hoje, graças ao avanço dos modelos de linguagem natural,

a IA é capaz de **interagir com o cliente de maneira contextual e fluída, como se fosse um humano**, mantendo o tom da marca e adaptando-se à conversa em tempo real.

Essa tecnologia já pode ser aplicada em canais como:

- WhatsApp;
- *Chat* no site;
- Instagram Direct;
- Facebook Messenger;
- Telegram, SMS e até e-mail.

Isso significa que o cliente pode entrar em contato, por exemplo, pelo WhatsApp perguntando sobre um boleto vencido, e a IA não apenas entende o contexto, como acessa o CRM, recupera os dados do cliente, oferece o novo link de pagamento e ainda pergunta se ele precisa de algo mais. Tudo isso sem parecer robótico ou limitado a fluxos engessados.

A realidade dos projetos hoje

A maior parte dos projetos em que estou envolvido atualmente — especialmente em empresas de serviços recorrentes como seguros, educação e saúde — tem um objetivo muito claro: **aumentar a eficiência operacional** sem comprometer a experiência do cliente.

Nestes projetos que tenho acompanhado, com o uso estratégico da automação e da IA no atendimento, **mais de 60% das tarefas operacionais que antes exigiam envolvimento humano direto e levavam horas (ou até dias) para serem resolvidas, hoje são solucionadas em poucos segundos.**

Esse ganho de tempo não apenas reduz custos, como melhora drasticamente indicadores como o tempo médio de resposta (TMR), o tempo de resolução e a satisfação do cliente (CSAT).

O que a IA pode fazer na prática:

- **Gerar resumos automáticos dos atendimentos**, facilitando a transição entre atendentes;
- **Classificar e priorizar chamados automaticamente**, com base em linguagem natural e histórico;
- **Sugerir respostas inteligentes** em tempo real para o atendente;
- **Detectar emoções e urgência** na mensagem, priorizando casos sensíveis;
- **Analisar padrões**, identificar gargalos e sugerir melhorias operacionais.
- **Resolver vários tipos de demandas, sem precisar transbordar o atendimento para um humano.**

Segundo o relatório "Zendesk CX Trends 2025", **77% dos líderes de atendimento acreditam que a IA será essencial para oferecer experiências mais personalizadas e eficientes nos próximos dois anos**.

Conclusão

Implantar um CRM de atendimento é mais do que adotar uma nova ferramenta. É **reposicionar o atendimento como área estratégica**, que combina eficiência, empatia e inteligência de dados para gerar valor real para o cliente — e para o negócio.

Com processos bem desenhados, tecnologia adequada, time engajado e foco na melhoria contínua, o CRM deixa de ser uma promessa e se torna realidade. Uma realidade em que o cliente é ouvido, atendido com qualidade e lembrado em cada nova interação.

No fim, não se trata apenas de tecnologia. Trata-se de **relacionamento com propósito** — e de fazer com que cada atendimento seja, de fato, uma experiência memorável.

16

Estratégia *omnichannel* e ferramentas

Maik R Gordon

Imagine entrar em uma loja física, identificar-se rapidamente para o vendedor e, em poucos segundos, perceber que ele conhece seu histórico de compras tanto em canais físicos como nos canais digitais. E então, com base nas suas preferências, o vendedor sugerir produtos que combinam com seu estilo. Mais tarde, ao sair da loja, você receber uma mensagem de agradecimento no celular, com dicas de uso para o que acabou de comprar e um cupom exclusivo para sua próxima compra.

Agora, imagine que algo não saiu como esperado com seu novo produto e você resolva contatar o atendimento via *chatbot*. Assim que envia sua primeira mensagem, o sistema já o reconhece e pergunta diretamente se gostaria de falar sobre sua última compra. Em questão de minutos, o problema é registrado, e algumas sugestões rapidamente são apresentadas, como a opção de escolher levar o produto até um ponto físico ou a empresa se comprometer a ir até você para retirar o produto em sua casa.

Sem dúvida alguma uma boa experiência não acontece por acaso, ela só pode ser oferecida por uma empresa que planejou e estruturou uma estratégia integrada de seus canais para oferecer um atendimento diferenciado para o seu cliente. Para que a empresa ofereça uma experiência natural e personalizada, é necessário conectar os múltiplos canais — loja física, site, redes sociais, aplicativos e centralizar os dados. É essa visão integrada do cliente que permite à empresa saber o histórico de compras, entender as preferências e antecipar necessidades, sugerindo opções de compras que façam sentido a cada um de seus clientes.

Como essa conexão realmente funciona?

A resposta está na **sinergia entre estratégia e tecnologia**. O CRM atua como o centro nervoso de todas as interações, armazenando dados que, quando utilizados com inteligência, podem transformar o simples atendimento em uma experiência que engaja o cliente com a sua marca.

A evolução dos canais de atendimento está diretamente ligada à mudança de comportamento do consumidor moderno, que busca conveniência, personalização e consistência em todas as interações. Ser *omnichannel* não é apenas uma tendência, mas uma transformação estrutural na forma como as empresas se relacionam com seus clientes. Ter uma estratégia *omnichannel* é conectar pontos de contato físicos e digitais, reduzir fricções, potencializar a experiência do cliente oferecendo jornadas consistentes, do clique à entrega, do *feed* ao balcão. Usar a força da loja física para oferecer opções de retirada e devolução aos clientes de forma simples e conveniente ajuda a aumentar a confiança e melhorar a experiência geral.

Neste capítulo, exploraremos como a integração de canais e o uso de tecnologia podem transformar profundamente a experiência do cliente, falaremos sobre os pilares fundamentais, ferramentas essenciais e benefícios estratégicos dessa abordagem para te ajudar a proporcionar um relacionamento mais forte e duradouro com os seus clientes.

O que significa o conceito Omnichannel

Omni que vem do latim significa "tudo" ou "todos", já *channel* é um termo inglês para canal. Logo, carrega a ideia de conectividade entre todos os canais. Trazendo para o contexto das empresas, principalmente do varejo, *omnichannel* representa a integração completa de todos os canais de comunicação, vendas, atendimento e logística de uma marca, permitindo que o cliente transite entre eles com fluidez e sem rupturas.

Cliente em contato com o fornecedor por diversos canais em diversas etapas do processo

Fonte: Autoral.

Para uma empresa dizer que é *omnichannel* ela precisa ter integração total dos seus canais, com base em dados centralizados e consistência em todos os pontos de contato. O diferencial do *omnichannel* não está em estar presente em muitos canais, isso já é esperado, mas sim em unificá-los com coerência, proporcionando uma jornada contínua e significativa ao cliente.

O *omnichannel* também está relacionado à experiência emocional do cliente, sendo capaz de mantê-lo engajado por meio de interações personalizadas e consistentes que aumentem a probabilidade de fidelizar seus clientes.

Pilares tecnológicos e estratégicos do omnichannel

Para conseguir implementar uma estratégia *omnichannel* que traga bons resultados, é necessário alinhar diversos pilares. A seguir vamos destacar alguns dos principais:

Pilares tecnológicos e estratégicos do *omnichannel*

Pilares tecnológicos	Pilares estratégicos
1 Integração dos canais	1 Identidade de marca
2 Dados	2 Centralidade no cliente
3 Plataformas de tecnologia	3 Planejamento de investimento

Fonte: Autoral.

Pilares tecnológicos

A adoção de soluções tecnológicas são fundamentais para que a empresa seja capaz de atender as expectativas de inovação dos clientes, que estão cada vez mais exigentes.

Empresa colhendo benefício de ter pilares funcionando bem

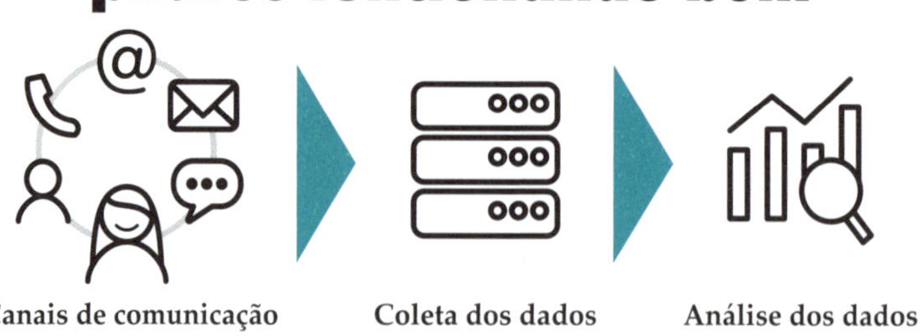

Fonte: Autoral.

1. **Integração dos canais**

É o primeiro e mais evidente passo. Isso inclui:

- Dados atualizados em tempo real;
- Gestão de estoque;
- Experiência coerente entre canais digitais, padrão de cores e textos são fundamentais. Um bom exemplo é a possibilidade de iniciar uma compra pelo site, finalizar via aplicativo e optar por retirada em uma loja física próxima, tudo sem que seu cliente tenha que repetir algum passo na jornada.

2. **Dados**

Em um mundo cada vez mais conectado, onde a experiência do cliente é o diferencial competitivo, a importância dos dados na estratégia *omnichannel* não pode ser subestimada. À medida que os clientes fazem uso de diversos canais físicos e digitais eles sentem o impacto da expectativa e julgam a capacidade da empresa de oferecer uma experiência personalizada e consistente. Por esse motivo dados são um ativo fundamental para as empresas que desejam não apenas sobreviver, mas se destacar nesse ambiente competitivo. A centralização de dados permite uma visão 360° do cliente, essencial para entender suas preferências e comportamentos, enquanto ferramentas como CRM, *analytics* e inteligência artificial capacitam as marcas a criar campanhas e ofertas que realmente engajam.

Neste contexto, a centralização dos dados não é algo opcional, mas uma necessidade. Por isso, vamos explorar com mais detalhes pontos fundamentais relacionados a dados em um ecossistema *omnichannel*, que são necessários para impulsionar a eficiência operacional, criando um caminho claro para a fidelização e o crescimento sustentável. Prepare-se para descobrir como os dados podem se tornar o elo que conecta todas as interações e experiências de seus clientes.

- **Centralização dos dados**

Centralizar dados de todas as interações dos clientes em diversas plataformas é essencial. Essa abordagem fornece uma visão 360° do cliente, permitindo personalizações em tempo real. Utilize uma plataforma que integre todas as interações, independentemente do canal, para obter uma visão unificada e estruturada do cliente. Além disso, a centralização dos dados facilita a segmentação da base de clientes para o envio de comunicações e ofertas personalizadas, além de possibilitar a antecipação das necessidades dos clientes por meio de modelos preditivos, o que melhora significativamente a relevância das suas interações.

A análise preditiva é uma das grandes vantagens da centralização de dados. Com o uso de *machine learning*, as empresas podem prever tendências de compra, identificar clientes em risco de *churn* e oferecer soluções de forma proativa.

- **Ferramenta de coleta de dados**

A coleta de dados é uma etapa importante que habilita a compreensão do comportamento do consumidor e a otimização de estratégias de marketing. Ferramentas de análise de dados, como o Google Analytics, desempenham um papel essencial nesse processo, permitindo que as empresas capturem e analisem as interações dos clientes em diversos canais digitais. Esse tipo de ferramenta possui a capacidade de rastrear a experiência do cliente em múltiplos canais, incluindo *websites*, aplicativos móveis e redes sociais, o que ajuda as empresas a entenderem como esses diferentes canais influenciam o comportamento do consumidor. Além disso, ao capturar dados sobre como os usuários navegam, interagem e convertem, as empresas podem identificar padrões comportamentais, como as seções de um site que geram mais engajamento e aquelas em que os usuários costumam abandonar a navegação. Outro benefício importante é a disponibilização de dados em tempo real, permitindo que as empresas ajustem suas estratégias instantaneamente com base nas interações dos usuários à medida que acontecem.

- **Ferramentas de análise e *Business Intelligence* (BI)**

As ferramentas de análise e *Business Intelligence* (BI) realizam a transformação de dados brutos em *insights*, direcionando a tomada de decisões estratégicas nas organizações. Elas permitem que as empresas interpretem dados complexos, identifiquem padrões e tendências, proporcionando uma visão abrangente do cliente e do desempenho das ações, o que facilita a compreensão das relações entre áreas como vendas, marketing, operações e atendimento ao cliente.

Com a análise de dados, as empresas podem monitorar seu desempenho continuamente, identificar áreas de melhoria e implementar alterações que aprimorem processos e a experiência do cliente, gerando um ciclo de *feedback* positivo que impulsiona o crescimento e a eficiência. Além disso, os *software* de BI oferecem recursos para criar relatórios e visualizações dinâmicas, tornando os dados acessíveis e compreensíveis em todos os níveis da organização, melhorando a comunicação de resultados e *insights*.

Através dessa análise, é possível revelar novas oportunidades de mercado e identificar produtos ou serviços que podem proporcionar uma vantagem competitiva significativa.

Excelentes ferramentas para isso estão disponíveis no mercado, "Tableau", da Salesforce, "Power BI", da Microsoft, "Looker", da Google e "Qlik Sense", da Qlikview.

- **Segurança e proteção de dados**

A segurança e proteção de dados são aspectos mandatórios para qualquer organização que lida com informações sensíveis dos clientes. Deve-se implementar medidas rigorosas para armazenar e transferir dados de forma segura, o que não apenas ajuda a proteger a privacidade dos usuários, mas também fortalece a confiança do cliente na empresa. É fundamental garantir que todos os dados sejam tratados em conformidade com as regulamentações de privacidade, como o Regulamento Geral sobre a Proteção de Dados (GDPR) na União Europeia e a Lei Geral de Proteção de Dados (LGPD) no Brasil.

3. Plataformas de tecnologia

3.1 Ferramentas de CRM

Fonte: Autoral

As plataformas de CRM otimizam as operações de vendas, marketing e atendimento ao cliente. Essas ferramentas facilitam a centralização e o acesso às informações dos clientes, proporcionando uma visão abrangente que permite interações mais personalizadas e significativas. Além disso, frequentemente incluem recursos de automação que ajudam a gerenciar campanhas de marketing em múltiplos canais, possibilitando o envio automatizado de e-mails, SMS, notificações e outras comunicações com base em gatilhos definidos por ações do cliente – o que economiza tempo e aumenta a eficiência. Um bom CRM também permite que as equipes de vendas e atendimento ao cliente gerenciem seus relacionamentos de maneira mais eficaz, pois, por meio de ferramentas de acompanhamento, é possível visualizar o status das interações com os clientes e garantir que nenhuma oportunidade seja perdida.

Atualmente temos muitas empresas que fornecem ótimas ferramentas que podem ajudar a gerenciar sua operação de CRM, como Salesforce Marketing Cloud, Microsoft Dynamics 365, Adobe Campaign, Oracle Sales, Hubspot e Braze.

3.2 ERP e sistemas de gestão de estoque e logística

Fonte: Autoral.

Sistemas ERP (Planejamento de Recursos Empresariais) conectados aos canais de vendas possibilitam a sincronização das informações financeiras de compras e dos estoques em tempo real. Empresas que possuem logística de distribuição em pontos de vendas conseguem prever quando será necessário repor o estoque de uma loja; basta uma integração com o sistema *check-out* do ponto de venda.

As principais e mais usadas plataformas de gestão empresarial são SAP, Oracle ERP Cloud, TOTVS e NetSuite.

3.3 Infraestrutura de nuvem

Fonte: Autoral.

O uso de soluções em nuvem, como AWS, Google Cloud e Microsoft Azure, proporciona ampla escalabilidade e flexibilidade, permitindo que empresas implementem e gerenciem diversas ferramentas tecnológicas de forma eficiente, otimizando recursos, reduzindo custos com infraestrutura, garantindo alta disponibilidade, segurança e atualização tecnológica, possibilitando a adaptação rápida a mudanças nas demandas do mercado.

Pilares estratégicos

1. Identidade de marca

Manter uma mensagem de marca uniforme em todos os canais ajuda a fortalecer a identidade da empresa e oferece uma experiência coesa aos clientes.

Ser capaz de reconhecer o cliente em qualquer canal, seja no *chat*, e-mail, WhatsApp ou telefone, faz o cliente valorizar o fato da empresa demonstrar que sabe quem ele é.

O atendimento proativo tanto é muito eficaz e gera valor na percepção dos clientes, que as empresas podem usar dados para antecipar problemas e oferecer soluções antes que o cliente perceba a necessidade. Por exemplo, se um produto apresenta um defeito conhecido, a empresa pode entrar em contato com os clientes orientando como proceder caso necessite de uma manutenção ou até mesmo oferecer uma substituição imediata.

2. Centralidade no cliente

Ter uma cultura centrada no cliente é o objetivo de muitas empresas que buscam garantir que suas próximas ações sejam baseadas nas reais necessidades dos clientes e que proporcionem a melhor experiência possível, desde o design do produto até o atendimento. Quebra de silos internos se faz necessária, assim como estimular uma cultura de colaboração entre departamentos para assegurar a execução da estratégia *omnichannel*.

3. Planejamento de investimento

O planejamento de investimento para uma estratégia *omnichannel* é fundamental para garantir que os objetivos sejam atingidos e, para isso, devem ser alinhados às necessidades do negócio e às expectativas dos consumidores. Estabelecer metas claras de Retorno sobre Investimento (ROI) é essencial, permitindo que as empresas priorizem investimentos que prometem o maior impacto potencial na experiência do cliente e na eficiência operacional.

Além disso, é importante realizar uma análise contínua do desempenho dos canais existentes, identificando oportunidades de melhoria e ajustando os investimentos conforme necessário. A alocação inteligente de recursos deve considerar não apenas a implementação de novas tecnologias, mas também o treinamento das equipes e a otimização dos processos, garantindo que todos os aspectos da experiência do cliente sejam contemplados.

A implementação de uma estratégia *omnichannel* eficaz requer a harmonização entre tecnologia e gestão estratégica. Integrar soluções como CRM, ERP e infraestrutura em nuvem, junto com a centralização e segurança de dados, garante operações unificadas e consistentes. De igual importância, manter uma identidade de marca consistente, focar no cliente e alinhar investimentos às necessidades do negócio são passos cruciais para garantir vantagem competitiva e crescimento sustentado. Ao estabelecer esses pilares, as empresas estão posicionadas para melhorar continuamente suas operações, fortalecer relacionamentos com clientes e alcançar metas estratégicas de forma eficaz.

Automações para alavancar a experiência nos canais

- **URA (Unidade de Resposta Audível)**

A URA é uma tecnologia de teleatendimento que permite aos clientes interagir com os sistemas de uma empresa por meio de voz ou discagem no teclado. Ela pode ser programada para oferecer várias opções, como verificar saldos, obter informações de pedidos ou fornecer suporte técnico inicial. Uma tecnologia muito conhecida e amplamente usada para escalar os serviços de atendimento ao cliente, a URA filtra e direciona ligações de forma eficiente. Pode ser combinada com sistemas de reconhecimento de fala para melhorar a experiência do usuário e conectar o usuário a um atendente humano, quando necessário.

Exemplo prático: Instituições financeiras utilizam URA para operações como bloqueio de cartão ou consulta de saldo, minimizando o esforço do cliente e aumentando a agilidade no atendimento.

Principais empresas e suas ferramentas

- **Genesys:** Oferece soluções de URA dentro de sua plataforma de experiência do cliente;
- **Avaya:** Fornece sistemas de URA para atendimento ao cliente;
- **Cisco:** Possui soluções de URA integradas em suas plataformas de comunicação;
- **Nuance (Microsoft):** Especializada em tecnologias de voz, oferece soluções de URA baseadas em inteligência artificial.

- *Chatbots*

Os *chatbots* são programas que interagem com usuários via texto ou voz, utilizando inteligência artificial (IA) e processamento de linguagem natural para entender e responder a consultas. Eles funcionam em plataformas de mídia social, *websites*, e aplicativos móveis. Podem lidar com um grande volume de interações, aliviar a carga sobre as equipes de suporte humano e atender fora do horário comercial.

Exemplo prático: O *chatbot* pode oferecer sugestões de produtos ou serviços personalizados com base nas preferências do usuário, aumentando o engajamento e impulsionando as vendas.

Principais empresas e suas ferramentas

- **Dialogflow (Google):** Plataforma de desenvolvimento de *chatbots* baseada em inteligência artificial;
- **Microsoft *Bot Framework*:** *Framework* para construir *chatbots* para diversas plataformas;
- **IBM Watson Assistant:** Plataforma de *chatbot* com recursos avançados de inteligência artificial;
- **Amazon Lex:** Serviço da Amazon para criar *chatbots* usando voz e texto.

- **RPA (Automação de Processos Robóticos)**

RPA utiliza *software* que imitam ações humanas para automatizar tarefas repetitivas. Os robôs realizam tarefas como entrada de dados, processamento de transações e respostas automáticas, liberando tempo dos funcionários para atividades mais valiosas. O RPA facilita o processamento rápido de pedidos, atualiza registros de clientes em tempo real e conecta dados entre sistemas, fornecendo uma experiência mais coesa.

Exemplo prático: Uma companhia aérea implementa RPA para verificações de histórico de passageiros, criando um processo eficiente de *check-in* on-line.

Principais empresas e suas ferramentas

- **UiPath:** Líder no mercado de RPA, oferece uma plataforma completa para automação de processos;
- **Automation Anywhere:** Outra grande empresa de RPA, com soluções para automatizar tarefas repetitivas;
- **Blue Prism:** Fornece *software* de RPA para empresas de grande porte;

- **Microsoft Power Automate:** Plataforma de automação de processos da Microsoft, integrada ao Power Platform.

- **Realidade Aumentada (RA)**

A Realidade Aumentada combina elementos digitais ao ambiente real, criando experiências interativas que esclarecem a forma como os produtos são visualizados e experimentados pelos consumidores. Essa tecnologia é especialmente impactante em lojas de varejo, que permitem que os clientes visualizem produtos em seus próprios ambientes antes da compra, o que pode influenciar sua decisão e reduzir a taxa de devoluções.

Exemplo prático: A aplicação em lojas de cosméticos oferece a possibilidade de "experimentar" virtualmente maquiagens, aumentando a confiança do consumidor na compra e melhorando a satisfação geral.

Principais empresas e suas ferramentas

- **Unity:** Motor de jogo amplamente utilizado para criar aplicativos de RA;
- **ARKit (Apple):** *Framework* para desenvolvimento de aplicativos de RA em dispositivos iOS;
- **ARCore (Google):** *Framework* para desenvolvimento de aplicativos de RA em dispositivos Android;
- **Vuforia:** Plataforma de desenvolvimento de RA com recursos avançados de rastreamento e reconhecimento de imagem;
- **Wikitude:** Plataforma de RA com foco em aplicações móveis e empresariais.

Vantagens da estratégia omnichannel

A aplicação estratégica do *omnichannel* traz benefícios claros, tanto para a experiência do cliente quanto para a eficiência operacional. Esses benefícios são fundamentais para empresas que buscam se destacar em um mercado cada vez mais competitivo.

1. Aumento do *ticket* médio

Consumidores que transitam por múltiplos canais tendem a gastar mais. A integração de canais permite mapear o comportamento e os interesses de compra, personalizando as ofertas com base no perfil do cliente. Isso não apenas faz com que o consumidor explore uma gama maior de produtos e serviços, mas também aumenta o valor médio de cada compra. Quando um cliente inicia sua jornada no site e, em seguida, visita a loja física, a probabilidade de adquirir itens adicionais é significativamente elevada, pois ele tem a oportunidade de experimentar os produtos que anteriormente consultou on-line. Essa combinação de interação digital e física enriquece a experiência do cliente e impulsiona as vendas.

2. Melhora da taxa de conversão

Quanto mais integrada e personalizada a jornada, maior a chance de conversão. O *omnichannel* elimina barreiras e fricções, facilitando o processo de compra. O cliente pode dar sequência em uma compra que iniciou em outro canal a partir do ponto da jornada em que parou. Pode também ter a comodidade de escolher como deseja retirar o seu produto comprado on-line em uma loja física, reduzindo o tempo de espera e aumentando a conveniência.

3. **Redução no custo logístico**

O uso inteligente de lojas físicas como centros de distribuição reduz prazos e custos, otimiza a gestão de estoques e diminui os custos de transporte. Além disso, a integração logística permite uma operação mais ágil e sustentável.

4. **Fidelização e retenção de clientes**

A experiência fluida e personalizada gerada pelo *omnichannel* aumenta a confiança e o vínculo emocional do cliente com a marca. Quando o cliente se sente compreendido e atendido de forma consistente em todos os canais, a probabilidade de retorno e fidelização cresce significativamente.

5. **Melhoria da reputação da marca**

Consumidores satisfeitos se tornam defensores da marca, compartilhando suas experiências positivas nas redes sociais e com amigos e familiares. Isso não apenas aumenta o engajamento, mas também fortalece a reputação da empresa no mercado.

Conclusão

Ao longo deste capítulo, exploramos a essência da estratégia *omnichannel* e suas ferramentas, demonstrando como a integração de canais e o uso inteligente de dados podem transformar a experiência do cliente. Vimos que a abordagem *omnichannel* não é apenas uma tendência passageira, mas sim uma evolução fundamental na forma como as empresas se conectam e interagem com seus consumidores.

A capacidade de oferecer uma jornada fluida, personalizada e consistente em todos os pontos de contato — desde a loja física até os canais digitais — não só aumenta a satisfação e a fidelização do cliente, mas também impulsiona o crescimento e a eficiência operacional da empresa. Ao adotar uma estratégia *omnichannel* bem planejada e implementada, as empresas podem se destacar em um mercado cada vez mais competitivo, fortalecendo sua reputação, aumentando o *ticket* médio e reduzindo custos logísticos.

Em última análise, a estratégia *omnichannel* representa um investimento no relacionamento com o cliente, construindo um vínculo emocional duradouro e transformando consumidores em verdadeiros defensores da marca.

17

Gamification aplicada ao CRM de atendimento

Alex Mariano

Por mais de 18 anos trabalhando com estratégias de CRM e ajudando empresas a estruturarem seus processos de atendimento, testemunhei uma constante: a dificuldade em engajar, de forma sustentável, os times que estão na linha de frente com o cliente. Enquanto áreas como marketing e vendas costumam ser abastecidas com campanhas, metas estimulantes e visibilidade, o atendimento ao cliente, muitas vezes, opera nos bastidores — onde o esforço é grande, mas o reconhecimento nem sempre.

Foi nesse contexto que, há alguns anos, conheci o conceito de *gamification*. E percebi que havia ali uma grande oportunidade. Mais que uma ferramenta divertida, *gamification* se mostrou um mecanismo poderoso para reforçar comportamentos desejados, criar senso de propósito e gerar engajamento com o uso do CRM, especialmente nas operações de atendimento.

Quando o jogo começa: um exemplo real

Em uma grande empresa de seguros, o setor de atendimento sofria com baixos índices de satisfação. As respostas eram demoradas, o histórico do cliente estava sempre incompleto no CRM e as lideranças não conseguiam identificar padrões para melhorar a performance.

Depois de uma série de *workshops* com os atendentes, ficou claro: o time estava desmotivado. Muitos não viam sentido em registrar todos os detalhes no sistema. A proposta foi ousada e simples: transformar metas operacionais em desafios de um "jogo do atendimento".

Criamos missões como:

- Registrar corretamente 100% dos atendimentos durante 5 dias seguidos;
- Reduzir em 20% o tempo médio de resposta individual;
- Receber 3 elogios espontâneos de clientes na semana.

Cada desafio rendia pontos. Os pontos geravam medalhas digitais, e as medalhas podiam ser trocadas por vantagens internas — como prioridade na escolha das escalas, brindes ou simplesmente visibilidade em um *ranking* público do time.

Em três meses, o índice de satisfação subiu 35%, o uso correto do CRM alcançou 93% e o ambiente de trabalho ficou visivelmente mais leve. A competição saudável virou um novo padrão de motivação.

O que é gamification?

Gamification é a aplicação de elementos típicos dos jogos em contextos sérios e cotidianos, como ambientes de trabalho, educação, saúde ou marketing. O objetivo dessa abordagem é estimular a participação ativa e engajada das pessoas, motivando-as a realizarem tarefas que normalmente seriam vistas como monótonas ou repetitivas. Para isso, são utilizados recursos que remetem à dinâmica dos jogos, tais como pontos acumuláveis, medalhas simbólicas, *rankings* competitivos, níveis progressivos que evidenciam avanço e conquistas, missões claras que orientam o comportamento desejado e recompensas variadas, que podem incluir desde reconhecimentos virtuais até prêmios físicos ou benefícios especiais. Com isso, *gamification* torna as atividades mais atrativas, desafiadoras e prazerosas, aumentando não apenas a produtividade e a eficiência, mas também o bem-estar e a satisfação geral dos participantes.

Por que *gamification* funciona?

Somos seres movidos por recompensas, reconhecimento e progresso. O *gamification* ativa esses gatilhos de maneira natural. Cada vez que atingimos uma meta, subimos de nível ou conquistamos algo — mesmo que simbólico — nosso cérebro libera dopamina. É o mesmo princípio que nos prende a um jogo ou nos estimula a continuar assistindo a uma série.

Aplicada ao atendimento, *gamification* transforma, por exemplo:

- Preenchimento de um campo no CRM em uma etapa para ganhar um selo;
- A resolução de um chamado em tempo recorde em um *"achievement"* visível;
- Acerto em uma abordagem empática em uma chance de subir no *ranking;*
- Desafios que podem ser gamificados no atendimento.

A beleza da *gamification* é que ela pode ser adaptada para estimular praticamente qualquer tipo de comportamento. A seguir, compartilho uma lista ampliada de desafios que funcionam muito bem no contexto do CRM de atendimento:

Eficiência

- Responder X chamados em menos de 15 minutos;
- Manter o tempo médio de atendimento abaixo de Y minutos por 5 dias seguidos;

- Diminuir o tempo total gasto por *ticket* em 15% comparado à semana anterior;
- Garantir que nenhum *ticket* ultrapasse 48 horas aberto;
- Manter taxa de retrabalho inferior a 5% dos *tickets* fechados;
- Fechar 90% dos *tickets* no mesmo dia.

Qualidade e empatia

- Receber 5 avaliações "excelente" dos clientes na semana;
- Ser citado espontaneamente em um elogio do cliente;
- Atingir nota média acima de 4.8 (de 5) em avaliações mensais de atendimento;
- Ter mais de 90% dos clientes afirmando que recomendariam o serviço a amigos ou familiares;
- Ter 30 dias consecutivos sem reclamações registradas.

Uso correto do CRM

- Preencher corretamente 100% dos campos obrigatórios durante o mês;
- Classificar todos os chamados com etiquetas válidas e corretas;
- Manter atualizações de status dentro do tempo esperado.

Colaboração e melhoria contínua

- Criar 1 novo artigo para a base de conhecimento, validado por um supervisor;

- Ajudar um colega a resolver um caso complexo (validação cruzada);
- Realizar mentorias com novos membros da equipe, auxiliando-os em pelo menos 3 casos no mês;
- Participar de treinamentos e aplicar melhorias no processo.

Engajamento e cultura

- Participar de todos os desafios do mês (mesmo sem vencer);
- Indicar melhorias no fluxo do CRM, validadas pela liderança;
- Compartilhar histórias inspiradoras sobre atendimento ao cliente, destacando boas práticas alinhadas à cultura da empresa;
- Realizar uma ação interna que melhore significativamente o engajamento do time com a plataforma CRM;
- Cumprir uma "maratona de atendimento" com metas cruzadas entre setores.

Recompensas: mais do que prêmios

Um erro comum ao se implementar *gamification* é acreditar que os prêmios precisam ser caros. Na prática, as recompensas mais valorizadas são as que reforçam reconhecimento, pertencimento e avanço.

Alguns exemplos que funcionam:

- Reconhecimento público em reuniões ou na intranet;
- Medalhas digitais exibidas no painel do CRM;
- Brindes simbólicos, como canecas personalizadas ou camisetas temáticas;

- Benefícios temporários, como trabalho remoto extra, horário flexível ou vale-presentes;
- Privilégios sociais, como nome na "galeria do mês" ou café da manhã com o CEO.

O segredo está em criar uma experiência memorável, e não necessariamente em investir alto.

Caso T-Mobile: gamificando a excelência no atendimento

No competitivo mercado de telecomunicações dos Estados Unidos, onde a fidelização do cliente depende diretamente da qualidade da experiência oferecida, a T-Mobile enfrentava um desafio comum a muitas empresas: como manter os colaboradores de atendimento engajados em uma rotina operacional intensa e, muitas vezes, repetitiva?

Apesar de investimentos robustos em tecnologia e treinamento, a empresa percebia que era preciso algo a mais para motivar suas equipes a irem além do básico. A solução veio com uma estratégia inovadora: a introdução da gamificação no ambiente de atendimento.

A T-Mobile lançou uma plataforma interna chamada T-Community, construída com o apoio das soluções da Bunchball e integrada ao sistema Jive. O objetivo era claro: transformar tarefas do dia a dia em experiências envolventes, utilizando elementos típicos dos jogos — como pontos, *rankings*, medalhas digitais e conquistas — para incentivar comportamentos desejados.

Os colaboradores passaram a participar de desafios diários, semanais e mensais que envolviam indicadores como tempo de atendimento, resolução de chamados e qualidade percebida pelo cliente. À medida que acumulavam conquistas, eles avançavam em *rankings* internos e eram reconhecidos publicamente, criando uma cultura de valorização contínua da performance.

Em apenas seis semanas após o lançamento da T-Community, a empresa registrou um aumento de mais de 1.000% na participação dos funcionários. Mais de 187.000 medalhas foram distribuídas, e o nível de engajamento ultrapassou as expectativas da liderança. Além do reconhecimento simbólico, a plataforma se mostrou eficaz em fortalecer o senso de pertencimento e propósito dentro das equipes.

O impacto dessa iniciativa não se restringiu ao clima interno. Os indicadores operacionais também apresentaram melhora significativa: as taxas de resolução de problemas aumentaram, o tempo de resposta foi reduzido e a satisfação dos clientes cresceu de forma consistente. A gamificação passou a fazer parte da cultura de atendimento da T Mobile — não como uma ação pontual, mas como uma nova maneira de pensar o engajamento das pessoas.

O caso da T-Mobile comprova que, quando bem-estruturada, a gamificação pode ser uma poderosa aliada na transformação de ambientes de atendimento. Mais do que uma técnica lúdica, trata-se de uma estratégia que reconhece o valor humano por trás de cada interação, e que utiliza motivação, reconhecimento e desafios positivos como ferramentas para gerar excelência.

Como integrar gamification ao CRM

Na maioria das ferramentas de CRM modernas, é possível configurar elementos de gamificação nativamente ou via integração com plataformas externas.

Ferramentas como Zoho CRM, Salesforce, Pipedrive e Zendesk possuem recursos de:

- *Rankings* automáticos por desempenho;
- Selo de conquistas e medalhas;
- *Triggers* que disparam pontos com base em ações (campos preenchidos, SLA cumprido etc.);
- Painéis compartilháveis com indicadores por usuário, equipe ou tempo.

Se a ferramenta não tem *gamification* nativa, é possível integrar com soluções como Spinify, Pointagram, Centrical, ou até mesmo usar planilhas com *dashboards* automatizados e atualizados a partir do CRM via APIs.

Implementando *gamification* no atendimento

Implementar gamificação em operações de atendimento não é sobre criar um jogo, mas sobre transformar comportamentos em cultura. Abaixo, compartilho o modelo que aplico em projetos de transformação com foco em engajamento de equipes e melhoria da experiência do cliente:

Fonte: Autoral.

1. **Mapeie os comportamentos desejados**

O ponto de partida é entender quais atitudes fazem sentido incentivar. Isso exige mais do que percepção — requer análise de dados, escuta ativa com a equipe e alinhamento com os objetivos da empresa.

Queremos mapear comportamentos que impulsionem tanto a satisfação do cliente quanto a eficiência operacional. Exemplos? Registro correto no CRM, uso de *scripts* com empatia, proatividade na resolução de problemas, entre outros.

2. **Converta em metas e desafios claros**

Aqui começa a tradução do comportamento desejado em ação mensurável. O segredo está em transformar boas práticas em desafios objetivos — e ao mesmo tempo lúdicos.

Missões diárias, semanais ou mensais devem ser desafiadoras, mas atingíveis. E precisam vir acompanhadas de reconhecimento real: medalhas digitais, *rankings*, recompensas simbólicas ou até prêmios físicos.

Para criar desafios eficazes, é essencial garantir que cada missão esteja claramente ligada a um comportamento específico desejado na equipe, como melhorar a qualidade do atendimento, reduzir o tempo de resposta ou aumentar a satisfação dos clientes. Além disso, os desafios precisam ter parâmetros bem definidos para evitar dúvidas ou interpretações equivocadas.

Outro ponto importante é combinar desafios individuais com missões coletivas. Isso ajuda a promover não só a responsabilidade pessoal, mas também o espírito de equipe e colaboração, fortalecendo a cultura organizacional. Por exemplo, é possível criar metas individuais para eficiência no atendimento simultaneamente com desafios coletivos focados em alcançar níveis elevados de satisfação geral do cliente.

O foco? Estimular constância, reforçar hábitos positivos e valorizar o progresso contínuo, fazendo com que cada colaborador sinta-se protagonista de sua evolução e motivado pela contribuição visível que proporciona à equipe e à empresa.

3. **Construa o painel e a régua de pontos**

Visualizar o progresso é essencial. A criação de um *dashboard* de gamificação ajuda a dar tangibilidade à jornada, permitindo que cada colaborador acompanhe em tempo real a evolução das suas conquistas e o impacto das suas ações.

Esse painel precisa ser acessível, intuitivo e atualizado com frequência, preferencialmente em tempo real. Quanto mais claro for o sistema visual, maior será o engajamento dos usuários. Gráficos, *rankings* e indicadores visuais ajudam a traduzir números em estímulo constante.

A régua de pontos deve refletir diretamente comportamentos e resultados desejados, não apenas volume ou esforço isolado. É fundamental equilibrar ações que exigem maior esforço com aquelas que geram impacto significativo nos objetivos estratégicos da empresa.

Um bom sistema de pontuação oferece recompensas diferenciadas conforme a complexidade e relevância das ações. Por exemplo:

- 5 pontos por registrar corretamente uma ligação ou atendimento no CRM;
- 10 pontos por alcançar nota máxima em avaliação de atendimento feita pelo cliente;
- 20 pontos para cada *feedback* espontâneo positivo do cliente sobre o atendimento.

Com uma régua clara e um painel bem-estruturado, os colaboradores se sentem mais motivados, enxergam valor no que fazem e são incentivados a buscar constantemente melhores resultados.

4. **Valide com o time antes de lançar**

Um erro comum em projetos de gamificação é esquecer o time na fase de construção.

A validação interna garante aderência. Apresente o modelo para um grupo-piloto, colete percepções e esteja disposto a ajustar o plano.

Quando a equipe se sente ouvida, a aceitação é exponencialmente maior. E a gamificação deixa de ser vista como um sistema imposto — passa a ser um movimento coletivo.

5. **Implemente e comunique com entusiasmo**

O lançamento é decisivo. É aqui que você gera curiosidade, engajamento e senso de novidade. Uma boa estreia pode ser o fator que define se o time vai comprar a ideia com entusiasmo ou encarar como apenas mais uma meta operacional.

A comunicação precisa ser estratégica e inspiradora. Faça um bom *storytelling*: explique o "porquê" da gamificação, o que será medido, como será recompensado e quem está liderando o processo. Mostre como cada pessoa pode se destacar e contribuir com a equipe.

Crie uma narrativa visual e envolvente. Treinamentos breves, trilhas digitais, vídeos explicativos e até *teasers* com contagem regressiva podem compor esse momento. Pequenos *spoilers* sobre recompensas ou conquistas futuras também ajudam a alimentar a expectativa e despertar a vontade de participar desde o início.

Quando bem comunicada, a gamificação deixa de ser um projeto da liderança e passa a ser uma missão compartilhada.

6. **Monitore, ajuste e evolua o jogo**

Gamificação é organismo vivo. Não basta lançar: é preciso acompanhar o desempenho, revisar desafios e manter o jogo relevante.

Dados do CRM, *feedback* da equipe e indicadores de engajamento devem alimentar ciclos de melhoria contínua.

O que começou como um jogo, com o tempo, vira cultura. E cultura, bem cuidada, gera resultado sustentável.

O que pode dar errado?

Embora poderosa, a gamificação mal implementada pode gerar efeitos contrários ao desejado. Em vez de engajamento, pode provocar frustração, distorção de prioridades e até um ambiente de competição tóxica. Para evitar esses riscos, é fundamental entender os principais erros que comprometem sua eficácia:

- **Gamificar tarefas irrelevantes:** Incentivar atividades que não geram valor real para o cliente ou para o time apenas ocupa tempo e desvia o foco do que realmente importa. A gamificação deve estar a serviço da estratégia, não ser um fim em si mesma;
- **Estimular competições tóxicas:** Quando o sistema de pontuação promove rivalidade excessiva ou desleal, o espírito de equipe se enfraquece. Isso é especialmente perigoso em ambientes de atendimento, onde a colaboração é essencial para resolver casos complexos;
- **Premiar apenas volume e quantidade:** Focar só em quem resolve mais *tickets* ou atende mais ligações pode levar à queda da qualidade. A régua de desempenho deve considerar também a excelência do atendimento, empatia e solução efetiva;
- **Manter regras pouco claras ou injustas:** Regras mal comunicadas geram desconfiança e sensação de favoritismo. Para

manter o engajamento, o sistema precisa ser transparente, previsível e aplicável de forma igualitária.

- **Exagerar nas recompensas ou repetir formatos:** A chamada *fadiga de recompensas* acontece quando os estímulos deixam de gerar entusiasmo. Alternar os formatos e garantir que o reconhecimento seja significativo é chave para manter a motivação.

Gamificar é mais do que distribuir pontos ou criar *rankings* — é criar experiências de engajamento alinhadas com os objetivos da operação e com os valores da empresa. Um sistema mal desenhado pode parecer forçado, superficial e até infantilizado. Por isso, gamificar com inteligência é gamificar com propósito.

Conclusão

Gamification transforma rotinas, melhora engajamento, otimiza o uso do CRM e fortalece uma cultura de protagonismo. Investir em *gamification* é, acima de tudo, investir nas pessoas que constroem diariamente a experiência do cliente.

Ao reconhecer o potencial humano por trás de cada atendimento, a gamificação proporciona não apenas mais produtividade, mas também um ambiente mais leve, colaborativo e motivador. Colaboradores engajados se sentem valorizados, buscam evolução contínua e atuam com mais foco e propósito.

Além disso, ao tornar os resultados visíveis e as conquistas reconhecidas, a gamificação ajuda a sustentar a alta performance ao longo do tempo — o que impacta diretamente a qualidade do serviço e a percepção do cliente.

Em um cenário onde eficiência e empatia precisam andar juntas, gamificar com inteligência é uma das formas mais eficazes de unir resultados e realização. E no final, todos ganham: o cliente, o time e o negócio.

18

Como fazer *bots* que melhorem de fato o atendimento

Andrea Calviño

A automação no atendimento ao cliente conta com uma ferramenta que transforma a maneira como as empresas se relacionam com seus *stakeholders*, incluindo parceiros: os *bots*. Mas, qual sua opinião como consumidor sobre atendimento via *bot*? Você já fez essa pergunta para outras pessoas e ouviu as respostas? A chance dessas respostas serem negativas é alta. Muita gente responde que *bots* atuam de maneira desumanizada e errática e isso gera muita frustração. Sabe quem mais pode fazer um atendimento desumanizado e errático? Seres humanos. Ou seja, garantir que qualquer atendimento seja feito de forma adequada envolve muitas áreas de conhecimento e isso fica mais acentuado quando se trata de um produto digital como um *bot*. Mas também é mais fácil de resolver quando as ferramentas e técnicas adequadas são utilizadas. Esse é o propósito deste capítulo: elucidar pontos importantes para se construir um *bot* bom.

Bots são excelentes ferramentas de automação, que possibilitam escalabilidade, controle, consistência e tomada de decisões *data-driven* (orientadas por dados), além de inúmeras outras vantagens, como instantaneidade 24/7 e ajustes a questões contemporâneas que indicam que os mensageiros (WhatsApp, por exemplo) são mais usados e mais eficazes que outras ferramentas como e-mail na relação cliente/pessoa usuária e empresa.

Uma definição adequada para um *bot* é a de que se trata de um sistema de conversação. Imagine ter de criar esses diálogos um a um para centenas e até milhões de pessoas. Seria uma tarefa praticamente impossível ou no mínimo muito cara. O objetivo deste capítulo é desvendar quais são esses recursos, como utilizá-los e como melhorar a performance de um *bot*.

O primeiro *bot* surgiu mais ou menos no meio do século passado, inicialmente como ficção no livro "Eu, Robô" (1940), de Isaac Asimov. Depois, no ambiente acadêmico. Mas seu uso corporativo é algo relativamente recente. Tive a oportunidade de participar do projeto do primeiro *bot* corporativo no Brasil, para a Unilever, com a marca Colgate no ano 2000. O *bot* se chamava "7 Zoom". Bem como muitos outros que vieram depois, eram máquinas de respostas *(answering machines)*. Ainda hoje, esse modelo é utilizado. A partir de um determinado assunto, um tema, como segunda via de boleto, o *bot* "responde" ao pedido já preestabelecido. No entanto, só entre 2011 e 2016 é que grandes empresas como a Amazon, Meta e Microsoft começaram a usar *bots*. Em 2018, grandes empresas como as de telecomunicações já utilizavam *bots* com inteligência artificial. Tive a oportunidade de participar de um projeto de *bot* em uma grande empresa de telefonia celular. Mas a IA ainda não era generativa. Ou seja, se a pessoa usuária perguntasse sobre boleto, isso seria considerado uma intenção com várias possibilidades atreladas, como a do exemplo anterior: segunda via de boleto. Ou outras possibilidades, como erro no boleto, vencimento do boleto, data do boleto, número do boleto, linha digitável do boleto, status do boleto etc. Tudo isso era feito manualmente por pessoas. Agora, com a IA generativa e a engenharia de *prompt*, os *bots* podem fazer essas relações de forma automatizada também.

Na prática, os *bots* geram muito valor na melhora da experiência de atendimento ao cliente. Vamos ver alguns casos práticos e reais de *bots* que incrementaram muito o atendimento ao cliente.

1. **Negociação de dívida com um grande banco**. As pessoas simplesmente se sentiram mais à vontade e com menos vergonha de tratar um assunto tão delicado quanto uma dívida bancária com um *bot* em vez de falar com uma pessoa. O *bot* oferecia opções de financiamento e não gerava o desconforto habitual neste tipo de negociação. O resultado foi um volume recorde de acordos fechados;

2. **Quando minha energia elétrica vai voltar?** Toda vez que a luz acaba num grande centro urbano, só um *bot* para responder em alta escala todos os chamados que ocorrem ao mesmo tempo, com pessoas querendo saber que horas a energia volta. Usando o conceito de recência e versionamento, esse atendimento fica mais assertivo. Vamos falar sobre esses conceitos mais adiante;

3. **Respostas estratégicas na palma da mão para aumentar as vendas.** Uma grande companhia de seguros precisa garantir que seus gerentes comerciais acessem em qualquer lugar e a qualquer momento informações estratégicas para tomar decisões sobre o que vender para um determinado cliente, quais corretores estão dentro ou abaixo da meta, quais seguros e em qual quantidade foram vendidos anteriormente numa determinada zona da cidade ou num determinado cliente, além de muitas outras informações trazidas em tempo real por um *bot* com inteligência artificial generativa, acessando via API todas as bases de conhecimento da empresa e entregando via texto e/ou voz respostas para perguntas feitas livremente pela pessoa usuária no WhatsApp;

4. **Todo mundo já perdeu boleto.** Essa é uma requisição frequente e bem simples que todo *bot*, seja com, seja sem inteligência artificial generativa pode fazer. Não só agiliza a vida do cliente, como desentope o SAC deste tipo de demanda repetitiva;

5. **Melhora da saúde bucal**. Marca global de pasta de dente orientou, a partir de identificação via foto enviada pela pessoa usuária, sobre quais cuidados deveriam ser tomados para evitar que o problema piorasse. Contou com a integração de dentistas fazendo a curadoria das fotos enviadas, e inteligência artificial generativa dando escalabilidade para as respostas (outro conceito que veremos mais adiante). Ou seja, a partir do treinamento da Gen AI, feito por profissionais da área da saúde bucal, as respostas puderam ser dadas para milhares de pessoas. O acesso à informação de qualidade para pessoas abaixo da linha da pobreza em países em desenvolvimento virou um caso de sucesso não só na área da saúde, mas no *branding* da marca.

Outro ponto importante é o tipo de solução que está sendo proposta:

1. ***Chatbot*:** um *bot* com perguntas e respostas em texto;
2. **URA:** é a versão em voz, com estrutura bem definida como o *chatbot*, de perguntas e respostas;
3. ***Voicebot*:** perguntas e resposta via voz, o que, para determinados grupos de pessoas, seja pelo grau de alfabetização, seja pelo momento em que a pessoa utiliza o serviço (dirigindo, por exemplo) pode ser mais aderente;
4. **Com ou sem inteligência artificial generativa**: tanto o *bot* mais "raiz", daquele tipo que pede para a pessoa usuária digitar o número da pergunta que foi indicada anteriormente pelo próprio *bot* (exemplo: Digite o número do que você quer saber: 1 para segunda via de boleto, 2 para saldo etc.), tanto um *bot* que consegue entender perguntas abertas,

como ChatGPT, Gemini e Copilot, entre outras Gen AIs, têm o potencial de melhorar muito o atendimento ao cliente. A maneira como eles são produzidos e mantidos varia, mas o cerne da questão sobre como eles podem ser úteis é parecido. Obviamente, é mais complexo fazer um *bot* com Gen AI, pelo menos ainda. Os *bots* com Gen AI também são híbridos do ponto de vista tanto do que é entregue pelo *bot*, quanto da forma que a pessoa usuária pode interagir. Ou seja, enviar e receber mensagens por texto ou voz na mesma solução é usual, porque *Text to voice* e *Voice to text* são possibilidades usuais quando se trata de inteligência artificial.

Além da escalabilidade, ou seja, poder atender milhões de pessoas ao mesmo tempo, da possibilidade de customização de acordo com o perfil do cliente ou do produto, estar disponível 24/7, ser totalmente aferível e possibilitar decisões *data-driven*, os *bots* ainda podem detectar fraudes e fazer reconhecimento de voz e de imagem. É uma ferramenta valiosa para otimizar e alavancar o atendimento ao cliente e os números mais recentes de empresas especializadas em pesquisa, como a McKinsey, são impactantes. Vale pesquisar.

No entanto, alguns pontos que sempre estiveram presentes quando se trata da produção de *bots* continuam valendo. O título deste capítulo foi baseado numa palestra que fiz no evento "*Bots* Brasil", em 2019. Relendo, vi que algumas dicas continuam sendo válidas e, por isso, são importantes, pois apontam questões estruturais, entre elas:

1. Os processos, fluxos e bases de conhecimento têm de estar bem-estruturados para que um *bot* possa acessá-los e ser assertivo e útil. Uma coisa é fazer o *bot*, e outra é criar ou mesmo

organizar todos os processos. São trabalhos distintos;

2. Seja com, seja sem AI, é muito importante saber quais são os objetivos do *bot*. Diferente de um ChatGPT, quando se trata de comunicação corporativa, não vale tudo. Defina o escopo e o cerne da proposta;

3. Como em qualquer produto digital, a pesquisa é essencial. Ouvir outros canais, *stakeholders*, entrevistas com pessoas usuárias é definitivo para o sucesso dessa entrega;

4. Persona, voz e tom, *UX Writing* e posicionamento da marca devem permear a comunicação do *bot*. É uma ferramenta que representa a empresa e deve se comportar de acordo;

5. Pesquisas de qualidade como "Resposta útil" são importantes para fazer a curadoria, que nada mais é do que ir melhorando o *bot* de acordo com as necessidades de negócios e as interações com as pessoas usuárias;

6. Levar em conta a recência, ou seja, o tempo entre uma interação e outra, ajuda a deixar o atendimento mais humano. Se a luz acabou, o *bot* foi acessado, deu uma previsão de retorno e dali a 15 minutos a pessoa acessar o *bot* de novo, é interessante avisar que o *bot* sabe do histórico. Exemplo: "A previsão de retorno da energia na sua região continua a mesma que informei no seu último acesso, às 13h42. Estamos trabalhando para que tudo volte ao normal até as 16h30 de hoje. Agradecemos o seu contato. Posso ajudar em algo mais?";

7. Versionamento também ajuda a humanizar. Nada mais robótico do que uma mensagem repetitiva. Se o *bot* disse "Sua entrega chegará até às 18h30", na próxima vez ele pode dizer "Às 18h30, você receberá sua entrega". Parece um detalhe, mas são esses detalhes que melhoram o nível da experiência. Outro exemplo de versionamento é dar bom dia, boa tarde, boa noite de acordo

com o período do dia;

8. Transbordo é o nome que se dá quando o atendimento sai do *bot* e vai para um atendente humano. Depende do modelo de negócios dispor ou não dessa possibilidade;

9. Uma técnica de escrita que vai além do *UX Writing* e permeia todos os *bots* e as ferramentas de mensageria é o Design Conversacional. O ser humano entende o mundo a partir de narrativas. Ser coeso e empático, além de soar natural nesta conversa que é traçada dentro do *bot*, faz com o que o esforço cognitivo que a pessoa precisa fazer para interagir seja menor, o que melhora a experiência como um todo.

Com a popularização do uso da inteligência artificial generativa no início de 2022, que não só vem crescendo exponencialmente como ampliando possibilidades, a ferramenta *bot* aumentou imensamente seu poder no que diz respeito ao uso corporativo. Se antes um *bot* dava respostas a perguntas preestabelecidas, hoje é possível dar respostas estratégicas para perguntas abertas, analisando vários dados como o perfil do cliente, adimplência, manuais, respostas mais eficazes para aquele tema etc. Mas não para por aí: toda a produção do *bot*, cada entregável, cada tomada de decisão a partir de dados do próprio *bot* podem e devem ter ajuda da IA generativa. Só que passando por avaliação de profissionais capacitados.

Para construir um *bot*, pondo a mão na massa desta produção digital, existem alguns entregáveis que valem tanto para *bots* mais limitados, quanto com Gen AI. A diferença é que, quando se usa Gen AI, a qualidade e a adequação do *prompt* são determinantes para a qualidade da resposta. Em ambos os casos, a curadoria é muito importante para melhorar a qualidade das interações. É importante saber que engenharias de *prompt* ou *prompt design* teriam de ser abordadas em capítulos ou mesmo num livro à parte. É relativamente fácil checar essa complexidade. Busque um *prompt* profissional em algum lugar como github.com e fica fácil entender qual é a diferença. Ou mesmo peça uma receita de bolo de chocolate ao ChatGPT e, depois, detalhe o que você quer nessa receita. Por exemplo, que não use farinha, que fique pronto rápido, que seja o melhor bolo de chocolate do mundo, que seja para duas pessoas, que possa ser feito no micro-ondas. Isso vai resultar em respostas diferentes. E não se trata apenas de criar bons *prompts*, mas também de ajustar os *parameters* no *playground* das inteligências artificiais generativas.

Mas não necessariamente os profissionais que estão habilitados para criarem *prompts* de alta qualidade entendem de negócios, de *branding* ou de atendimento ao cliente. Então, os entregáveis que definem essas questões continuam sendo indispensáveis. Mesmo entregáveis que supostamente seriam fáceis de fazer com Gen AI, como persona, devem ser verificados e editados, pelo menos até agora.

Outros entregáveis mais complexos que compõem um *bot*, como fluxo e a arquitetura de informação, podem ser mais fáceis de serem produzidos com a ajuda de qualquer inteligência artificial generativa, mas ainda dependem de bastante esforço humano para fazerem sentido. Mesmo que o *bot* não contemple nenhum tipo de proposta de pergunta, ou seja, nenhuma navegação guiada, ainda assim é necessário fazer a introdução da conversa, checar dados no *sign up* (primeiro acesso), perguntar se a resposta foi útil e reagir de forma adequada em todas as interações. Tudo isso é ensinado, nada é natural, como o próprio nome diz.

Para completar, fluxogramas e arquitetura de informação ajudam bastante a dar robustez na construção dos *prompts*. Mas nada substitui boas entrevistas com as pessoas usuárias e os *stakeholders*. Descobrir os pontos de dor e como de fato ajudar as pessoas a resolverem os problemas que elas vieram a solucionar ao acessarem o *bot* ainda é um entendimento humano. Tanto o próprio *bot* pode gerar dados para serem analisados, que vão desde o humor da pessoa usuária, passando pelo tempo de uso, satisfação, desistência, *churn*, eficácia etc., como a curadoria feita por profissionais a partir de pesquisas qualitativas e quantitativas é indispensável. Assim como qualquer outro produto digital, iteração, ou seja, melhoria contínua, é definitiva para garantir a boa qualidade da experiência proporcionada por um *bot*.

Por isso, aqui vão alguns pontos importantes na produção de *bots*:

1. ***Desk Research***: obter informações gerais sobre o assunto, a empresa, o setor, os concorrentes apenas acessando a internet, da sua mesa. Básico e necessário, ninguém precisa reinventar a roda;
2. Entregáveis fronteiriços, ou seja, iniciais, como a **matriz CSD, o 5W2H,** a **matriz Faz/Não faz** evitam uma série de problemas e erros de comunicação comuns entre a equipe e o cliente que está demandando do *bot*;

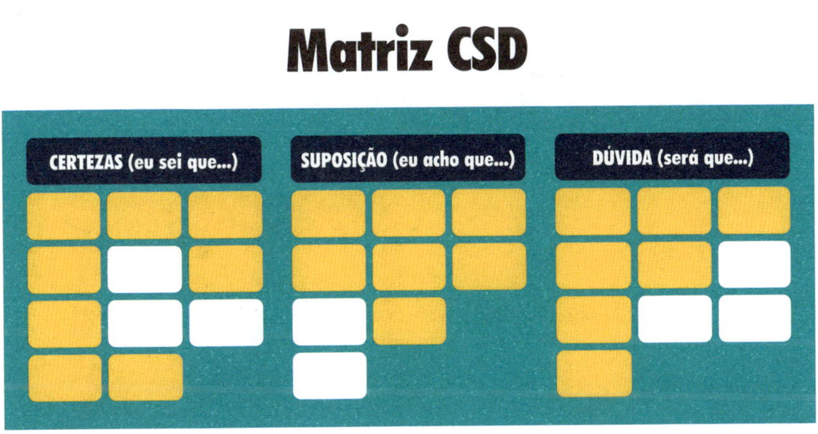

Fonte: Autoral.

Metodologia 5W2H

Fonte: Autoral.

Matriz faz/Não faz

É

Um *bot* para corretores

Não é

Um canal de comunicação entre o corretor e o cliente

Faz

Dá respostas sobre quais seguros têm mais chance de venda num determinado cliente

Não faz

Não envia dados percentuais sobre as vendas de outros corretores

Fonte: Autoral.

3. ***UX Strategy* e visão de negócios** são diferenciais imprescindíveis para fazer o *bot* ir além do mínimo. Um exemplo: se você está criando algo para uma empresa que vende serviço com hora marcada, o que é possível fazer para evitar faltas sem aviso prévio ou cancelamentos no último momento? Que tal criar um clube de vantagens em que a pessoa acumula pontos e os troca por algo, caso nunca falte? Um *bot* faz isso de forma mais simples;
4. **Decisões de design** devem ser comunicadas de um jeito adequado e existe técnica para isso (entenda design como projeção, planejamento) para toda a equipe, e *stakeholders* põem todo mundo na mesma página ao acertar arestas no tempo certo;
5. **Use metodologia de desenvolvimento**, pois como em produto digital, a produção do *bot* também precisa de apoio de um processo de produção, normalmente uma ágil, como Scrum, Kanban, além da prática das cerimônias como Daily e Weekly. Trata-se de uma entrega colaborativa; as pessoas precisam falar a respeito constantemente de forma ordenada;
6. **Evitar erros que já foram mapeados**, como tratar cenários de exceção (uma regra que num caso específico deve ser quebrada), evitar *loopings* (quando o *bot* não sai do lugar e a pessoa fica presa num determinado ponto da jornada), prever níveis de acesso (gerentes podem ver X, corretores podem ver Y), customizações (oferta A para tal público, oferta B para outro público), degustação (começar a interação com "Cadastro" não é uma boa ideia, vale apresentar algumas possibilidades) e traçar boas *user stories* ou *user scenarios* para tratar problemas e possibilidades reais das pessoas usuárias;
7. **Faça a *PoC*** *(Proof of Concept)*, a prova de conceito do *bot* para ajudar o entendimento e a visualização da solução. Trata-se de

executar um trecho curto do *bot* só para se ter uma ideia inicial e validar algumas questões;

8. **Escolha uma plataforma adequada**, porque o mercado conta com várias para diferentes tipos de projetos, com diferentes custos. Fazer do zero pode ser uma opção, mas é exceção.

Se fosse possível estabelecer uma fórmula para fazer bot, creio que seria algo mais ou menos assim:

Persona do sistema + persona da pessoa usuária + jornada + regras de negócio + funcionalidades + *user stories* + cenários + lógica + consumo de APIs + requisitos + fluxo de decisão em alta definição + boa plataforma + curadoria + *UX Writing* + *prompts* profissionais = *bot* bom

Vamos detalhar cada uma dessas entregas:

1. **Persona do sistema** é a personalidade do *bot*, que pode ter nome ou não, mas com certeza deve ser aderente ao posicionamento da marca para a qual ele está sendo criado e ao público-alvo que ele vai atender. Na pirâmide da boa experiência, que tem na base a utilidade, depois a usabilidade e por fim a desejabilidade como cereja do bolo, a persona do *bot* está mais para desejabilidade, mas faz toda diferença na construção de uma boa experiência;

2. **Persona da pessoa usuária ou personas,** pois é usual que haja mais de um tipo de persona acessando o *bot*, visto que se trata de uma solução para atendimento massivo que vai customizar a experiência e tratar os temas e tópicos de acordo com quem está acessando, o que aumenta a utilidade e a usabilidade.

Existem várias maneiras de criar o entregável persona, mas as que são feitas a partir de dados quantitativos ou mesmo qualitativos costumam ser mais aderentes. Mais um motivo para aplicar entrevistas com pessoas usuárias baseadas nos princípios do *UX Research*;

3. **Jornada** tem tudo a ver com o entendimento do negócio e o propósito do *bot* para aquela pessoa usuária, naquele momento do relacionamento com a marca. Fica muito difícil criar algo útil se não se sabe por onde o cliente está transitando;

4. **Regras de negócio** têm de permear o *bot*, como qualquer outro produto digital que se proponha a fazer a diferença e dar resultado. É superimportante que sejam estabelecidas desde o início do projeto e, muito provavelmente, estão diretamente relacionadas ao ponto central sobre o porquê de o *bot* ser produzido. Melhorar o atendimento ao cliente é um fator importante, mas aplicar as regras de negócios para *bots* corporativos é tão importante quanto;

5. **Funcionalidades** vão definir o que de fato o *bot* vai ou não fazer (lembra da Matriz Faz/Não faz?). Não só é relevante para entregar uma boa experiência, que seja realmente útil, como para definir o volume de trabalho a ser entregue em cada *sprint*, especialmente no MVP (o mínimo produto viável, primeira entrega depois da *PoC*). Se as funcionalidades não forem definidas de acordo com as necessidades das pessoas usuárias e do negócio versus o tempo e a equipe disponível para executar o projeto, cria-se automaticamente um projeto inexequível ou com muita chance de naufragar. O *bot* vai entregar definições sobre os cursos disponíveis numa instituição de ensino, rastreamento de pedido, segunda via de boleto? Imagine entrar num *bot* querendo saber do seu pedido e só ter acesso à venda de novos produtos. Não faz o menor sentido;

6. ***User stories*** são fruto do entendimento do público-alvo e de suas dores e dos objetivos de negócios, bem como das possibilidades do *bot*. Existe um *template* de roteiro para criar *user stories*, bem fácil de ser aplicado, que vai um pouco além do Eu, como [cliente X] quero poder [atividade Y] para conseguir [resultado W], que na prática ficaria mais ou menos assim, para um *case* de *bot* para corretores de seguro: Eu, como corretor de seguros, quero poder ver os dados de compra de seguros da empresa X para poder ter mais chances de venda neste cliente. O objetivo é entender as necessidades e transformá-las numa entrega dentro do *bot*. Quando transformamos isso num *prompt* com o uso de IA generativa, a qualidade e eficácia da resposta aumenta muito;

○ **ID. História:**
Identificador único para esta história

Título da história:
Aumento da possibilidade de venda

História do usuário:

Como um: *Corretor de seguros, gerente de vendas etc.*

Eu quero: *Saber qual produto tem mais chance de ser vendido para este cliente*

Para que: *Para efetuar a venda mais facilmente*

Importância:

Alta

Estimativa/Orçamento:

Preencher em reais e/ou em tempo

Critérios de Aceitação:

E eu sei que estou satisfeito quando: *Surgem possibilidades de produtos aderentes ao cliente em questão*

Tipo:

○ Pesquisa
○ Fluxo de trabalho
○ Gestão de dados
○ Pagamento
○ Relatório/Panorama

Fonte: Autoral.

7. **Cenários** conseguem materializar exceções e erros e prevenir problemas futuros. Por exemplo, se o cliente de uma telecom pede *upgrade* de plano estando inadimplente, a companhia pode oferecer isso no *bot* como faria para cliente adimplente?

Uma pessoa que não forneceu dados cadastrais pode ter acesso a quais áreas do *bot*? Um mesmo *bot* pode oferecer serviços para gerentes comerciais e corretores, sendo que gerentes têm acesso a todo conteúdo disponível para corretores, mas os corretores não têm acesso aos dados que são exclusivos dos gerentes;

8. **Lógica** é a base para gerar um fluxograma e/ou árvore de decisão que é a espinha dorsal de um *bot*, mesmo que num momento posterior toda a navegação guiada seja substituída por perguntas abertas. Seja o fluxograma um ponto de partida, seja a estrutura do *bot*, o pensamento lógico da árvore de decisão faz o *bot* ser eficaz e inclusive possibilitar *jump to*, que é ir de uma área do *bot* para outra sem ter de percorrer todo o caminho todas as vezes;

9. **Consumo de APIs** é determinante para o fluxograma e para gerar uma experiência útil, usável e desejável. Nos *bots* mais antigos, muitas das respostas tinham relação apenas com a opção escolhida pela pessoa usuária. Exemplo: digite 1 para saber tal coisa. Esses *bots* são na verdade *answering machines*. Conforme os *bots* evoluem, eles precisam consultar determinadas bases de dados para obter as respostas das perguntas que estão sendo feitas. Vai desde o valor da sua fatura e o código de barras para efetuar o pagamento até uma previsão de quais produtos podem ser vendidos para um determinado cliente, de acordo com o histórico deste cliente, ou quais são os argumentos mais eficazes para fechar um acordo de pagamento de uma dívida, de acordo com o tempo que essa dívida existe e o perfil do cliente;

10. **Requisitos** são premissas para executar uma tarefa, seja do ponto de vista de tecnologia, seja de negócios ou mesmo da

pessoa usuária. Para consultar o saldo, o requisito de tecnologia é que seja possível acessar um determinado ambiente/base de acordo com regras de negócios, que incluem regras antifraude, por exemplo. Para oferecer um determinado plano a um cliente, é necessário saber qual o Estado e a cidade em que essa pessoa está, pois os planos de telefonia variam de acordo com a localidade. Para oferecer uma nova funcionalidade, vai ser necessário desenvolver um determinado trecho de código ou acrescentar itens num *prompt*;

11. **Fluxos em alta definição** permitem identificar as grandes áreas e subáreas (Arquitetura de Informação) do *bot*, criar a correlação entre elas e prever todos os cenários possíveis de interação, bem como ter respostas adequadas caso não consiga responder a alguma interação. Normalmente se utiliza a notação BPMN para se executar o fluxo do ponto de vista visual. É fácil afirmar que, junto com os *prompts*, são os entregáveis mais complexos e difíceis de serem executados num *bot* e exigem profissionais qualificados para a tarefa;

12. **Uma boa plataforma** para um *bot* é meio caminho andado. Vale fazer uma pesquisa no mercado, pois já existem grandes *players* que podem ajudar muito a dar vida a essa ferramenta tão importante;

13. **Curadoria** é um processo, ou seja, mesmo que o *bot* já nasça bem-executado, com certeza vai ser necessário fazer ajustes e melhorias em vários aspectos, como acontece com quaisquer outros produtos digitais. Mas em *bot* isso é ainda mais importante, pois a conversa só é relevante uma vez que ela seja depurada e melhorada com o passar do tempo. Existem maneiras mais pontuais, como dados que indicam a satisfação das pessoas que usam o *bot*, o tempo de permanência ou de

realização de uma tarefa e outras mais massivas, como detectar o estado emocional das pessoas que acessam o *bot* por meio de inteligência artificial;

14. ***UX Writing*** e Design Conversacional tornam a interação mais fácil, adequada, natural e útil, além de representarem o posicionamento da marca. São técnicas de escrita relacionadas a este tipo de produto e fazem toda a diferença na usabilidade e desejabilidade;

15. ***Prompts* profissionais** são complexos e podem ser escritos usando diferentes técnicas. A qualidade das respostas está diretamente relacionada a como o *prompt* é feito. Existem comunidades, cursos, vídeos e inúmeros outros materiais que se aprofundam no tema, seja para iniciantes, seja para profissionais da área. O importante é não ter medo do desafio de aprender, até porque se trata de uma nova área para todo mundo.

Partindo do que foi proposto neste capítulo, seu *bot* tem grandes chances de ter sucesso e incrementar a experiência da pessoa usuária, além de se tornar um grande diferencial para a sua marca.

PARTE 4

FUTURO DO ATENDIMENTO

19

Atendimento como gerador de oportunidades comerciais

Felipe Mendes

Quando somos bem atendidos, ficamos mais propensos a comprar novos serviços e produtos das marcas. Este livro traz diversos exemplos que reforçam essa ideia, mas podemos comprová-la empiricamente apenas utilizando a nossa própria experiência como clientes.

Já do ponto de vista das empresas, a vantagem de ter uma visão única do cliente, de suas necessidades e aspirações, bem como de suas interações e até de seus indicadores de sucesso, traz um enorme potencial para acelerar o desenvolvimento integral do relacionamento, seja com consumidores finais (B2C), empresas (B2B), seja suas variações (B2B2C etc.).

Este capítulo trata da organização dessa oportunidade, para que a área de Atendimento do Cliente seja protagonista no desenvolvimento de um "Plano Conjunto de Sucesso do Cliente" (*Joint Client Success Plan*), incrementando ainda mais sua relevância no organograma da empresa.

Os caminhos para a expansão do relacionamento comercial

Podemos simplificar a expansão do relacionamento comercial em 5 cenários:

1. **Não recompra**

O cliente compra um carro da marca V, mas no momento de comprar um novo, opta pela marca F. Ou assina um serviço de *streaming* N, e o troca por A no momento da renovação. Esse é o pior resultado para a empresa e pode se originar de um atendimento inadequado, mas também da baixa performance do produto ou até de expectativas não correspondidas no momento da venda (o cliente esperava X, mas o produto entregava Y).

2. Recompra simples

O cliente adquire o mesmo produto ou serviço que já tinha, quase sempre com uma reposição do valor por algum índice de inflação. O CLV (*Customer Lifetime Value* ou Valor do Cliente no Tempo) aumenta, o que é melhor do que perder o cliente, mas o crescimento real da empresa fica limitado, bem como sua expansão de margem.

3. *Upsell* (venda de produtos de maior valor)

A cliente, compradora de um tênis básico de corrida, se empolga com o *app* de treinamento para corredores que a sua empresa desenvolveu, e termina comprando um tênis mais caro, para aumentar a performance dela. Ou, em função do bom atendimento no momento da devolução de um carro alugado, ela começa a reservar carros de valor mais alto.

4. *Cross-sell* (venda de novos produtos)

A cliente aumenta o gasto com sua empresa, adquirindo, por exemplo, um seguro para o celular recém-comprado ou mais itens de vestuário de uma marca esportiva, como shorts e camisetas.

5. Venda para outras Personas

Aqui, o foco está menos no tipo de produto e mais em quem o adquire (um novo cliente). Imagine que a mãe de uma família usa determinada marca de xampu, a qual o marido começa a usar também, porém na versão *"For Men"*, ou até o filho mais novo, na versão "Anticaspa".

Os cenários 1 e 2 têm absoluta influência do atendimento prestado e há bastante literatura sobre a causalidade de um bom NPS e outras métricas relevantes, tanto para o abandono como para a renovação de compra.

No entanto, para o objetivo deste capítulo, vamos nos concentrar nos cenários 3, 4 e 5, explorando caminhos para uma parceria ativa entre as áreas de Atendimento, Vendas e Marketing, na busca da expansão do relacionamento comercial.

A digitalização das interações com clientes e a criação de rotinas para a geração de oportunidades comerciais

A digitalização do relacionamento tem se tornado acessível à maioria das empresas, seja na fase da pré compra, no monitoramento do uso (ou do consumo) de produtos e serviços, seja em outros processos de interação da empresa com o cliente.

Ao conversar com gestores de Atendimento, Marketing e Vendas, observo que a digitalização das interações multicanal está bastante disseminada e que houve um esforço grande para melhorar a eficiência no compartilhamento dessas informações entre áreas, bem como sua integração com sistemas de CRM, que permitem uma análise do ciclo completo de interações (*closed loop*).

Contudo, algumas informações geradas ou monitoradas pelas áreas de Atendimento ainda não são consideradas pelas áreas de Vendas e Marketing como *inputs* essenciais para um plano integrado de desenvolvimento comercial.

No mundo do *"big data"*, *"analytics"* e especialmente da "inteligência artificial generativa", essa é uma clara oportunidade perdida, já que a maior parte do conhecimento gerado nas interações digitais com clientes está bem categorizado e guardado, necessitando apenas de "boas perguntas" para se transformar em um ativo, como veremos no seguinte bloco.

O consumo de produtos e serviços gera cada vez mais informação

No B2B, o monitoramento de produtos e serviços já existe há anos. Sistemas como os ERPs (*Enterprise Resource Planning* ou *software* de gestão, como o SAP ou Totvs) geram diversas "pegadas digitais", que são monitoradas ativamente. A área de Atendimento consegue saber que áreas do *software* o cliente está usando mais, em quais está tendo mais dificuldade para o uso e quais serviços comprou, mas não está usando.

Estas informações geram claras possibilidades de interação para a própria área de Atendimento como, por exemplo, educar o cliente naquilo que ele não está usando corretamente, mas também para que a área de Vendas saiba que serviços adicionais podem ser oferecidos, em função do uso constante e massivo do cliente.

Nos últimos anos, o crescimento da Internet das Coisas (*IoT*) expandiu a oportunidade do monitoramento para máquinas, automóveis e outros produtos, através de *chips* e sensores, e surgiram interfaces de controle mais amigáveis (por exemplo, o Amplitude), chamadas de "*Digital Experience Analytics*" (análise de experiência digital), que facilitaram a análise e a utilização da informação.

No B2C, as empresas também se utilizam desse monitoramento com soluções de *analytics*, como o Hotjar e o Datadog, para melhorar a experiência do usuário. Essa interação é mais frequente em negócios 100% digitais, ou complementada por jornadas digitais, como bancos, *e-commerce*, empresas de telecomunicação e mídia, além de serviços acessados via aplicativos.

Ainda no B2C, é comum o uso do *IoT* para itens de consumo mais caros, como automóveis e eletrodomésticos. Também cresceu muito a instalação de pequenos *chips* ou sensores, economicamente viáveis, em produtos de valor agregado médio, como o *RFID* em roupas. Vale citar ainda os códigos "*QR*", que permitem interação com usuários de produtos de consumo de baixo valor agregado, ainda que eles demandem uma ação do usuário ("escaneie o *QR code*") para a coleta de informação.

Essa tecnologia não para de se desenvolver e, apenas para citar dois exemplos, há estudos de sensores biodegradáveis para embalagens, conduzidos pelo MIT Media Lab e pelo Instituto de Nanotecnologia da Universidade de Waterloo. Ah, talvez até você se assuste em saber que sensores "ingeríveis" estão sendo estudados pelo Fraunhofer Institute.

A oportunidade é a mesma que no B2B: a área de Atendimento é a mais bem preparada e posicionada para interpretar o uso ou consumo dos clientes, alimentando outras áreas (Marketing, Desenvolvimento de Produto, Vendas) com informação acionável.

O poder da "interação" e da "integração" que a área de Atendimento agrega

A grande questão é que hoje a área de Atendimento nem sempre administra e gera valor com a informação acima. Em muitos casos, é a área de Desenvolvimento de Produto, ou de Engenharia, que recebe o que tem valor óbvio no aprimoramento técnico.

No entanto, ao não permitir o acesso das áreas de Atendimento a esses dados, estamos perdendo o olhar da "interação" e da "integração" que profissionais dessa área têm. A "**interação**" é olhar os dados desde a perspectiva do cliente ou consumidor, e não do ponto de vista do produto. Já a "**integração**" é a habilidade natural de coletar essas informações duras e complementá-las com o que se escutou em outros canais, chegando a hipóteses que podem ser exploradas por Marketing e Vendas.

Porém, a diferença de cultura entre as áreas de Vendas e Atendimento, traduzida em suas métricas de gestão e de sucesso, pode desperdiçar o conhecimento gerado. Métricas clássicas, que são monitoradas por Atendimento, como a) um menor nível de reclamação por produto vendido, b) o aumento (quantitativo) no uso do produto (maior tempo de uso, maior frequência, mais pessoas), c) a resolução de problemas na primeira vez, ou d) o tempo de disponibilidade do serviço sem interrupções, nem sempre são traduzidas por equipes de Vendas em oportunidades de negócios concretas.

Novamente percebemos o valor da "interação" e da "integração" do profissional de Atendimento, o qual buscará enriquecer essas métricas com outros *insights*, como, por exemplo, perguntar aos usuários que estão reclamando sobre a interrupção no serviço quais outras ações tomaram nesse momento. Essa informação pode ser riquíssima para identificar possíveis substitutos para o seu serviço, ou mesmo produtos complementares que podem ser vendidos.

Uma cultura orientada ao desenvolvimento comercial integrado

Uma forma para que Marketing e Vendas entendam o poder da área de Atendimento é a implementação do processo de ***Customer Success Qualified Leads*** (CSQLs, ou oportunidades de negócio qualificadas pela área de Atendimento), onde as oportunidades de negócio (*Leads*) são geradas pelas observações da área de Atendimento em diversos momentos da interação, seja em relatórios digitais, seja nas conversas reais com clientes.

O que o processo de CSQL garante é que a voz de Atendimento seja forçosamente ouvida, isto é, que os *leads* ou ideias gerados sejam **formalmente** analisados pelas outras áreas (Vendas, Marketing, Engenharia, e Pesquisa e Desenvolvimento) e que as ações tomadas sejam registradas em um CRM ou similar.

Para traduzir em um exemplo concreto, vamos imaginar que um escritório de advocacia (ou contabilidade) tradicional desenvolveu um serviço adicional: uma plataforma de consulta de atualizações jurídicas (novas leis sendo aprovadas, jurisprudências etc.), a qual os clientes podem consultar diretamente e tomar suas decisões. É um serviço remunerado por assinatura anual, em que, após a venda, o trabalho de Atendimento monitora e estimula o maior uso da plataforma (também chamado de "*stickiness*"). O profissional de Atendimento irá monitorar quantas vezes e por quais pessoas a plataforma é acessada, mas também quantas horas a plataforma ficou fora do ar por manutenção de servidores.

No entanto, um profissional de Atendimento em uma empresa com cultura de geração CSQLs irá identificar coisas como:

- Quais são as áreas mais acessadas pelo cliente na plataforma? Apenas o Jurídico, ou também a área Financeira?
    - Caso a área financeira também acesse, temos um potencial CSQL em mãos, que é o uso de um serviço previsto para uma área do cliente, sendo usado por outra. Vendas pode começar a oferecer esse serviço não apenas para a área jurídica, mas também para a área financeira;
    - Ou, ainda, sabendo que a área financeira consome esse tipo de produto, podemos oferecer um novo módulo de "Gerenciamento de Riscos", já que essa atividade normalmente está sob a supervisão de Finanças? Mais um potencial *lead* para Vendas e Desenvolvimento de Produto.

- Quais são as alterações da legislação tributária mais pesquisadas pelo cliente? As de Substituição Tributária?
    - A área de Atendimento gera um potencial *lead* de *cross-sell*, estimulando o time de advogados da área tributária a levantar produtos, fábricas e centros de distribuição do cliente, para identificação de oportunidades adicionais para processos de substituição tributária, remuneradas por *success fee* (só ganha se conseguir trazer retorno real).
- O analista de atendimento percebe que, todo dia 15, um estagiário jurídico acessa a base de decisões da justiça trabalhista buscando por jurisprudências, e envia um e-mail para um tal de joão@bancadeadvogados.adv.
    - Ao observar esse comportamento, o analista pode ligar para o cliente e informar que ele pode criar uma rotina no sistema, sem se preocupar em ter que realizá-la manualmente (um ganho de valor para o cliente);
    - Agora imagine que, nessa conversa, o analista fica sabendo que esse escritório concorrente ("banca de advogados") é quem gerencia os processos trabalhistas da empresa, mas que há uma insatisfação do Diretor-Jurídico, porque o critério deles para definir o valor dos acordos é ruim;
    - Isso dispara um CSQL de *upsell*, para uma apresentação do modelo de inteligência artificial do escritório, que define o potencial de perda de uma ação, em bases para todos os casos julgados por determinado juiz e para aquela matéria.

Registro de oportunidades comerciais feitas pela analista de atendimento de um escritório de advocacia, através de observações digitais do uso do serviço

Relatório: Observação Digital	**Produto**: Plataforma de atualização tributária	**Analista de atendimento**: Sofia L.	**Data**: 05/09/2025
KPI observado digitalmente	**Observação**	**Possível oportunidade de expansão comercial**	**Ação a ser tomada**
Frequência de acesso à plataforma	Metade do que o previsto no manual de lançamento	Nenhuma	Revisão, por parte do time de Atendimento, com os clientes de maior frequência, para gerar um caso de uso a ser apresentado aos clientes de menor frequência.
Duração média de cada acesso	Em linha ao esperado	Nenhuma	Nenhuma
Departamentos dos clientes que acessam	Finanças é a 2ª área com maior número de consultas	"Novas personas"	Podemos oferecer o serviço para áreas de Finanças dos clientes que não têm área jurídica interna. Serviço pode ser apresentado como sendo de "Gerenciamento de Riscos".
Tipo de atualizações acessadas	Substituição tributária é a mais acessada entre clientes fabricantes de bebidas	*Cross-Sell*	Podemos apresentar nossos especialistas em Substituição Tributária, para venda de projetos com "*success fee*".
Consumo individual ou compartilhamento	*Download* para escritórios especializado em Trabalhista	*Upsell*	Identificado em ligação com estagiário que o Diretor-Jurídico da empresa XYZ não está satisfeito com as recomendações do escritório trabalhista. Apresentar solução de IA que antecipa decisão de juízes.

Fonte: Autoral.

Haverá uma tensão inerente entre as áreas de Atendimento e Vendas, porque no "Funil de Vendas" começarão a aparecer oportunidades que a própria vendedora não identificou, mas que ainda assim precisarão ser trabalhadas por ela. Essa tensão pode ser grande para o relacionamento entre as áreas, mas é positiva para a empresa, pois gera mais oportunidades qualificadas para novas vendas.

Agora, imagine que no cenário de *cross-sell* o escritório consegue gerar a venda e os advogados envolvidos recebem a sua comissão. É fundamental recompensar o analista de Atendimento que identificou essa oportunidade, para que ele mantenha essa visão integral do cliente; porém, ao mesmo tempo, o valor recebido não pode ser tão alto a ponto de reduzir a atenção em sua atividade central, que é prestar um excelente atendimento.

Vamos pensar em uma outra situação para potencial oportunidade de *upsell*: ao se buscar o Diretor-Jurídico, ele demonstrou bastante resistência a que modelos preditivos possam antecipar decisões humanas, tendo dito inclusive que "cabeça de juiz é que nem fralda de bebê; dela pode sair qualquer coisa".

Neste momento, a ação comercial é disparar o que se chama de "*Lead Nurturing*", ou nutrição do potencial comprador, processo que é gerido entre Marketing e Vendas, mas também com o apoio de Atendimento. A intenção do *nurturing* é **construir** a potencial venda futura, alimentando o cliente com informação que o faça mudar sua opinião ou comportamento, monitorando a sua resposta aos estímulos, até se encontrar a próxima oportunidade para um contato por parte de Vendas.

Para gerenciar esse processo, existem *software* de "*Customer Data Platform*", que são plataformas para unir e dar sentido a todas as interações com os clientes, sejam elas feitas ativamente pela empresa, sejam por iniciativa dos próprios clientes. A Adobe Experience Platform é bastante conhecida, mas há outras soluções, como o Totvs

CRM ou a Zenvia, que estão evoluindo nessa direção. Além disso, existe a possibilidade de desenvolvimento interno das CDPs.

Voltando ao exemplo do Diretor-Jurídico, após a vendedora receber a resposta inicial sobre a falta de crença em modelos de inteligência preditiva, ela deve unir as três áreas, Marketing, Vendas e Atendimento, para definir o plano de trabalho de nutrição desse cliente.

O time de Atendimento deve monitorar as variações nas consultas dos clientes ao módulo trabalhista, identificando métricas como frequência de consulta, pessoas que consultam, troca dos endereços de e-mail enviados a pessoas de fora da empresa, ou outras rotinas que emitam um alerta para possíveis oportunidades.

Marketing, por sua vez, precisa buscar materiais que demonstrem, em linguagem simples, o potencial de crescimento das *LawTechs*, ou "estudos de caso" que demonstrem como as decisões dos juízes podem ser previsíveis. Esses materiais precisam ser idealmente entregues ao Diretor-Jurídico, seja através de e-mails, convites para palestras, seja mesmo uma pequena "degustação do algoritmo", em base às decisões de um juiz que condenou recentemente a empresa.

Se o material de apoio é positivo, é de se esperar que o Diretor-Jurídico comece a procurar o site da empresa para ler o *blog* sobre *LawTech*, ou mesmo baixar um *e-book* sobre "Algoritmos e Pessoas: decisões previsíveis". Em paralelo, o estagiário jurídico pode casualmente ligar para o analista de Atendimento, perguntando o que significa "inteligência preditiva", pois ele tem uma reunião com o Diretor sobre isso.

Esses desenvolvimentos isoladamente poderiam ser apenas "ruídos", mas quando administrados integralmente, podem demonstrar uma maturação no processo de entendimento e aceitação da solução, que levariam a um novo pedido de reunião por parte de Vendas.

Encaminhamento do *Lead* referente ao Diretor-Jurídico insatisfeito com escritório concorrente, de processos trabalhistas

Lead: Identificado em contato telefônico que o Diretor-Jurídico da empresa XYZ não está satisfeito com as recomendações do escritório trabalhista. **Proposta**: Apresentar solução de IA que antecipa decisão de juízes.	**Analista**: Sofia L. **Data**: 05/09/2025
Ações tomadas	**Suporte requerido**
Roberta M. (Vendas), 08/09: - Cliente foi procurado e teve reação negativa, dizendo que juízes têm comportamento imprevisível.	Marketing: avaliar se temos como fazer um processo de *Lead Nurturing*, para tentar mudar a percepção do Diretor.
Erica P. (Marketing), 09/09: - Confirmado *Lead Nurturing;* - Cliente ainda inativo em nossa CDP.	Vendas: identificar qual melhor conteúdo entre os 3 disponíveis: 1) *Whitepaper* "Poder preditivo dos algoritmos"; 2) Caso de uso do Cliente ABC; 3) Depoimento do Cliente XPTO.
Roberta M. (Vendas), 11/09: - Atendimento acessou o estagiário e acredita que o *Whitepaper* é o melhor. Recomenda convidar Diretor para próximo webinar sobre "Algoritmos e Legislação".	- Marketing: liberar o *Whitepaper* e enviar convite para o evento de 25/09; - Atendimento: monitorar qualquer mudança de comportamento no consumo do serviço. Checar se o Diretor acessa a plataforma.
Sofia L. (Atendimento), 16/09: - Em ligação com Estagiário, ele confirmou que o Diretor aceitará o convite para o webinar.	- Marketing: convidar também o estagiário, que é nosso promotor dos serviços dentro do cliente.
Erica P. (Marketing), 17/09: - Diretor aceitou convite para o webinar e descarregou o *Whitepaper*, entrando na nossa CDP.	- Vendas: realizar contato logo após o webinar, para ver reação e sugerir uma apresentação do caso de uso do cliente ABC.
Sofia L. (Atendimento)., 03/10: - Diretor pediu acesso direto à nossa plataforma. Faremos sessão de *onboarding* no dia 07/10.	- Vendas: estar presente no *onboarding* ou pedir apoio de um analista de Vendas
Roberta M. (Vendas), 07/10: - Cliente aceitou a apresentação virtual do caso de uso.	- Marketing: preparar a infraestrutura e apresentar o caso; - Atendimento: avaliar se há algum ponto específico que devemos destacar na apresentação.

Fonte: Autoral.

Atendimento ao Cliente é a oportunidade escondida no processo de desenvolvimento comercial

Espero que você tenha se convencido sobre o papel primordial que a área de Atendimento pode exercer no desenvolvimento comercial da sua empresa. Além de responsáveis primárias pelos processos de recompra, a inteligência e a proatividade na gestão dos clientes podem gerar oportunidades para *upsell*, *cross-sell* e "Vendas para novas Personas".

Se você lidera essa área, posicione-se na próxima reunião de Diretoria e apresente o seu plano para o desenvolvimento de "Planos Conjuntos de Sucesso do Cliente". Peça acesso à informação que você não tem, mas também apresente os canais exclusivos de interação e informação que apenas sua área tem. Proponha um processo estruturado de CSQLs, mas também demonstre por que a participação de Atendimento no comitê de Inovação deve ser obrigatória.

Agora, se você está lendo este livro e não trabalha em Atendimento, mas sim em Vendas, Marketing ou Desenvolvimento de Produto, você acaba de ganhar uma enorme vantagem competitiva em relação aos seus concorrentes. Ao entender o potencial que a área de Atendimento tem para gerar oportunidades e *insights*, eu tenho certeza de que você irá terminar o capítulo e marcar uma reunião com um colega da área de Atendimento.

20

Omni, Data, IA e CX: a experiência inexplorada

Jacques Meir

A experiência do cliente envolve a adoção de uma ideia unificadora que representa uma combinação de gratificação, capacidade de engajamento e jornadas que reduzam os pontos de erosão de valor, ao mesmo tempo em que sejam fluidas e uniformes. Essa abordagem está na raiz da omniexperiência, uniforme, contínua e intuitiva em todos os canais, ajustando-se às expectativas específicas de cada ponto de contato e de cada momento do cliente.

> *Combinar IA com cultura de dados ao longo do atendimento omnicanal muda a perspectiva da experiência do cliente e abre novos caminhos para geração de valor.*

Mas qual deve ser essa ideia unificadora? E como ela se aplica ao atendimento?

A premissa aceita é de que o atendimento, como atividade, pertence ao universo da experiência. Podemos aceitar essa premissa sem problematização excessiva. A ideia unificadora passa pela elaboração de qual é a "assinatura", a forma que define a experiência do cliente de uma determinada empresa, de tal modo que o cliente consiga verbalizar: "só aqui eu consigo isso", ou, de forma mais singela: "tudo por apenas".

Um caminho que melhora as chances de entregar uma experiência do cliente mais convincente nos canais de atendimento combina atividades normalmente vistas como secundárias pelos gestores de CX: entender a jornada do cliente como uma trajetória onde cada etapa deve despertar uma emoção positiva ou minimamente sensorial; tratar o tempo do cliente obedecendo a lógica de envolvimento/encantamento durante o processo de escolha e maturação de decisão, ao mesmo tempo em que o tempo, no momento de finalizar a transação ou de resolver o problema, deve ser o menor possível. Finalmente, é crucial compreender que o cliente é uma pessoa normalmente incapaz de racionalizar.

Por isso, ele, o cliente, precisa de mecanismos de gratificação que criem uma sensação de bem-estar (liberação de dopamina) e um suporte à escolha capaz de ser verbalizado com amigos e parentes. Nada disso é possível de ser realizado sem a aplicação de uma experiência uniforme, consistente e envolvente em todos os canais sem deslizes e sem assimetrias. Nesse momento, o leitor/a já pensa: "mais um a defender a omnicalidade". Só que não.

É o dado que modela o canal

Por que omnicanalidade importa? Estudos mostram que empresas que implementam estratégias omnicanal avançadas registram 91% de melhoria na retenção de clientes e aumentos significativos de receita. Mas, e daí? Qual o grau de prontidão das empresas para dar o salto que leva da **pluricanalidade** (abertura indiscriminada de canais de atendimento sem critérios ou embasamento estratégico) para a **multicanalidade,** e daí para a **omnicanalidade**? Mesmo nesse estágio, o atendimento pode ser apenas satisfatório, sem entregar de fato uma experiência particular e exclusiva. Agora, falamos em mais um "*upgrade*", que é a "**omniexperiência**", um nível de entrega de impressões positivas de modo homogêneo e uniforme, definida a partir de um volume extraordinário de dados.

A evolução dos canais rumo a uma experiência consistente

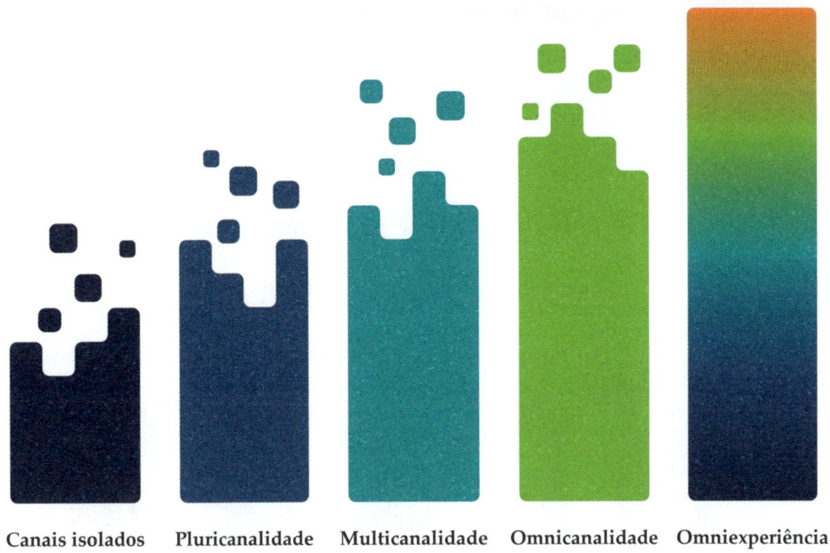

Fonte: CX Brain: estudo do Prêmio Consumidor Moderno de Excelência em Serviços ao Cliente 2024.

Enquanto a omnicanalidade estipula o mesmo nível de atendimento e as mesmas premissas em todos os canais, a **omniexperiência** parte dos dados – ou **datacanalidade** — para definir quais canais devem ser oferecidos e como as interações possíveis nesse conjunto de canais geram valor de fala e entregam estímulos que se convertem em dopamina para o cliente.

Mas por que é tão complexo para as empresas criarem experiência de atendimento melhores para seus clientes? O que torna essa exigência uma barreira tão complexa de ser superada? A hipótese é a seguinte: o cliente evolui e aprende mais rápido que qualquer empresa usa um canal ou plataforma em benefício próprio. A empresa adota um canal e procura moldá-lo à sua forma de atender e ao seu processo. E essa defasagem, essa lacuna tende a aumentar a cada novo salto de patamar tecnológico.

Essa hipótese pode ser observada na adoção do canal WhatsApp, ainda limitado face ao uso variado e criativo do *app* pelo cliente no dia a dia. Os dados do Prêmio Consumidor Moderno mostram que o nível de satisfação com o canal está em patamares regulares. No momento, repetindo o mesmo padrão, a superexposição da Inteligência Artificial já criou uma percepção do cliente. Ele desconfia que é atendido por *bots* com IA na maioria das interações.

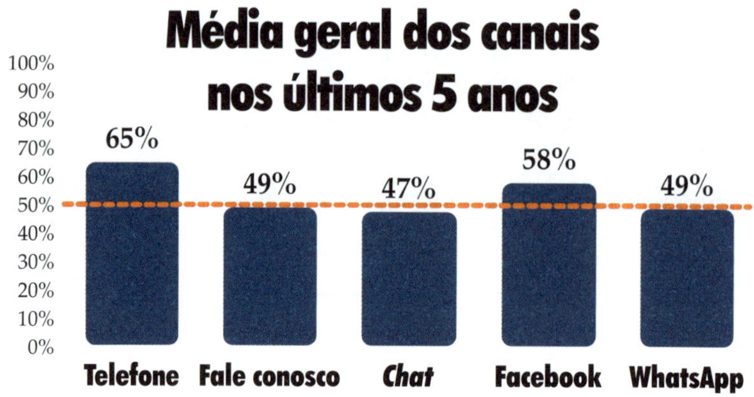

Fonte: CX Brain: estudo do Prêmio Consumidor Moderno 2024.

Segundo estudo da **Antennas BI e CX Brain**, unidade de inteligência de dados e geração de valor em CX associada ao Grupo Padrão, **mais de 60% dos consumidores manifestam consciência que o atendimento recebido é prestado por robôs ou por *bots* e humanos**. O cliente está respondendo ao ambiente, à situação. Ele migrou, se adaptou e preferiu o canal WhatsApp a qualquer outro, incluindo o telefone. Nesse processo de adaptação, várias tendências de comportamento se combinam, para aumentar o grau de imprevisibilidade dos consumidores. Em linhas gerais, o cliente que vive no país do agora renunciou a pensar no futuro em função da necessidade imperativa de buscar a melhoria do seu presente.

O consumidor tem raiva, tem ansiedade, está exausto mentalmente, e acredita trabalhar duro, muito duro para ter suas conquistas valorizadas. E todo esse conjunto de expectativas e percepções desembocam, em maior ou menor grau, no atendimento.

Para o cliente, é lícito e legítimo acreditar que sua demanda não envolve grande arquitetura de análise ou complexidade. É algo que ele conseguiria realizar, em poucos cliques, para outra pessoa. É a ilusão do controle que empodera o cliente e o faz confrontar toda a lógica de processos, integrações, estudos e metodologias que uma empresa com base de consumidores acima do milhão constrói para responder e até antecipar as demandas. Ele traz sua experiência bem-sucedida com outra plataforma e transfere o mesmo nível de resposta para o banco, a tele, o *e-commerce*, a seguradora. O ponto de partida da boa experiência no atendimento parte de uma pergunta essencial (que infelizmente não é a do NPS): QUAL É A CHANCE DO MEU CANAL SER TÃO SIMPLES DE ACESSAR E INTERAGIR QUANTO O NÍVEL DE HABILIDADE DIGITAL DO MEU CLIENTE?

Sem responder satisfatoriamente a essa pergunta, sem chance de mexer no ponteiro do NPS. **Essa é a pergunta que é a mola-mestra da omniexperiência**. E ela só se responde com os dados de interação dos canais. Logo, enquanto as empresas dedicam-se a buscar ROI (Retorno sobre o Investimento), o cliente está atrás do ROS (Retorno sobre o Sacrifício).

No jogo da experiência do cliente, essa dicotomia é o gatilho de transformação profunda que exige uma mudança radical no modelo mental (*mindset*) das empresas. Para se adaptar a consumidores que demonstram uma desenvoltura digital muito maior do que as organizações, conectando WhatsApp, *streaming*, carteiras digitais, PIX e rede sociais, no corre infinito em busca de recursos para ganhar a renda de todo dia, é essencial repensar processos, rituais e posições antes inquestionáveis nos modelos estratégicos das empresas. A pergunta incômoda (mais uma) é: **quantas empresas estão dispostas a repensar seus processos e suas verdades?**

O fato é que as empresas independentemente de seu segmento de atuação (salvo monopólios estatais, por motivos óbvios), devem, urgentemente, ajustar-se a uma realidade onde o cliente não apenas domina as tecnologias disponíveis, mas espera que essas tecnologias funcionem a seu favor, de maneira fluida e natural, criando vínculos reais e motivações diversas e mais ricas.

O descompasso entre expectativas e realidade

Durante décadas, a ideia de experiência estava vinculada à publicidade. Era ela que inseria marcas na realidade das pessoas. Essa característica foi sendo modificada progressivamente por formas distintas de gratificação e relacionamento. O posicionamento de marca deu lugar à experiência distinta. E agora a omniexperiência tem recursos para fornecer um refúgio do *overload* de emoções conflitantes que dominam a mente dos consumidores nesse momento de transição. O atendimento não pode ser mais reativo, complacente, estruturado somente para dar "tratativas" para demandas triviais.

A Datacanalidade, ou o processo de estruturar a estratégia de canais a partir de dados, otimizando e qualificando as interações, para entregar resultados convincentes aos clientes, com maior capacidade preditiva, é a resposta mais produtiva para reduzir o descompasso entre expectativa e realidade. Quando consideramos a evolução do canal WhatsApp, aplicativo amplamente utilizado no Brasil ***(o país tem 147 milhões de contas e usuários ativos no WhatsApp, ou 93% da população on-line, segundo dados da AiSensy e Emarketer – 2024***), é imprescindível entender que para o cliente é natural, automático e eficiente concentrar suas conversas e interações nele. Mas as empresas investiram e adotaram políticas de uso do canal a partir de experiências estranhas ao comportamento digital

Qual empresa já não tentou enquadrar o aplicativo em suas próprias estruturas rígidas? Em vez de abraçar a flexibilidade e a informalidade que o WhatsApp oferece, muitas empresas impõem barreiras de acesso, complicam a navegação ou simplesmente não conseguem integrar o canal de forma satisfatória em sua estratégia de atendimento. Isso resulta em uma experiência frustrante para o cliente, que vê suas expectativas serem constantemente frustradas. Em uma abordagem baseada em Datacanalidade, seria lógico entregar uma jornada e um ciclo de atendimento baseado em uma série de dados resultantes do "aprendizado" de uma IA (embarcada em um *bot*, tanto para conduzir uma demanda, quanto para interpretar a interação em si) que antecipasse missões e motivações dos clientes, com base no histórico de contatos anteriores e também no comportamento de uso de produtos e serviços. Dessa forma, a interação em um canal de resposta rápida como o "Zap" ganharia novos significados e compensações para o cliente que enxerga esse canal como o mais adequado para o seu dia a dia.

O que vem antes: IA ou Cultura Digital?

Qual o grau de influência e de inserção da tecnologia no negócio da sua empresa? Ela é vista apenas como meio ou como instrumento que torna mais viável o processo de migração de uma empresa centrada em produto para uma empresa orientada ao cliente? O recente processo de evolução acelerada e adoção frenética das IAs generativas trouxe uma série de dilemas para a liderança das empresas. Estamos vivendo um processo de transição entre uma realidade baseada fortemente nos princípios humanos de tomada de decisão, que normalmente abrem mão de fatores "acessórios" para direcionar escolhas e ações, para outra na qual as decisões irão se basear no processamento de *terabytes* e *terabytes* de informação em escala inimaginável e velocidade incalculável. Logo, mal as empresas haviam se atualizado após as agruras e desventuras da Transformação Digital (TD), acelerada por uma pandemia, foram lançadas em outra corrida sobre como extrair resultados da IA. Ambos os processos esbarram nas limitações naturais de cultura inovadora e conformismo naturais de qualquer organização minimamente estruturada.

Em tese, a adoção de IA permite e viabiliza uma adaptação mais ágil às expectativas dos consumidores, à parte o legado tecnológico que inibe a inovação. Um estudo recente da McKinsey apontou que 70% das iniciativas em TD falham, principalmente devido aos desafios culturais e organizacionais, como resistência à mudança e falta de uma visão estratégica clara.

Já de acordo com pesquisa do Boston Consulting Group (BCG), apenas 30% das empresas que investem em transformação digital conseguem atingir o retorno esperado (estudos de 2020 e 2022). Isso se deve, em parte, ao investimento aquém do necessário em áreas críticas como a mudança cultural e a atualização de infraestruturas legadas. No Brasil, o cenário é idêntico. **Segundo outro estudo, agora da PwC, o índice de maturidade das companhias brasileiras na Transformação Digital evoluiu de 3,3 para 3,7 em uma escala de 1 a 6, entre os anos de 2023 e 2024. E apenas 13,9% das organizações tratam TD como prioridade**.

Como reforço a esses dados, a International Data Corporation (IDC) estima que 75% das empresas globais ainda utilizam sistemas legados que dificultam a implementação de novas tecnologias, como IA e omnicanalidade. Basicamente, o sistema legado impede que as empresas possam, por exemplo, usar Inteligência Artificial com rendimento pleno, pois essa tecnologia demanda profunda orquestração de tecnologias e sistemas, de forma integrada, fluida e funcional. **Esses sistemas, muitas vezes, não conseguem integrar novos canais de comunicação ou processar grandes volumes de dados necessários para uma Transformação Digital bem-sucedida**

Assim, de nada adianta desenvolver um *bot* com grande capacidade cognitiva em novos canais de comunicação como o WhatsApp, porque a capacidade de coletar dados, processar informações e modelar *insights* de forma eficaz será limitada, resultando em uma experiência fragmentada para o cliente.

Segundo dados do estudo do Prêmio Consumidor Moderno de Excelência em Serviços ao Cliente 2024, apenas 48% das empresas em nosso mercado adotam estratégia efetiva de omnicanalidade. Isso demonstra a disparidade na adoção de estratégias avançadas de experiência do cliente. Ainda assim, e apesar dos custos envolvidos, uma estratégia de canais bem desenhada traz resultados. O cliente, no entanto, não domina o conceito. Ele sabe o que significa comprar na loja física ou no *e-commerce,* mas segundo estudo da Opinion Box, Bornlogic, (2023) apenas 17% dizem compreender a ideia de omnicanalidade. E, mesmo entre aqueles que dominam o conceito, ele é importante para apenas 53% dos consumidores. Porém, quando questionados se realizaram compras em mais de um canal de uma empresa, 77% responderam que "sim".

Adoção da Omnicanalidade: 2023 x 2024

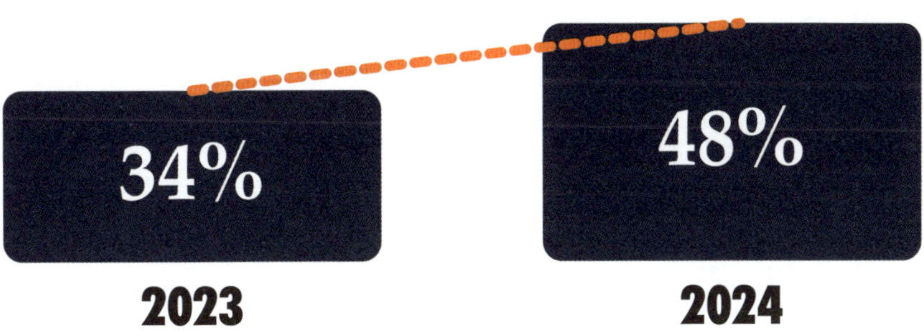

Fonte: CX Brain: estudo do Prêmio Consumidor Moderno 2024.

E é claro que o cliente usa o canal mais à mão para ser atendido. Segundo estudo da Accenture, de 2022, "Top 10 Tendências de Atendimento ao Cliente – Olhando para 2025", o atendimento pode (deve) estar disponível de qualquer lugar e para o cliente em qualquer lugar. A estimativa (ousada) é de que 50% dos agentes terão controle total de seus turnos e pausas (10 vezes mais do que em 2021). Fatores que, combinados, irão motivar 805 das empresas a abandonar seus aplicativos móveis e ferramentas de *chat* em favor de canais como WhatsApp e Instagram Direct.

Logo, as empresas devem realmente reimaginar as jornadas pelos canais digitais, a fim de torná-los mais amigáveis e acessíveis, mesmo para públicos mais conservadores. E essa lógica digital deve ser transportada para o telefone. A Inteligência Artificial pode, ao contrário do que se propaga, ser um elemento capaz de revitalizar nossa relação com o telefone, desconstruindo URAs e Árvores de Decisão em nome de experiências interativas com maior potencial cognitivo e de adaptação. O exemplo óbvio: facilitar a interação com idosos que tenham dificuldade em utilizar *apps*, SMS e mesmo o WhatsApp.

Omniexperiência: a nova realidade do atendimento

É compreensível que buscar maior qualidade e mesmo um conceito de experiência passa por situar a empresa na realidade de um país de renda média, como o Brasil, onde a capacidade de investimento das pessoas físicas e jurídicas é limitada. O caminho possível para gerar e extrair valor do CX passa por redimensionar essa estratégia como uma Omniexperiência — aquela que se desdobra de modo uniforme em todos os canais de venda, transação, relacionamento e atendimento, respeitando às expectativas dos clientes inerentes a cada canal. Mais, uma experiência que se traduza em bem-estar mental a cada interação, mesmo que em canais diferentes. Há um jargão que defende que "o ideal é ter atendimento zero", simplesmente não dar ao cliente motivo para entrar em contato. Mas, em tempos de autoexpressão e de valor de fala (na definição de Michel Alcoforado), será que a experiência de interagir com o cliente não é uma forma de aprendizado? Será que estar aberto a conversar, de forma acessível, amigável e disponível, não é parte de uma experiência mais qualificada?

No âmbito da omniexperiência, o atendimento é uma forma de realmente mostrar empresas dispostas a ter o cliente por perto, transcendendo a ideia de resolutividade para atingir o estágio de cumplicidade, vínculo e pertencimento. Toda marca pode identificar elementos-chave que norteiam a relação dos consumidores com o que escolhem e como entendem e representam as escolhas de consumo. A omniexperiência quer reproduzir essas sensações e essa "verdade" nas interações.

Assim, por exemplo, se **o telefone for definido como o canal mais usado em situações críticas ou por clientes com menor habilidade digital**, ele deve ser acolhedor, compreensivo, dar ao agente virtual ou humano autonomia para decisões que transmitam bem-estar para o cliente em situação de estresse potencial. Por extensão, o telefone deve ter uma jornada capaz de prover suporte imediato e eficiente. Por outro lado, **o WhatsApp, digital e democrático, é canal universal, rápido, direto e informal, que deve ser encarado dessa forma pelas empresas**, garantindo uma comunicação direta, fluida, divertida e aberta. Informal, amiga, bem-humorada, mas com propensão de se adaptar a personalidades mais diretas e objetivas sem perder a essência.

Não se constrói essa lógica sem dados consistentes. Até que ponto as empresas estão preparadas para adaptar seu modelo mental para otimizar os canais ao ponto de predizer universos de expectativas distintas inerentes aos diferentes tipos de clientes e suas personalidades e momentos?

Datacanalidade: a base da omniexperiência

Se a experiência do cliente é omni, o canal é data. Para que uma Omniexperiência seja realmente eficaz, é necessário implementar uma estratégia de Datacanalidade – ou seja, uma estratégia de canais baseada em dados, *insights* e *analytics.* Isso significa utilizar IA embarcada nos canais digitais para ajustar cada interação às expectativas do cliente. Desta forma, e com essa mentalidade devidamente ajustada, de acordo com a cultura de cada empresa, é viável oferecer:

- **Personalização em tempo real:** a IA pode analisar dados em tempo real e ajustar as interações de acordo com o comportamento do cliente, oferecendo respostas mais precisas e relevantes;
- **Eficiência operacional**: com a análise de dados, as empresas podem identificar rapidamente quais canais estão funcionando bem e quais precisam de ajustes, permitindo uma otimização contínua da experiência do cliente;
- **Escalabilidade**: a IA permite que as empresas escalem suas operações de atendimento sem comprometer a qualidade, algo essencial em um mundo onde a expectativa de resposta rápida e eficaz é a norma.

Adaptar ou mudar o modelo mental para seguir as tendências de Omniexperiência e Datacanalidade é uma condição necessária para tornar empresas capazes de extrair da combinação de IA e CX. Todas as métricas de cálculo do **ROX (*Return Over Experience*) – Aumento do índice de retenção** (baseado no lucro obtido por cliente), **Redução dos custos de aquisição**

(combinando a taxa saudável de clientes permanentes com clientes novos de bom valor de contribuição), **Aumento do LTV (*Lifetime Value*) e Redução do *Churn*,** podem ser calibradas para criar o indicador-chave de cada empresa. Empresas com alto nível de CX crescem 190% mais que a média, segundo dados de um estudo recente do BCG (2023). O nome do estudo é emblemático: "**Building Customer Experience for the Future**" (Construindo a Experiência do Cliente do Futuro, em tradução livre).

A Datacanalidade é também essencial para construir formatos de relacionamento por canal que tenham "*match*" com o momento do cliente e, o mais importante, capazes de compreender que o brasileiro é um lutador. Todos os dados econômicos e perfis de consumo apontam para um fato inexorável: o brasileiro se sente constantemente negligenciado pelas instituições e se conforta com a própria autossuficiência. Em resumo: ele quer recompensas pelo seu esforço diário. Como não tem certeza do futuro e renunciou à ideia de poupar e pensar em um futuro mais ameno, o consumidor brasileiro pensa em como obter um "*upgrade*" no mês corrente. Ele não se dá o direito de errar numa compra e pune severamente (porque se recrimina) uma empresa que o decepciona.

Enquanto as empresas buscam o ROI (*Return over Investment* – Retorno sobre o investimento), o consumidor brasileiro quer o ROS (*Return over Sacrifice* – Retorno sobre o Sacrifício). E os dados estão aí para serem coletados e estruturados, para definir a política de canais que, alinhada à omniexperiência, entregue o retorno esperado por um consumidor cansado, em muitos casos à beira de um ataque de nervos.

No mundo que está sendo recriado pela combinação de IA e criatividade humana, o atendimento ganha novos contornos. É o divã pronto para acolher um cliente em dívida consigo mesmo, em busca de bem-estar e certezas diante de um mundo em alta rotação.

PARTE 5

21

Voz do Cliente e inteligência artificial com AIDA

Carlos Sena

Como vimos anteriormente, uma etapa crítica para a Excelência no Atendimento ao Cliente, em geral, e ao programa de Voz do Cliente, em particular, é a captura de dados de forma estruturada de várias fontes – pesquisas, dados comportamentais, entrevistas, chamados. Apesar de parecer trivial, esta é uma atividade extremamente desafiadora.

A obtenção de dados diretamente dos sistemas corporativos pode ser bastante complexa. Sistemas legados podem não dispor de capacidades de exportação dos dados, muito menos de APIs[1] que facilitem o acesso às informações. Outro problema comum é a existência não de um, mas de diversos sistemas não integrados ou parcialmente integrados, criando um desafio para cruzar as informações de fontes diferentes. Finalmente, a customização destes sistemas – por exemplo, para inserir "*tags*" para mapear pontos da jornada ou para criar extratores de dados – criam novas demandas de tecnologia que precisam ser justificadas, priorizadas e financiadas.

Muitas empresas adotaram programas de Transformação Digital para reverter este cenário. A PwC define a Transformação Digital como:

---

[1] De forma simplificada, uma API é o conjunto de regras e protocolos que permitem interagir com um sistema. No contexto deste parágrafo, sistemas legados raramente possuem interfaces padronizadas, requerendo customizações para viabilizar integrações, o que acrescenta custos e prazos ao projeto.

> *A jornada contínua das organizações para integrar as tecnologias digitais em seus negócios, na busca por atender prioridades estratégicas, explorar novas oportunidades de mercado, aumentar a eficiência operacional, testar novos modelos de negócios, possibilidades de atuação ou resolução de problemas... Ela deve impactar significativamente a capacidade operacional da empresa, o atendimento dos clientes e a experiência dos profissionais.* (PWC, 2024)

Como destacado, essa jornada é fundamental e incontornável, no entanto ela não é rápida e não é trivial. O ITDBr (Índice de Transformação Digital Brasil), realizado pela PwC e Fundação Dom Cabral, aponta um índice ainda muito baixo em 2024, de 3,7 em uma escala de 1 a 6 (PWC, 2024). O que isso representa na prática é que, na maioria dos casos, os dados não estão prontamente estruturados à disposição de CX e do programa de VoC.

As entrevistas em profundidade são riquíssimas e capturam informações subjetivas que são praticamente impossíveis de obter em outros canais, tais como a linguagem não verbal do entrevistado. No entanto, as entrevistas em profundidade, por sua própria natureza, têm uma amostragem bastante limitada.

A obtenção de dados de pesquisas e comentários em canais digitais e redes sociais normalmente representa um desafio menor, pois as ferramentas de gestão destes canais já são digitais. Devido aos desafios das demais fontes de informação, este é um primeiro passo fundamental para a implantação de um programa de VoC e obtenção dos primeiros resultados. Mas as pesquisas e coletas de comentários também têm seus pontos frágeis, tais como o viés humano (como cada pessoa vai interpretar as perguntas e seu estado emocional ao responder), a taxa de resposta (onde a falta de resposta também pode ser considerada um tipo de viés) e a limitação da amostra.

Existe outra fonte de dados riquíssima mas com grandes desafios de extração, que são todas as conversas de clientes nos canais de atendimento: ligações de voz, atendimentos em *chat* ou WhatsApp. Ao contrário das pesquisas, os atendimentos revelam muitos outros traços comportamentais do cliente e do representante da empresa, insatisfações e desejos, que não podem ser obtidas em outros canais e vão muito além do que o cliente manifesta em um campo de comentário. Uma forma de extrair informações dos chamados dos clientes é através da monitoria de qualidade, com a dedicação de pessoas para ouvirem ligações e lerem mensagens de texto, mas normalmente em uma amostra muito limitada.

Ferramentas de análise de voz e texto (*speech and text analytics*) têm sido usadas para tentar automatizar este processo. Tais ferramentas combinam diversas tecnologias, primeiro convertendo o áudio em texto e em seguida aplicando padrões de linguagem e de voz para analisar as interações. Apesar das inúmeras vantagens que a implementação bem-sucedida pode gerar, esta abordagem apresenta sérias limitações, como a baixa compreensão contextual devido ao oneroso processo de combinação de palavras para tentar classificar a intenção dos clientes (MCKINSEY, 2022).

A complexidade, custo e longo prazo de implementação destas soluções faz com que a adoção ainda seja muito limitada. No mesmo artigo, lançado em janeiro de 2022, os autores preveem que novos modelos de inteligência artificial seriam capazes de superar estas dificuldades, mas não anteciparam o impacto da IA generativa, a ser revelada para o mundo no final daquele mesmo ano com o lançamento do ChatGPT (OPENAI, 2022).

A evolução da Inteligência Artificial

A Inteligência Artificial (IA) não é novidade – seus fundamentos teóricos remontam ao início da década de 1950. Ao longo das décadas, a tecnologia passou por ciclos de grandes expectativas e períodos de menor investimento, até que, por volta dos anos 2000, a disponibilidade de computadores mais rápidos e acessíveis possibilitou avanços significativos. Foi nessa época que o aprendizado de máquina (*machine learning*) e o processamento de linguagem natural (NLP, ou *natural language processing*) começaram a ser aplicados de forma mais ampla. De modo simplificado, o aprendizado de máquina utiliza grandes conjuntos de dados para "ensinar" modelos estatísticos a reconhecer padrões. As tecnologias básicas que sustentam as ferramentas de "*speech analytics*" tradicionais têm raízes nesse período, exigindo treinamento com exemplos de frases para aprender a classificar interações e relacionar combinações de palavras a determinados significados.

Em 2017, a publicação de uma nova arquitetura – conhecida como Transformer – revolucionou o campo da IA, abrindo caminho para o desenvolvimento dos chamados modelos fundacionais, ou *large language models* (LLMs) (VASWANI ET AL., 2017). Essa inovação culminou no lançamento de modelos como o OpenAI GPT-3, em 2020. Os LLMs são modelos de aprendizado profundo (*deep learning*) treinados com vastos volumes de dados, o que lhes permite ser aplicados em uma grande variedade de tarefas e contextos.

Apesar dos avanços, essa inovação era inicialmente restrita a cientistas de dados, à academia e às grandes empresas de tecnologia. A popularização da IA ocorreu com o lançamento do ChatGPT, que ofereceu uma interface simples e acessível para o público em geral – além de ser disponibilizado gratuitamente para uso exploratório. Desde então, essa tecnologia se disseminou rapidamente, fazendo parte do dia a dia de muitas pessoas, mesmo para aquelas que não conhecem todos os detalhes sobre seu funcionamento.

A IA generativa como uma aliada de CX e do programa de VoC

A compreensão desta mudança de paradigma da Inteligência Artificial é fundamental para entender a distinção do uso da IA generativa e de outras tecnologias. Ferramentas tradicionais de *speech analytics* buscam padrões de palavras ou da voz para atribuir significado, enquanto a IA generativa mimetiza o pensamento humano, "compreendendo"[2] o significado do conteúdo e gerando conteúdos novos. Como um exemplo prático, podemos pedir à nossa ferramenta de *chat* de IA preferida para fazer um resumo de um longo texto. Ficamos impressionados com a qualidade do resumo gerado, e sabemos que para fazer o resumo foi preciso "compreender" o conteúdo.

Dotada desta capacidade de compreensão de conteúdos, a IA generativa pode ser uma poderosa aliada na captura e análise de dados de atendimento, mesmo dos canais mais complexos, como os canais de voz e longas conversas de *chat* e WhatsApp.

Para demonstrar o potencial da IA generativa, as imagens a seguir ilustram o uso da ferramenta AIDA, uma plataforma que usa inteligência artificial generativa para fazer a análise avançada de interações.

Um primeiro passo importante para a análise de interações é a captura do conteúdo e a conversão em um formato mais prático para manipulação. No caso de interações de voz (ou de conversas de WhatsApp que contenham trechos de voz), é fundamental transcrever os conteúdos para texto. Uma etapa adicional, chamada de diarização, é a identificação de "quem falou o quê". Sem a diarização correta, frases do representante da empresa podem ser atribuídas ao cliente e vice-versa, impactando a análise posterior. A figura a seguir ilustra um diálogo transcrito e propriamente diarizado (separado entre a fala do cliente e do representante da empresa).

---

[2] O uso das aspas aqui é intencional para indicar uma liberalidade de uso da palavra "compreensão", pois o foco do livro não é técnico. Não há de fato uma compreensão do conteúdo pela máquina, mas sim o cálculo de probabilidades estatísticas que indicam as próximas palavras em um texto. Ainda de forma simplificada, como o modelo fundacional foi treinado com literalmente bilhões de conteúdos de diferentes contextos, o modelo consegue determinar de acordo com o contexto quais são as palavras, conceitos e conteúdos relacionados, gerando assim resultados incrivelmente precisos.

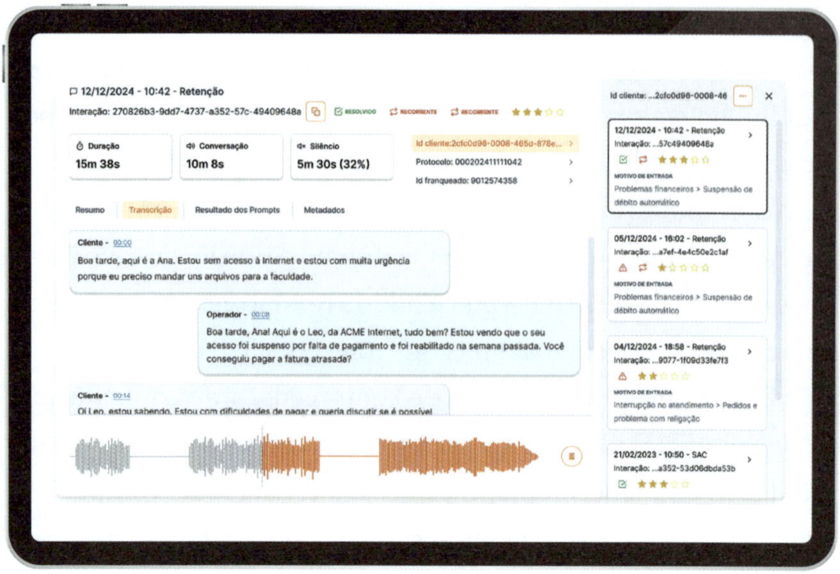

Fonte: Transcrição e diarização de uma interação de voz pela plataforma AIDA.

Depois que o conteúdo foi transcrito e diarizado, a IA generativa começa a mostrar os seus diferenciais, como ilustrado na figura da página seguinte.

Fonte: Detalhes de uma interação analisada com IA generativa pela plataforma AIDA.

Nesta tela podemos ver uma série de informações extraídas automaticamente pela plataforma usando a IA generativa:

- **Resumo:** a IA generativa pode gerar resumos concisos e completos, indicando a demanda do cliente, o tratamento dado, os desdobramentos e conclusão do atendimento;
- **Classificação do motivo:** diferente das ferramentas tradicionais de *speech analytics*, a IA generativa usa todo o contexto da conversa e não apenas palavras-chave para classificar o motivo, obtendo resultados muito mais assertivos;
- **CSAT (representado na tela pelas estrelas de avaliação):** a IA generativa é capaz de se colocar no lugar do cliente e inferir a avaliação de satisfação, mesmo que o cliente não tenha respondido nenhuma pesquisa;
- **Identificação de problemas recorrentes:** é possível saber se houve contatos anteriores sem a solução adequada diretamente a partir da voz do cliente;
- **Identificação da solução da demanda:** igualmente é possível identificar se a demanda do cliente foi resolvida neste contato;
- **Jornada do cliente:** com o mapeamento desta e de outras informações, é possível visualizar rapidamente a jornada deste cliente ou do mesmo protocolo;
- **Diagnósticos:** a IA generativa pode ser usada para fazer perguntas em profundidade e diagnosticar problemas através da criação de novos *prompts*. Tudo isso é feito de forma fácil e rápida, sem desenvolvimento técnico, pois os *prompts* são construções em linguagem natural onde o requisito mais importante é o conhecimento do negócio.

A partir das informações geradas pela IA é possível criar *dashboards* ou utilizar os novos dados capturados. Alguns exemplos de uso dos dados são:

- Retroalimentação do *datalake* ou *data warehouse*[3] corporativo com os dados capturados pela IA. A IA funciona como um extrator de dados estruturados a partir de dados desestruturados (conversas);
- Criação de *dashboards*, que podem já estar disponíveis na ferramenta de IA conforme as imagens de exemplo, ou com a criação de *dashboards* customizados com a ferramenta de visualização de preferência, como Power BI, Tableau, Looker, entre outras;
- Alimentar modelos estatísticos avançados com dados que não existiam antes. Por exemplo, um modelo preditivo de *Next Best Action* pode ser muito beneficiado pelo conhecimento dos motivos e resolutividade dos últimos contatos.

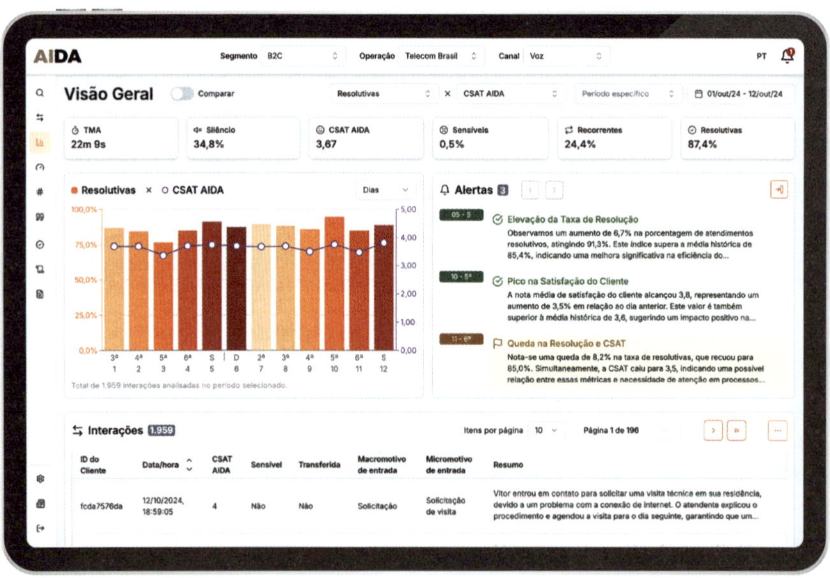

Fonte: Visualização de métricas e alertas gerados pela plataforma AIDA.

---

[3] *Datalake* é um repositório centralizado onde são armazenados grandes volumes de dados, em sua forma original e bruta, incluindo dados estruturados, semiestruturados e não estruturados, enquanto o *Data Warehouse* é um repositório estruturado para a geração de análises e relatórios, normalmente com ferramentas de visualização de dados, por exemplo, Power BI ou Tableau.

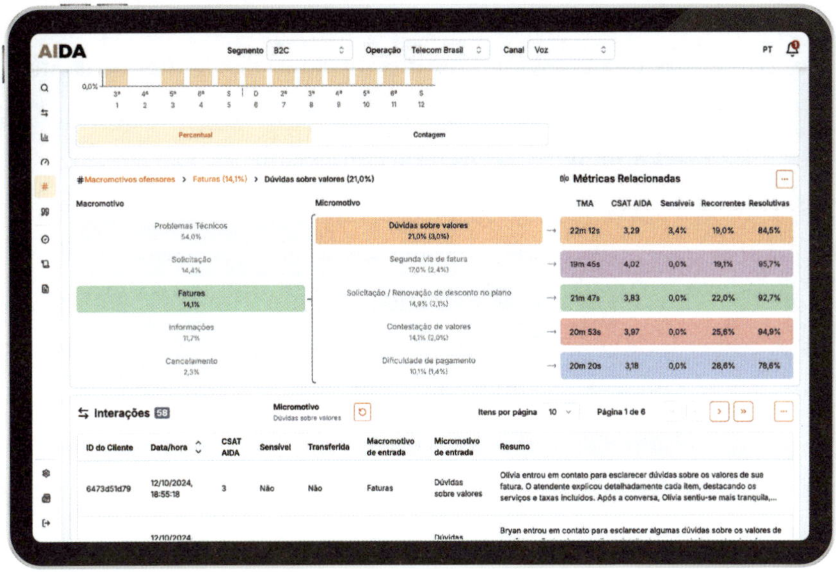

Fonte: Classificação automática de motivos e correlação com outras métricas feitas pela plataforma AIDA.

A relevância de ouvir a Voz do Cliente com o advento da automação

Existem bons argumentos a favor da automação do atendimento, tanto do ponto de vista do cliente, por conveniência e agilidade, como do ponto de vista da empresa, por eficiência operacional e custos. Relembrando a discussão mais acima, sobre os desafios da transformação digital, muitas vezes a viabilidade da automação não é uma questão da capacidade cognitiva dos agentes, mas dos sistemas legados e da preparação do ambiente para a automação. Em muitos casos a automação atua no "mato alto", em situações que são fáceis de treinar o robô (por exemplo, FAQs) ou que existem APIs para a automação (por exemplo, geração de uma segunda via de boleto). Em situações complexas ou dúbias, ou quando o esforço do cliente já foi exaurido, o cliente ainda vai ser direcionado e tende a preferir o suporte humano.

Pensando do ponto de vista da interface, e dadas as capacidades cognitivas cada vez maiores das ferramentas de atendimento, as interfaces conversacionais de voz e texto devem se tornar cada vez mais predominantes. Apesar da conveniência de tais interfaces conversacionais, a complexidade de processamento da linguagem natural permanece. Como vamos saber se o cliente está satisfeito com a interação que teve com a ferramenta, ou se o mesmo problema não está acontecendo repetidas vezes com o mesmo ou com outros clientes, se não estivermos analisando estas interações automatizadas?

Em qualquer cenário previsível futuro, ainda haverá uma boa quantidade de atendimentos humanos. E em todos os cenários futuros o cliente terá contatos com a empresa que precisam ser analisados, se prezamos pela excelência no atendimento. Independente do grau de automação devemos lembrar que sempre vai existir pelo menos um humano na conversa e sua voz é importante: o cliente.

Implantando a IA no seu programa de VoC e na sua gestão de CX

Para a implementação bem-sucedida de IA em CX podemos também pensar no *framework* 6D, já discutido anteriormente:

- **Detectar:** definir os objetivos específicos que se espera alcançar. Como um exemplo, uma empresa de telecomunicações usa a AIDA para entender as interações na Retenção: qual é a motivação para o desejo de cancelamento? Houve argumentação, e caso o cliente tenha sido retido, qual argumento foi decisivo? Houve menção à concorrência, e caso positivo, qual concorrente? Quais foram os resultados dos contatos anteriores do cliente antes da Retenção (por exemplo, clientes com histórico de problemas técnicos não resolvidos podem argumentar outro motivo, como uma mudança para uma região não coberta, ocultando a real motivação). Quanto mais específico e bem definido o problema, mais objetivos serão os resultados;

- **Divulgar:** é importante que todas as áreas envolvidas estejam cientes dos novos dados e análises com o uso da IA. É fundamental definir a governança, por exemplo: haverá uma área centralizada que fará as análises ou haverá treinamento de pontos focais nas demais áreas? Quais são as definições de cada informação gerada? Quem aprova a criação de indicadores gerados pela IA? A falta de governança pode gerar descrédito nas informações e comprometer a adoção da solução;
- **Diagnosticar:** este é o ponto central de aplicação da IA, atuando na coleta e análise das informações, conforme ilustrado no restante deste capítulo;
- **Debater, Projetar e Implantar:** é fundamental que os *insights* gerados pela IA se transformem em resultados práticos, com impacto nos resultados operacionais da empresa e na satisfação do cliente.

A Inteligência Artificial terá um papel cada vez mais predominante no CX e nos programas de Voz do Cliente. A IA não deve ser pensada apenas como ferramenta de automação do contato direto com o cliente, mas fundamentalmente como um elemento de inteligência que permita melhorar continuamente a experiência na busca pela Excelência no Atendimento.

Para saber mais sobre a AIDA, acesse:

22

Experiência 360° no atendimento e o impacto da tecnologia no iFood

Taís Pinto

A tecnologia transformou a forma como nos conectamos com marcas, produtos e serviços. No iFood, vivemos essa mudança todos os dias, sempre buscando inovar para oferecer a melhor experiência. Mas, na prática, o que essa revolução digital significa para o setor de *delivery*?

Se voltarmos no tempo, pedir comida há dez anos era um processo lento e pouco prático. Era preciso ligar para o restaurante, explicar o pedido e torcer para que anotassem tudo certo. Não havia tantas opções de restaurantes, tempo estimado de entrega, um histórico de pedidos acessível ao cliente e muito menos pagamento on-line.

Com o iFood, tudo mudou. Digitalizamos o serviço e criamos um ecossistema inteligente, onde cada etapa da jornada do cliente é otimizada pela tecnologia. Hoje, conectamos mais de 400 mil estabelecimentos a mais de 60 milhões de consumidores, que fazem mais de 120 milhões de pedidos por mês, entregues por 400 mil entregadores. É muita coisa!

Nos últimos anos, a inteligência artificial (IA) levou essa transformação a outro nível. Desde 2018, criamos mais de 190 modelos de IA que ajudam a aprimorar cada interação. Com mais de 3,5 milhões de contatos com nossos clientes mensais, a tecnologia se tornou essencial para manter a eficiência e a qualidade do atendimento. Essa evolução está alinhada aos princípios de inovação e "destruição criativa" introduzidos por Joseph Schumpeter, em 1934[1]. Atualmente, vivemos o que muitos consideram a sexta onda de inovação tecnológica, impulsionada pela IA e outras ferramentas disruptivas.

Neste capítulo, contarei um pouco da minha jornada como *Head* de Experiência do Cliente no iFood e como transformamos desafios em oportunidades de inovação. Também compartilho como nossos assistentes virtuais estão revolucionando o atendimento, a logística e a segurança da plataforma.

Se a tecnologia molda o presente, são as decisões que tomamos hoje que vão definir o futuro. Quem entende isso já está um passo à frente. Vamos embarcar nessa jornada?

Desafios e oportunidades: um novo horizonte no atendimento ao cliente

Toda grande inovação nasce de um desafio. No iFood, melhorar a experiência de clientes, parceiros e entregadores sempre foi prioridade. Mas como transformar problemas em soluções e escalar um serviço em crescimento, sem perder a qualidade no atendimento?

Inicialmente, o atendimento ao cliente seguia um modelo tradicional, com equipes humanas resolvendo dúvidas e problemas. Porém, com o aumento da base de usuários, surgiram novos desafios:

- **Escalabilidade:** como manter um atendimento rápido para milhões de pedidos diários e concentrados nos horários de almoço e jantar?
- **Personalização:** como garantir suporte adequado a cada cliente, restaurante e entregador?

---

[1] SCHUMPETER, Joseph A. "The Theory of Economic Development: An Inquiry into Profits, Capital, Credit, Interest, and the Business Cycle." Harvard University Press, 1934.

- **Eficiência operacional:** como reduzir o tempo de resposta sem comprometer a qualidade?
- **Satisfação do usuário:** como evitar que falhas operacionais prejudiquem a experiência?
- **Justiça:** como tomar as melhores decisões sendo que muitas vezes temos as três partes envolvidas em um mesmo problema?

Percebemos que precisávamos ir além dos métodos tradicionais. A solução foi investir em inteligência artificial, automação e análise de dados para oferecer uma experiência realmente 360°.

Esse movimento trouxe grandes oportunidades:

- Criação de assistentes virtuais especializados, como Rosie, Karen, Jhow, Almir e Sancho, cada um focado em um público ou atividade diferente dentro do iFood;
- Uso de *machine learning* para prever padrões de comportamento, resolvendo problemas antes mesmo que o cliente perceba e sendo, em alguns casos, proativos;
- Automação de processos, acelerando respostas e diminuindo filas no atendimento;
- Mais autonomia para os usuários, que passaram a resolver muitas questões sem precisar de atendimento humano.

Ao longo da jornada, o impacto foi evidente: o atendimento tornou-se mais ágil, eficiente e personalizado, transformando desafios em oportunidades e consolidando o iFood como referência em inovação no *delivery*. Na sequência, integramos essas inovações de forma estruturada para manter a tecnologia sempre a serviço da experiência do usuário, enquanto seguimos comprometidos em construir e transformar continuamente no futuro.

Implementar para inovar: o papel da tecnologia na transformação 360° do iFood

Desde que cheguei aqui no iFood, acompanho de perto como a tecnologia redefiniu a forma como atendemos nossos usuários. O iFood não é apenas um aplicativo de *delivery*, mas um ecossistema dinâmico que conecta milhões de consumidores, restaurantes, mercados e entregadores todos os dias. Cada um desses públicos enfrenta desafios únicos, e entender isso foi essencial para construir soluções eficazes.

Com o crescimento acelerado, ficou claro que precisávamos de algo escalável. Foi então que a tecnologia se tornou protagonista. Em vez de um único modelo de suporte, criamos assistentes virtuais especializados para atender cada parte do nosso ecossistema com precisão.

Os resultados confirmaram que estávamos no caminho certo. Em 2019, apenas 3% dos chamados eram resolvidos por inteligência artificial. Em 2023, esse número saltou para 56%, mesmo dobrando o número de pedidos. Hoje, processamos mais de 120 milhões de pedidos por mês, e mais de 65%[2] dos atendimentos são solucionados sem a intervenção de um analista de atendimento.

Mas essa evolução não aconteceu sozinha. O segredo foi integrar as equipes de Experiência do Cliente, Parceiros, Entregadores, além das áreas de Produto, Engenharia, Comunicação, Design e Marketing. Mais do que automatizar processos, o objetivo sempre foi usar a tecnologia para aprimorar a experiência de quem está do outro lado da tela.

> *A verdadeira inovação ocorre quando dados, tecnologia e empatia caminham juntos. O que construímos no iFood só funciona porque ouvimos nossos usuários, entendemos suas necessidades e criamos soluções que realmente fazem sentido para eles.*

---

[2] Todos os dados e números contidos neste capítulo são referentes ao ano de 2025.

As IAs do nosso ecossistema

Em um ecossistema tão complexo, cada refeição entregue depende da interação entre restaurante, entregador e cliente. Se uma parte falha, o impacto é no sistema como um todo e o pedido já não sai com uma experiência perfeita. Pensando nisso, criamos assistentes virtuais especializados, cada um focado em atender as necessidades de cada público. Conheça algumas das nossas IAs:

Rosie: personalização da experiência do consumidor

Criamos a Rosie para revolucionar o atendimento ao cliente, tornando-o mais rápido, inteligente e eficiente. Com tecnologia avançada de processamento de linguagem natural, ela entende a intenção e o contexto de cada interação, priorizando soluções para problemas comuns, como pedidos incompletos, itens errados, atrasos e falhas de pagamento.

A Rosie é muito mais do que um *chatbot* de atendimento: é capaz de cancelar um pedido, fazer um reembolso total ou parcial para o consumidor e, com sua análise de imagem integrada, ela identifica automaticamente divergências entre o que foi pedido e o que foi entregue. Basta o cliente enviar uma foto e, em segundos, o caso é analisado, classificado e encaminhado para solução — sem burocracia, sem demora.

Os resultados falam por si: 87% dos pedidos incompletos e 72% dos itens errados são resolvidos sem necessidade de um atendente. Além disso, o índice de satisfação do atendimento (CSAT) subiu 5 pontos percentuais após a implementação.

Nos momentos de maior demanda, como entre 20h e 22h, quando acontecem 30% das solicitações de suporte, a Rosie mantém o atendimento fluindo. Ela processa milhares de interações simultaneamente, garantindo respostas rápidas e soluções eficientes. Hoje, dadas as proporções que o iFood tomou, seria impossível garantir essa agilidade e nível de serviço sem ajuda dela.

No iFood, a tecnologia existe para facilitar a vida do consumidor. E a Rosie está aqui para garantir que cada experiência seja simples, ágil e sem frustrações.

Karen: a IA que otimiza o suporte às lojas parceiras

A experiência das lojas parceiras é tão importante quanto a do consumidor final. Restaurantes, pet shops, farmácias, mercados e adegas precisam de um suporte ágil para manter suas operações funcionando. Foi para isso que criamos a Karen, uma inteligência artificial desenvolvida para atender os mais de 400 mil estabelecimentos conectados à nossa plataforma.

Lançada em outubro de 2023, Karen foi criada para atender os contatos que ocorrem por parte dos parceiros quando temos um pedido em andamento, ou seja, a solução precisa ser muito rápida. O iFood recebe, no geral, 5 mil tíquetes por minuto em momentos de pico, uma demanda de que não conseguiríamos dar conta apenas com atendimento humano. A Karen vem para dar vazão a problemas de simples solução, assim focamos nossos atendentes nos casos mais complexos.

Ela entra em ação quando surgem problemas logísticos em pedidos em andamento, resolvendo-os de forma autônoma e encaminhando para o segundo nível apenas os casos que necessitam de análise humana mais detalhada. Integrada aos nossos sistemas, Karen facilita cancelamentos, analisa os principais motivos de contato, gera respostas precisas e oferece previsões. Tudo isso em tempo real.

Os resultados são claros: 50% dos chamados totais são resolvidos sem intervenção humana e, dos logísticos, já temos automação em mais de 80% deles. Com isso, os custos operacionais caíram 25%, e o tempo de atendimento foi reduzido em 10 minutos. Ao automatizar o operacional, liberamos tempo para sermos mais estratégicos e resolver problemas mais complexos. É para isso que servem as IAs.

Jhow: escalabilidade no atendimento às pessoas entregadoras

Imagine que você está no meio de uma entrega. O trânsito está caótico e, ao chegar ao destino, o cliente não aparece. Você tenta contato, mas nada. O que fazer? Antes, essa decisão levava alguns minutos, pois o atendimento era todo feito por analistas. Hoje, ela é resolvida em poucos segundos pelo Jhow.

Criamos o Jhow para dar velocidade e eficiência ao suporte dos entregadores. Com mais de 120

milhões de pedidos mensais, cada minuto conta. Precisávamos de uma solução escalável para lidar com a demanda crescente, e o Jhow foi a resposta.

O Jhow é um agente inteligente que toma decisões claras. Se o cliente não responder a tempo, ele autoriza o entregador a fazer a rota de devolução ou seguir para uma nova entrega. Utilizamos IA generativa e FAQs com RAG[3] para fornecer aos entregadores respostas rápidas sobre pagamentos, problemas na conta, troca de modal e outros pedidos de suporte.

Desde sua criação, o tamanho da nossa operação logística e o total de contatos cresceram mais de 4 vezes, enquanto o tempo médio de atendimento caiu mais de 70%. Atualmente, 88% das interações são resolvidas sem precisar de um atendente humano, e mais de 80% dos pedidos chegam ao cliente em menos de 38 minutos. Conseguimos alocar um entregador para cada pedido em menos de 18 minutos, garantindo eficiência e agilidade.

O Jhow garante que as entregas sejam rápidas e eficientes, permitindo que os entregadores foquem no que realmente importa: entregar o pedido com rapidez e segurança, mesmo em dias mais desafiadores.

Almir: integrando dados e informando decisões

Um dos desafios que enfrentamos no nosso ecossistema é o pós-entrega, onde lidamos com mais de 800 mil *tickets* mensais relacionados a problemas como pedidos errados, itens de qualidade inferior ou

[3] RAG significa *Retrieval Augmented Generation*, um método que combina busca de informações e geração de respostas.

produtos faltantes. A grande questão é garantir justiça: como saber quem está dizendo a verdade? Como avaliar a qualidade de um alimento sem experimentá-lo?

Para lidar com essas incertezas, recorremos aos dados para tomar as melhores decisões possíveis. O Almir, nosso modelo de inferência, cruza inúmeras variáveis para apoiar decisões mais justas e informadas. Antes dele, nossas decisões se baseavam em informações limitadas e subjetivas, levando a cancelamentos equivocados e contestações frequentes dos parceiros.

Esse sistema avançado de *Machine Learning* e Inteligência Artificial foi projetado para analisar múltiplas variáveis simultaneamente e entender cada caso. Ele cruza dados do pedido, comportamento do cliente, entregadores, restaurantes e padrões operacionais, identificando se houve erro e propondo a melhor solução. O Almir transformou nossa abordagem, trazendo mais confiança, transparência e assertividade às nossas decisões pós-entrega.

Os resultados foram rápidos: o índice de cancelamento caiu de 80% para 62%, e a assertividade do modelo já está acima de 80%, com a satisfação relacionada a cancelamentos atingindo 95%. O Almir trouxe mais equilíbrio ao ecossistema, garantindo decisões mais justas e melhorando a experiência para clientes, restaurantes e entregadores.

Sancho: fortalecendo a segurança do nosso ecossistema

Ao receber sua comida pelo iFood, você pode não perceber a rede de segurança que protege cada pedido. Com o aumento dos pedidos, também surge o desafio de lidar com fraudadores cada vez mais criativos. É aqui que entra Sancho, nosso guardião inteligente. Ele é um *bot* de inteligência artificial generativa (Gen IA) que cria respostas dinâmicas a partir de grandes volumes de dados.

Sancho, inspirado no fiel escudeiro de Dom Quixote, é desenvolvido para aumentar a assertividade na prevenção de fraudes. Ele atua como conselheiro, ajudando nossos analistas a correlacionar rapidamente informações com explicações claras sobre reprovações, evidências contra e a favor e critérios para investigação. Graças ao Sancho, a assertividade aumentou em 10% na fila de pedidos negados e 12% nos estornos, além de reduzir o tempo de análise em 15%, tornando o processo mais ágil e seguro.

Com esses resultados, o Sancho não só otimiza a prevenção de fraudes, mas também minimiza perdas operacionais e melhora a qualidade do atendimento. Ele é uma peça-chave para garantir que cada interação no iFood seja segura e eficiente, protegendo tanto nossos clientes quanto nosso ecossistema.

Reconhecimentos que celebram nossas inovações

Nossas iniciativas em inteligência artificial têm sido fundamentais para impulsionar a inovação na experiência do cliente, levando nossos resultados a patamares que vão muito além dos indicadores operacionais. Em 2024, recebemos 28 prêmios internacionais e nacionais, todos relacionados à excelência na experiência do cliente, em premiações como o Customer Centricity World Series (Emirados Árabes), os Stevie Awards (Estados Unidos) e o Smart Customer (Brasil).

Esses reconhecimentos nos enchem de orgulho, refletem nosso compromisso com a inovação e mostram o impacto positivo das nossas tecnologias.

E na prática: qual é a receita secreta do iFood?

O sucesso na experiência do cliente no iFood é resultado de um preparo estruturado, com gestão, cultura empreendedora, superação de desafios e muita tecnologia. Para isso, aprendemos e nos reinventamos diariamente, sempre com um pensamento exponencial.

Nosso segredo está em quatro ingredientes principais:

1. **Modelo de gestão:** Tudo começa com uma estratégia clara. Comunicamos objetivos, alinhamos equipe com OKRs, KPIs e metas. Isso promove colaboração verdadeira e garante que todos trabalhem focados nos resultados, sempre com o cliente e o sucesso do negócio como prioridades;
2. **Cultura empreendedora:** O Jeito iFood de Trabalhar (JIT) permeia nossas decisões. Com pilares como Empreendedorismo, Resultados, Inovação e *All Together*, criamos um ambiente colaborativo onde o foco no resultado é absoluto, e nosso time é desafiado a sair da zona de conforto;
3. **Encarar os desafios de frente:** Sonhamos grande, e sabemos que os desafios aparecem. Encaramos esses obstáculos de imediato, com criatividade e adaptabilidade, sempre prontos para aprender e ajustar a rota conforme necessário;
4. **Velocidade e aprendizado diário**: Valorizamos o "errar rápido e aprender rápido". Testamos, ajustamos, erramos e aprendemos, criando um ciclo de inovação constante que gera resultados reais.

Com base nesses pilares e nessa cultura, organizamos as frentes de experiência que compõem o nosso ecossistema. A imagem a seguir ilustra como as nossas estratégias, KPIs e metas impulsionam nosso compromisso com a satisfação, confiança e lealdade do cliente.

Representação de KPIs e metas dentro de toda a jornada de experiência 360° dentro do iFood

	Satisfação			Confiança			Lealdade
Como	Prevenir	Equilibrar	Escutar & Atuar	Conectar	Reverberar	Reter	Frequência
Objetivo	Evitar que o problema aconteça.	Equilibrar o custo de atender, a satisfação e a perda.	Ser proativo e atender com compaixão, de forma transparente, ágil e resolutiva.	Transformar clientes em fãs.	Aproximar consumidores com nossos produtos e marcas.	Segmentar e personalizar jornadas e atendimentos.	Oferecer experiências no atendimento que promovam diferencial competitivo.
KPI	CR Expandido CR *Ticket* Pedido perfeito	Custo atendimento Perdas	CES Falso positivo Cancelamento	Comunidade iFood NPS	Reclame Aqui Prêmios Sentimento positivo social	Retenção	Frequência Taxa de aprovação
KPI		CSAT *Ticket* CSAT Expandido (Equilibrar e Escutar & Atuar)					

Fonte: iFood

Um olhar para o futuro da experiência 360°

Ao longo deste capítulo, você pôde ver como nossa jornada de experiência 360° e tecnologia no iFood foi construída com dedicação e estratégia. Aprendemos que focar apenas no cliente final não basta. É essencial valorizar cada participante do ecossistema, pois todos contribuem para a jornada e a percepção de valor.

Com os avanços tecnológicos, a integração entre pessoas e sistemas se torna cada vez mais fácil e natural. Análises avançadas nos permitem antecipar necessidades, enquanto interfaces facilitam nossas interações diárias. A tecnologia é nosso diferencial, fortalecendo cada elo da cadeia e criando experiências realmente envolventes. Esse é o futuro do atendimento: entender as interligações e usar a tecnologia para reforçar conexões essenciais.

A tecnologia transforma o comum em algo extraordinário, elevando a experiência do cliente com personalização e redefinindo cada interação para gerar valor. Ao adotar essa visão, não apenas nos adaptamos ao futuro, mas o construímos juntos. Afinal, pensar no futuro muda o presente. Esperamos que nossa jornada inspire você a liderar transformações em seu próprio caminho!

Para saber mais sobre o iFood, acesse:

23

Zoho e o poder da fidelização de clientes

Ricardo de Oliveira Moraes

A fidelização de clientes tem se consolidado como um dos principais vetores de crescimento sustentável para empresas de todos os portes. Em um cenário onde os custos de aquisição de novos clientes aumentam de forma constante, estratégias voltadas à retenção se tornam não apenas mais eficientes, mas economicamente mais viáveis.

Diversas análises de mercado apontam que conquistar um novo cliente pode custar de cinco a sete vezes mais do que manter um cliente atual, conforme já demonstrado por Kotler (2000). Diante disso, grandes empresas têm redirecionado seus investimentos para iniciativas que garantam a continuidade da jornada do cliente após a conversão inicial, com foco na experiência e no suporte.

Apesar dessa tendência, muitas empresas ainda enfrentam desafios operacionais no atendimento. É comum encontrar times que gerenciam *tickets* em planilhas, utilizam e-mails pessoais para tratar solicitações e distribuem demandas entre canais de forma descentralizada. Essa falta de padronização compromete a eficiência operacional, gera ruído na comunicação e afeta diretamente a experiência do cliente.

Quando o atendimento passa a operar de forma estruturada, com histórico centralizado, integração entre canais e processos bem definidos, os resultados aparecem. A capacidade de oferecer um suporte contextualizado, no qual o agente conhece a jornada do cliente, independentemente do canal utilizado, é um diferencial competitivo relevante. Além de resolver problemas com mais agilidade, esse tipo de abordagem contribui diretamente para a fidelização do cliente e para o fortalecimento da marca.

Empresas que tratam o suporte como uma área estratégica conseguem ir além da simples resolução de demandas. O suporte passa a atuar como elo entre diferentes áreas da organização, trazendo *insights* de clientes, sinalizando oportunidades de melhoria e colaborando com a evolução de produtos e serviços. **Essa visão integrada transforma o suporte em uma fonte contínua de valor para o negócio.**

Vantagens de usar um software de suporte ao cliente

Dados são o verdadeiro tesouro para o crescimento de qualquer empresa. Mas, sem um sistema que centralize as informações, registre históricos e metrifique a produtividade do time, torna-se difícil gerenciar o suporte com precisão. Quando os processos são manuais, a operação se torna limitada e ineficiente, o que trava o crescimento e dificulta a escalabilidade.

Dentre as soluções da própria Zoho, criamos o **Zoho Desk**, um *software* de atendimento ao cliente que organiza, automatiza e facilita toda a gestão de chamados, independentemente do canal em que chegam, seja e-mail, *chat*, telefone, seja redes sociais. Com ele, conseguimos integrar mais de 200 ferramentas, e ter conectados equipes e chamados.

Software assim permitem que empresas tenham uma visão completa da experiência do cliente, acompanhem métricas em tempo real e otimizem o trabalho da equipe. Isso se traduz em atendimentos mais ágeis, decisões mais estratégicas e uma operação preparada para crescer com eficiência.

Por que mensurar dados?

Muitas empresas ainda baseiam seu desempenho exclusivamente em métricas financeiras. Apesar de importantes e essenciais para a saúde do negócio, essas métricas ignoram o fator que mais impacta a receita: o cliente.

O movimento de colocar o cliente no centro da estratégia tem ganhado força. Mais do que analisar conversões, as empresas têm medido frustrações, expectativas e o esforço necessário para cada interação. Cada negócio é único, mas há um padrão recorrente entre os que crescem de forma exponencial:

> *Metrificação de dados + automação de processos + escuta ativa do cliente = aumento de vendas e fidelização.*

Transformando dados em resultados

É comum que empresas acreditem oferecer uma excelente experiência. No entanto, há uma lacuna clara entre essa percepção e a realidade do cliente. Uma pesquisa da consultoria Bain & Company ("Closing the Delivery Gap", 2005) revelou que **80% das empresas acreditam oferecer um serviço de excelência, mas apenas 8% dos clientes concordam com essa avaliação.**

E, quase duas décadas depois, o cenário pouco mudou. Segundo um estudo publicado pela TechBullion em 2024, 73% dos consumidores afirmam que a experiência que recebem das empresas ainda não corresponde às expectativas, ou seja, a maioria das marcas continua desconectada da visão do cliente.

Esse "*gap* de entrega" mostra a importância de alinhar a visão interna com a percepção externa. Mesmo com os avanços em tecnologia e automação, é essencial ouvir o cliente e usar dados reais para transformar a experiência oferecida. Quando a empresa estrutura sua estratégia a partir do sentimento real do cliente, ela consegue agir de forma mais eficaz e assertiva.

Mas, afinal, quais dados são essenciais usar a favor da sua operação de suporte?

- **NPS (*Net Promoter Score*)**

Mede o quanto o cliente está disposto a recomendar sua marca. O NPS permite segmentar os clientes em promotores, neutros e detratores, oferecendo uma visão estratégica sobre a fidelidade do cliente e a reputação da empresa.

- **CSAT (*Customer Satisfaction Score*)**

Avalia a satisfação do cliente em pontos específicos da jornada. Por ser mais pontual, permite identificar gargalos ou acertos em etapas do processo de compra, suporte ou entrega.

- **CES (*Customer Effort Score*)**

Mede o esforço que o cliente precisa fazer para conseguir suporte, realizar uma compra ou resolver um problema. Quanto maior o esforço, menor a chance de fidelização. Esse indicador mostra, por exemplo, se há dificuldades para abrir um chamado, devolver um produto ou receber resposta.

Essas três métricas, quando combinadas a um bom *software* de suporte, geram inteligência operacional e estratégica. Mais do que atender bem, trata-se de evoluir continuamente a experiência do cliente com base em evidências.

No capítulo sobre Métricas houve aprofundamento sobre o tema, conforme puderam verificar.

Escalando com inteligência e tecnologia

Crescimento exige escala. E só se escala o que tem processos definidos e fluxos automatizados. Processos manuais limitam o crescimento e desperdiçam talentos. Automatizando tarefas repetitivas, liberamos os agentes para o que importa: resolver com empatia, agilidade e inteligência.

Nesse contexto, a inteligência artificial torna-se aliada estratégica. Automatizar tickets recorrentes, categorizar solicitações e sugerir respostas aumentam a produtividade e melhoram a experiência. Mais que isso: permite que as pessoas façam o que só elas podem fazer.

Relacionamento ainda é o coração da jornada. Escutar ativamente o cliente é o primeiro passo para conexões duradouras.

O case Zoho Brasil: suporte como pilar de crescimento

A Zoho é uma empresa global, com quase 30 anos de história, presente em mais de 150 países e com mais de 55 aplicativos empresariais. Mas, além da tecnologia, carrega uma cultura forte, com raízes indianas e princípios claros: queremos democratizar a tecnologia para todos e escalar sem perder o foco humano.

A operação da Zoho Brasil começou em 2021 com três profissionais atendendo três produtos. Três anos depois, o time cresceu dez vezes: 30 profissionais, 16 produtos, atendimento em níveis 1 e 2, *onboarding* e *customer success*.

Esse crescimento exigiu maturidade. O suporte passou a ser núcleo estratégico, com investimento em processos, tecnologia e pessoas. A liderança seguiu um princípio: o suporte evolui quando o time tem espaço para errar, aprender e crescer. *Feedback* contínuo, reconhecimento e uma gestão de confiança moldaram a cultura. Modelos como o SBI (Situação, Comportamento, Impacto) formaram a base para conversas entre colaboradores e lideranças.

A lógica era simples: contrate quem goste de construir, o resto é treinável. O resultado foi um time engajado, com baixa rotatividade e foco no cliente. Os números impressionam:

- Primeira resposta média: 1h;
- Tempo médio de resolução: 4h;
- CSAT *(Customer Satisfaction Score)*: 94% (média de 85% no mercado);
- Tempo médio de resposta: 1h30.

Fonte: Suporte Zoho Brasil.

O uso do Zoho Desk permite à equipe uma visão 360° do cliente, com canais integrados (telefone, e-mail, *chat*, redes sociais) e atendimento contextualizado. A plataforma oferece automações, *dashboards* em tempo real, relatórios e IA aplicada: categorização de casos, sugestões de resposta, fluxos automáticos. Tudo para gerar valor real.

Desafios e lições aprendidas

Ao longo desses quatro anos, aprendemos muito. E, como acreditamos que conhecimento bom é o que se compartilha, aqui estão algumas lições que fizeram a diferença para nosso crescimento.

1. Reestruturar os fluxos para o Brasil

Nossa base global vem da Índia, mas o comportamento de interação, venda e pós-venda do cliente brasileiro é diferente. Desde o início, sabíamos que o sucesso dependia da adaptação à realidade local. Recriamos fluxos de atendimento com foco na personalização, canais preferidos e tempo de resposta. Sem um suporte próximo, não faria sentido oferecer personalização aos nossos clientes.

2. Lidar com um portfólio extenso de produtos

Atender com qualidade já é um desafio. Agora, imagine fazer isso com 16 produtos diferentes, cada um com sua linguagem, lógica de uso e perfis de cliente distintos. Uma das maiores lições que aprendemos foi sobre organização do conhecimento: como documentar bem, como treinar o time de forma contínua e como não perder a profundidade técnica, mesmo crescendo rápido.

A tecnologia muda, os produtos evoluem e o time precisa acompanhar esse ritmo. Criamos mecanismos para incentivar o aprendizado contínuo (*lifelong learning*) dentro do time, com sessões internas de conhecimento, trilhas de capacitação e até gamificação entre os agentes. Mais do que saber tudo, a chave é saber buscar, colaborar e aplicar o conhecimento com rapidez e confiança.

3. Transformar métricas em inteligência para todos os setores

No início, nossas métricas estavam muito voltadas para operação: tempo de resposta, resolução, satisfação. Com o tempo, entendemos que o suporte é uma fonte riquíssima de *insights*: para marketing, vendas e produto. A partir das dúvidas mais frequentes, conseguimos ajustar conteúdos do site, criar campanhas mais alinhadas às dores reais do cliente e propor melhorias diretas nos produtos.

Um *case* recente: após o suporte identificar uma dor de um cliente na sua operação, sobre um recurso específico, conseguimos não só documentar melhor aquele ponto como também propor uma atualização para o time de desenvolvimento. O suporte se tornou, assim, uma ponte entre o que o cliente sente e o que a empresa pode fazer para melhorar e personalizar nossas ferramentas. Quando bem utilizado, os dados operacionais viram estratégia.

4. **Equilibrar automação e atendimento humano**

Com o avanço das tecnologias de inteligência artificial e automações, é comum que empresas se empolguem com a promessa de resolver tudo com *bots* e fluxos automatizados. Mas, no suporte da Zoho Brasil, aprendemos que o segredo não está em substituir pessoas por máquinas e sim em liberar as pessoas para onde elas realmente fazem a diferença.

Desde o início, nossa estratégia de automação foi pensada para resolver problemas simples de forma rápida, dando escala e agilidade à operação. Casos recorrentes, dúvidas frequentes ou fluxos previsíveis foram mapeados e automatizados com cuidado. Com isso, reduzimos drasticamente o tempo de resposta e, ao mesmo tempo, ganhamos fôlego para focar no que realmente exige análise humana: os problemas mais complexos, os clientes que precisam de uma escuta mais empática, as situações que envolvem decisão e contexto.

Também entendemos que a automação precisa ser visível e gerar valor direto. Não adianta ter IA se o cliente não sente a diferença. Por isso, treinamos nossos agentes para interagir com essas ferramentas, ajustar fluxos e acompanhar as métricas de performance. A automação virou aliada, não obstáculo. E o resultado foi um suporte mais fluído e eficiente, sem abrir mão da proximidade.

Mais do que seguir o *hype* da inteligência artificial, o que nos guia é uma pergunta simples: isso melhora a experiência do cliente e ajuda o time a entregar mais valor? Se a resposta for sim, seguimos em frente. Se não, ajustamos o curso.

O futuro do suporte é estratégico

> *O maior aprendizado dessa jornada é simples, mas profundo: suporte ao cliente não é apagar incêndios, é construir pontes.*

É ali, no momento em que o cliente está vulnerável, que a empresa tem sua maior chance de provar o quanto é diferenciada da concorrência. O suporte é, na prática, o ponto de encontro entre a promessa de marca e a realidade da entrega.

Por isso, enxergar o suporte como área central e estratégica é um divisor de águas. Ao invés de ser um centro de custo, ele passa a ser um **motor de fidelização, retenção e crescimento orgânico**. Quando um cliente é atendido com agilidade, empatia e soluções sob medida, ele não apenas permanece, ele recomenda. E clientes que recomendam constroem reputação, reduzem o custo de aquisição (CAC) e fortalecem a marca com legitimidade no mercado.

Nos próximos anos, veremos mudanças importantes no papel do suporte e da experiência do cliente. A inteligência artificial seguirá evoluindo, mas o foco estará em como aplicá-la de forma prática e realmente útil, automatizando o que for simples, sem perder a humanidade nos atendimentos complexos.

Líderes que investem em desenvolvimento, reconhecimento e conexão humana dentro dos times colherão os melhores resultados com seus clientes.

O futuro do suporte é mais do que operacional. Ele é estratégico, inteligente, integrado e humano. E são as empresas que já estão olhando para essa direção que vão liderar os próximos anos na experiência do cliente.

Para saber mais sobre o Zoho Brasil, acesse:

24

Omnichannel: três histórias de transformação com a NeoAssist

Oswaldo Garcia

No Brasil, 54% dos consumidores afirmam que simplesmente mudam de marca caso tenham uma experiência ruim de atendimento e 37% não dão uma nova chance à empresa caso o atendimento seja insatisfatório. É o que mostra o estudo divulgado pela Hibou Pesquisas & Insights, de 2023.

Isso tornou a excelência no relacionamento um fator crítico de competitividade. Traçar uma estratégia *omnichannel* robusta vai além de somar canais de contato: é integrar tecnologia, dados e processos para criar jornadas coerentes, personalizadas e memoráveis.

Ao centralizar informações em uma plataforma de gestão *omnichannel*, as empresas deixam de atender de forma fragmentada e passam a conduzir o cliente em uma jornada fluida — que pode começar em um canal e terminar em outro.

Essa transformação gera benefícios tangíveis: fidelização de clientes, aumento no *ticket* médio, eficiência operacional e reputação fortalecida. Mas, principalmente, consolida uma nova forma de pensar o relacionamento com o cliente.

Três pilares sustentam esse avanço:

- **Tecnologia**, para operar e unificar canais com inteligência e escala;
- **Dados**, para conhecer e antecipar comportamentos;
- **Cultura organizacional**, que traduz esse conhecimento em atendimento humano e consistente.

A NeoAssist, por exemplo, que atua há mais de 15 anos no desenvolvimento de soluções para atendimento ao cliente, tem foco em estratégias *omnichannel*. Combinando inteligência artificial, automação e centralização de canais, dispõe de uma plataforma utilizada por diversas empresas para gerenciar milhões de interações mensais.

Neste capítulo, você vai conhecer três histórias reais de empresas que transformaram suas operações com o apoio da NeoAssist, demonstrando que inovação tecnológica e atendimento humanizado podem caminhar juntos.

Automação que aproxima — como a Malwee escalou o atendimento e atingiu metas de eficiência

O Grupo Malwee, referência na moda brasileira, precisava transformar seu atendimento para acompanhar a evolução dos hábitos de consumo. Com operações de atendimento em diversos canais, o volume de contatos vinha crescendo rapidamente, tornando cada vez mais difícil garantir velocidade e consistência nas respostas.

Antes, a operação dependia principalmente de processos manuais, o que criava gargalos em períodos de alta demanda e comprometia indicadores essenciais como tempo médio de atendimento e taxa de abandono.

Para 2025, a empresa definiu metas ambiciosas de desempenho no SAC, buscando acelerar tempos de resposta, reduzir abandono e melhorar a experiência nos principais canais. Para viabilizar esse salto de produtividade sem perder o toque humano, a Malwee conta com a plataforma *omnichannel* da NeoAssist.

Para Alana de Castilho, da Central de Relacionamento, a experiência foi positiva:

> *"Queríamos oferecer uma experiência mais limpa, eficiente e intuitiva para o cliente, e conseguimos. Ao longo do último ano, implementamos melhorias significativas tanto no layout quanto na jornada de atendimento."*

O projeto inclui:

- Centralização dos canais em uma única interface;
- Triagem automatizada para reduzir filas e acelerar atendimentos;
- Integração de dados de histórico do cliente;
- Automação de interações iniciais via *bots* no WhatsApp e *chat*.

Resultados consolidados (06 meses)

Os indicadores mostram que a automação de interações iniciais via *bots* no WhatsApp e *chat* foi determinante para superar as metas:

WhatsApp

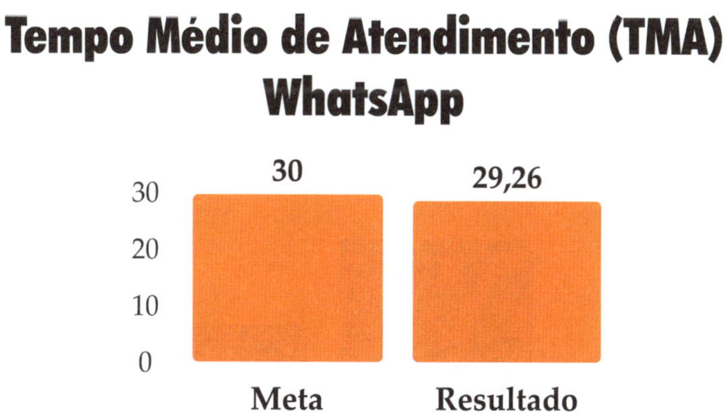

Fonte: NeoAssist

Nos outros canais também houve melhoria expressiva nos tempos operacionais.

Telefone

Tempo Médio de Espera (TME)

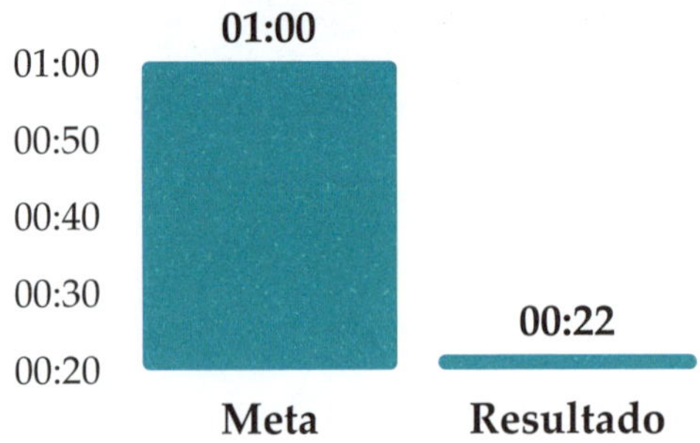

Fonte: NeoAssist

Tempo Médio de Atendimento (TMA)

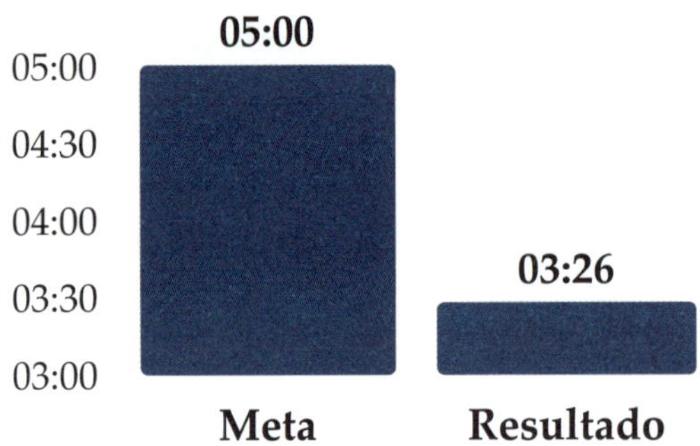

Fonte: NeoAssist

% de Abandono

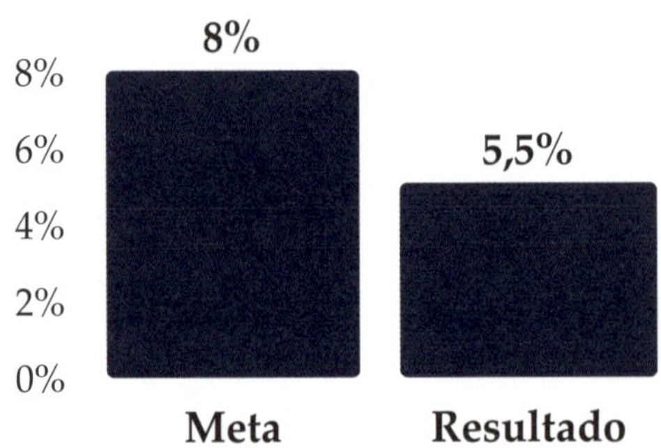

Fonte: NeoAssist

E-mail

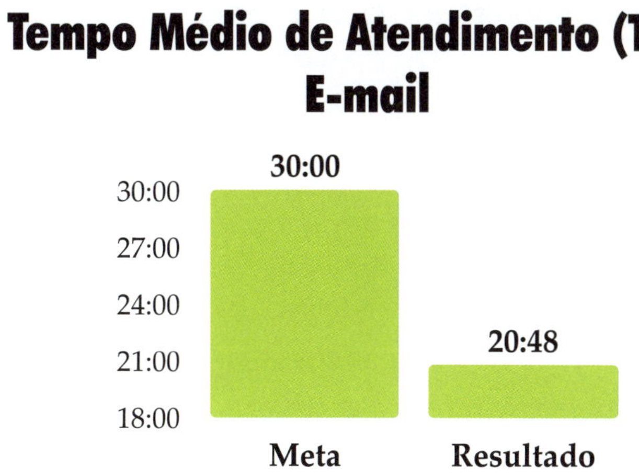

Fonte: NeoAssist

Também foi possível observar ganhos concretos e perceptíveis, como:

- Redução expressiva do Tempo Médio de Espera (TME) no telefone, aumentando a satisfação imediata do consumidor;
- Cumprimento ou superação de metas em todos os canais;
- Diminuição da sobrecarga operacional da equipe humana;
- Maior previsibilidade da operação durante picos de demanda.

Mais importante, a estratégia permitiu que os atendentes se dedicassem aos casos que realmente exigiam empatia e análise aprofundada.

O *case* da Malwee comprova que é possível escalar o atendimento ao cliente sem abrir mão da empatia e da qualidade. Com o suporte da tecnologia certa e uma estratégia centrada na experiência do consumidor, a empresa não apenas superou suas metas operacionais, como também fortaleceu sua conexão com o cliente.

IA no atendimento — como a Usaflex evoluiu a inteligência operacional com a Núb.ia

Reconhecida pela combinação de conforto e inovação, a Usaflex decidiu modernizar seu atendimento com o uso de inteligência artificial, adotando a Núb.ia, IA da NeoAssist.

O objetivo era tornar o atendimento mais ágil e orientado por dados, sem abrir mão do calor humano que faz parte do DNA da marca.

A Usaflex implantou dois recursos principais — copilotos inteligentes que passaram a apoiar a operação de forma gradual e deram suporte ao time:

- **Núb.ia Resume:** geração automática de resumos claros e organizados do histórico de atendimento;
- **Núb.ia Sugere:** sugestões dinâmicas de resposta e ações durante o contato, orientando o atendente em tempo real.

Mesmo em uma fase inicial de adoção planejada, a IA trouxe avanços tangíveis:

- **3.925 requisições de uso da IA**, com predominância do módulo de sugestões:
    - 83% via Núb.ia Sugere;
    - 17% via Núb.ia Resume.

Redução de 83% no tempo médio de leitura do histórico, permitindo que os atendentes chegassem ao atendimento com clareza e contexto.

Fonte: NeoAssist

No canal e-mail, onde o uso foi mais intensivo, houve **redução de 10% no tempo médio de resolução (TMR)** em comparação com protocolos não assistidos pela IA.

Fonte: NeoAssist

> *"A liderança tem feito esforços para incentivar o uso da IA e obter ainda mais retorno sobre o investimento", diz Aline Rohsler, Gerente de Sucesso do Cliente da Usaflex: "Para incentivar o uso, tenho enviado semanalmente um ranking com as pessoas mais engajadas. Isso tem ajudado a manter o time motivado e competitivo de forma saudável."*

Para garantir evolução contínua, a empresa coletou avaliações em 3.259 interações assistidas pela IA e o resultado foi que **50% relataram que a IA ajudou de forma efetiva** no andamento do atendimento.

Impactos estratégicos

Além dos indicadores quantitativos, a implantação da IA trouxe benefícios relevantes:

- Redução significativa do tempo de preparo antes de cada interação;
- Maior padronização de respostas, mesmo em momentos de alta demanda;
- Mais segurança na tomada de decisões, especialmente entre novos operadores;
- Consolidação de uma cultura de melhoria contínua, com *feedback* direto alimentando o processo de evolução do sistema.

Essa experiência confirma que inteligência artificial potencializa conhecimento, acelera processos e contribui para uma experiência mais eficiente e humana.

Tradição que se reinventa — como a Karsten modernizou sua experiência de atendimento com a NeoAssist

Fundada em 1882, a Karsten é um símbolo de tradição no setor têxtil. Com o crescimento das interações digitais, a empresa enfrentava tempos de resposta longos e processos fragmentados.

A implementação da plataforma NeoAssist centralizou canais e trouxe automação estratégica.

Evolução dos indicadores:

- Tempo médio de primeira resposta: caiu de 13h para 45min;
- TMR: caiu de 22 dias para 1 dia;
- SLA médio: 70%;
- CSAT: acima de 60% mesmo em picos sazonais.

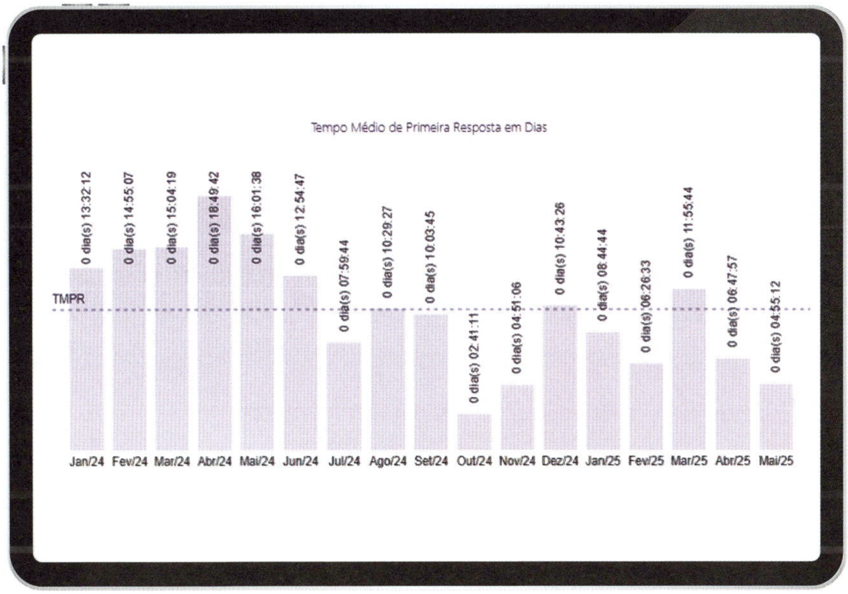

Fonte: NeoAssist

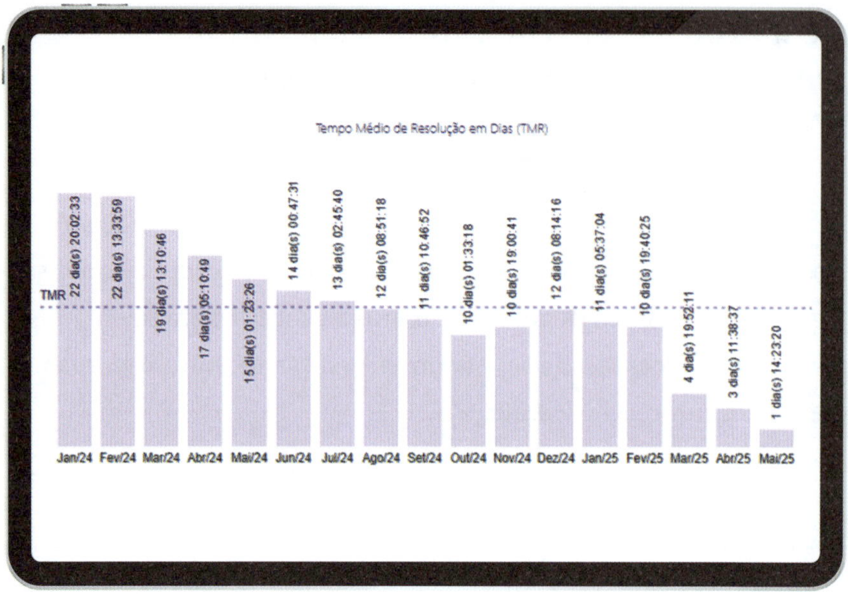

Fonte: NeoAssist

Benefícios observados:

- Redução drástica de gargalos;
- Respostas mais rápidas e consistentes;
- Melhor visibilidade para gestão;
- Cultura operacional orientada por dados.

O projeto mostrou que inovação tecnológica e evolução cultural podem caminhar lado a lado com uma reputação construída ao longo de mais de um século.

Eficiência e empatia como estratégia

As histórias da Malwee, Usaflex e Karsten mostram, sob perspectivas diferentes, que excelência no atendimento ao cliente não é mais uma questão de ter mais pessoas ou apenas novos canais. É, sobretudo, sobre a capacidade de unir tecnologia, processos inteligentes e uma cultura verdadeiramente orientada ao cliente.

Na Malwee, a automação via *bots* trouxe resultados expressivos: reduziu tempos de espera e de atendimento, superou metas desafiadoras e criou uma operação mais previsível, mesmo em períodos de alta demanda. O que antes era um gargalo operacional virou vantagem competitiva, sem comprometer o relacionamento humano.

A Usaflex exemplifica como a inteligência artificial pode funcionar como um copiloto discreto, mas estratégico. Ao resumir históricos e sugerir ações em tempo real, a IA tornou o atendimento mais ágil, consistente e padronizado. E mesmo em fase inicial de adoção, já impactou indicadores essenciais, abrindo caminho para evoluções futuras.

No caso da Karsten, uma marca centenária, a centralização e automação dos fluxos trouxeram uma mudança cultural. O atendimento deixou de ser um processo isolado e manual para se tornar uma engrenagem inteligente, capaz de responder com velocidade e precisão a cada novo contato.

Seja pela automação, pela inteligência artificial, seja pela reorganização dos processos, todas essas transformações têm algo em comum: a convicção de que o relacionamento com o cliente não pode mais ser visto como custo ou tarefa secundária. Ele é o que sustenta a reputação, a recorrência e a confiança da marca.

Na era da experiência, investir em atendimento *omnichannel* não é tendência: é uma estratégia de sobrevivência e diferenciação. E cada organização pode traçar seu próprio caminho, equilibrando automação e toque humano de forma autêntica.

Para saber mais sobre o NeoAssist, acesse:

sobre os co auto res

Alex Mariano

Sócio-fundador da CRMDAY, é professor convidado de CRM na ESPM e palestrante em eventos de negócios e tecnologia. Graduado em Ciências da Computação, acumula mais de 20 anos de experiência liderando projetos estratégicos de CRM, automação de vendas e experiência do cliente, tanto no Brasil quanto nos Estados Unidos. Em 2023, foi reconhecido pelo governo americano como profissional de habilidades extraordinárias na área de CRM. Atualmente, vive e atua nos EUA, ajudando empresas de seguros a implementarem estratégias eficientes de relacionamento com clientes, automação de processos e soluções de inteligência artificial. Alex Mariano também é coautor do livro "Experiências que Deixam Marcas, Volume 3", referência em práticas de atendimento e encantamento de clientes.

Andrea Calviño

Especialista em *UX Design* e *UX Writing* com mais de 25 anos de experiência, liderando operações para a implementação e evolução de produtos digitais. Já atendeu marcas como Pfizer, Porto Seguro, Coca-Cola, McDonald's, Neon, Claro, Natura, Einstein, PicPay e muitas outras, em agências como Ogilvy e Wunderman. Coordenou ações internacionais, envolvendo EUA, Finlândia e países da América Latina, para marcas como Epson, Ford e Nokia. Formada em Comunicação Social pela PUC-SP, foi aluna especial na pós-graduação da ECA, fez extensão de pós-graduação na PUC-SP na área de Inteligência Artificial e é mestranda em Transformação Digital. Palestrante em eventos corporativos, realiza *workshops* em empresas e ministrou aulas no Senac, FMU, ESPM, FGV, Belas Artes, Mackenzie e Faculdade Impacta. Autora de 5 livros técnicos, foi pioneira na criação de *bots* no Brasil, agora atuando com *prompt* design e IA Generativa.

Andréa Naccarati de Mello

Empresária, palestrante, escritora e professora na ESPM. É fundadora da Robecca & Co., consultoria especializada em Marketing, *Customer Experience*, CRM e Atendimento ao Cliente. Engenheira de Alimentos formada pela Unicamp, possui MBA em Administração pela FIA-SP, pós-graduação em Influência Digital pela PUCRS e é mestranda em Comportamento do Consumidor pela ESPM. Acumula mais de 30 anos de experiência em marketing, atuando em posições de liderança local e regional (América Latina e Europa) em empresas multinacionais como Samsung, Mondelez, Unilever e Bestfoods. É coautora dos livros "Mulheres do Marketing", "Líderes do Marketing", da trilogia "Experiências que Deixam Marcas" (vols. 1, 2 e 3, CX/CRM) e "Excelência no Atendimento ao Cliente - Os bastidores da operação".

Bruno Stuchi

CEO e fundador da Coaktion, ecossistema global especializado em Customer Experience e Transformação Digital. Com mais de 15 anos de experiência em estratégia, tecnologia e experiência do cliente, lidera iniciativas que conectam inovação, eficiência e impacto real nos negócios. À frente da Coaktion, impulsiona a atuação de empresas como Aktie Now, Callwe, Droz e Workise, presentes em diversos países. Professor e palestrante em temas como Atendimento, Tecnologia e *Customer Experience*, Bruno também é membro do *Software Advisory Board* da HDI, onde contribui para a definição das melhores práticas de suporte e atendimento das empresas de *software* no Brasil.

Carlos Sena

Fundador da AIDA, a primeira plataforma brasileira de IA generativa que transforma a Voz do Cliente em *insights* e métricas estratégicas para negócios. Com mais de 25 anos de experiência em tecnologia, inovação e *startups*, liderou equipes de alto impacto como executivo, destacando-se por impulsionar inovação e excelência operacional. Membro do AI for Developing Countries Forum, iniciativa global que promove o uso sustentável da IA, Carlos é um defensor da aplicação prática de tecnologias emergentes, especialmente da IA generativa, para gerar valor tangível para negócios, aprimorar a experiência do cliente (CX) e promover crescimento sustentável.

Estela Pletsch

Head da Área de Clientes na Certisign, empresa de tecnologia que, por meio de suas plataformas, oferece uma experiência digital altamente confiável e descomplicada. Acumula mais de 20 anos de experiência nas áreas de *Customer Experience* (CX), Relacionamento com Clientes e Melhoria Contínua. Atuou na liderança da operação de clientes em três startups multinacionais — Mobile Mentor, Yahsat e Viasat — e participou de projetos inovadores em grandes empresas como Claro, Embratel, Banco Santander e Europe Assistance. Formada em Administração de Empresas pela UFRGS, com especialização em Marketing pela ESPM, e mestrado executivo em Gestão por Competências pela UFRGS.

Felipe Mendes

Founder e CEO da Brains&Bytes, acumula 32 anos de experiência, tanto no Marketing de empresas de bens de consumo (Unilever, Mondelez), como na Liderança de empresas de serviços B2B (GfK, NielsenIQ) no Brasil, México e Chile. Em sua trajetória, liderou diversos processos de transformação empresarial, envolvendo as áreas de Atendimento, Sucesso do Cliente, Marketing e Vendas, que lhe trouxeram uma visão única sobre o poder da integração entre áreas. Ele compartilha esse conhecimento em livros, artigos, palestras e através de projetos da sua empresa, além de atuar como Conselheiro de empresas e Mentor de *startups* investidas.

Gustavo Vieira

Sócio e *Head* da Unidade de Transformação Organizacional na Livework Brasil. Atua há mais de 10 anos na aplicação de design estratégico e inovação para a melhoria da experiência do cliente e da performance organizacional. É administrador com especialização em Design de Serviço, Design Estratégico e Inovação, e cursa um *Doctoral Program* em Liderança Transcendental. Lidera projetos que integram estratégia, cultura e experiência, com foco na evolução da maturidade organizacional em CX. Acredita que transformar a experiência do cliente requer transformar a forma como as organizações pensam e operam.

Isabella Cavichiolli

Gerente de Relacionamento com o Cliente na ADN Construtora, é consultora, mentora e palestrante. Engenheira Civil formada pela UFSCar e especialista em Finanças e Banking pela PUC, tem passagem por grandes empresas como Ambev e Rodobens e gerenciou times de Sucesso do Cliente e Experiência do Cliente em *startups* do mercado financeiro como Creditas, Acordo Certo, Traive e Jeitto. Atua como professora nas áreas de Experiência do Cliente e Inovação na ESPM e na TreinaCons.

Jacques Meir

Diretor-executivo de Conhecimento do Grupo Padrão e Mentor da CX Brain, *skilltech* responsável por estudos, *workshops* e *frameworks* para grandes empresas que desejam gerar valor em CX. É também Vice-Presidente da Associação Brasileira das Relações Empresa-Cliente (ABRAREC), estrategista em experiência do cliente, comportamento do consumidor e inovação. Palestrante, curador de eventos e colunista, atua no cruzamento entre dados, tecnologia, comportamento e estratégia. É conhecido por sua abordagem provocadora e original, conectando tendências com aplicação prática. Entusiasta de IA, e da ciência da tomada de decisão, também é guitarrista nas horas vagas.

José Worcman

Sócio-fundador da OnYou, uma das maiores empresas especializadas em monitoramento da experiência do cliente na América Latina. Formado pela FIU (Florida International University) em Hospitality Managment, é antigo presidente da MSPA-LA, divisão latino-americana da Mystery Shopping Providers Association e principal referência na metodologia de cliente oculto no Brasil, inclusive, fazendo com que ela seja reconhecida com esse nome no país.

Larry Sackiewicz

Chief Business Officer da Optmia, uma empresa SaaS mexicana dedicada à criação de soluções com inteligência artificial, Larry Sackiewicz é um profissional com mais de 30 anos de experiência executiva e de consultoria. Formado em Administração de Empresas pela PUC/SP,possui MBA em planejamento e análise de marketing pela Wharton School Upenn, nos EUA. Trabalhou em empresas como Souza Cruz, Unilever, Pernod Ricard, Reebok, Sherwin-Williams e VF Corp. (Lee e Wrangler), também foi sócio internacional e *founder* da Brain Trust no Brasil, uma consultoria espanhola, e fundador da TRD Global e da WoW Brasil. Sua carreira se desenvolveu em áreas como marketing, vendas, inteligência competitiva, CX e liderança. Atuou em projetos para empresas como Vivo, TIM, Itaú/Unibanco, Bradesco, Telefônica, Claro, Nextel, Embratel, Nestlé e FedEx, e é coautor do livro "Experiências que Deixam Marcas, volume 1". Também é professor visitante de CX na Aquora Business School de Alicante, Espanha, e na ESPM no Brasil.

Maik Gordon

Data Manager de CRM e Marketing no Bradesco e professor convidado de CRM na ESPM, Maik tem mais de 15 anos de experiência em tecnologia. Possui especialização em Transformação Digital e Inovação pela PUC. É especialista em CRM, atuando como Consultor, Gerente de Projetos, Arquiteto de Soluções e Gestor de Equipes. Lidera projetos em empresas do setor financeiro, desde a concepção até a implementação de soluções inovadoras. Atuou em projetos para diversas marcas como SBT, Itaú, Picpay e Banco Next. Também possui experiência em startups e escritórios de consultoria como profissional certificado pela Microsoft em CRM Dynamics. Tem como propósito otimizar processos e fortalecer o relacionamento com o cliente na era digital, compartilhando conhecimentos que impulsionam a evolução contínua e a inovação das organizações em que atua.

Márcio Oliveira

Sócio da Quid Si Mentoria e Consultoria em Cultura, Relacionamento, CRM e CX. Colunista Exame, LinkedIn TopVoice e Conselheiro Consultivo. Professor visitante na ESPM. *Co-host* do podcast "Debate no Café". Mentor-associado no Instituto de Mentoria. Membro dos júris dos prêmios ABEMD e Best Performance/ CMS. Coautor do livro "Mind the Gap, Porque o Relacionamento com Clientes vem antes do Marketing". Atuou em projetos para mais de 200 marcas como Novartis, Fiat, Nestlé, Renner, Panvel, Unimed, Suvinil e Coca-Cola.

Mônica Rocha

Coordenadora de Experiência do Cliente e CRM da CAIXA Vida e Previdência, lidera um programa de centralidade no cliente que integra CRM, jornadas e pesquisas. Graduada em Publicidade e Propaganda pela Universidade São Judas Tadeu, tem especialização em Gestão da Comunicação Organizacional e Relações Públicas pela ECA/USP e MBA em Gestão de Negócios pela Fundação Getúlio Vargas. É Mestranda em Marketing Internacional na ESPM São Paulo. Tendo iniciado carreira em agências de comunicação, eventos e promoções, atuou na sequência em organizações como UOL e Apple. Na Telefônica Vivo, liderou o programa DNA Vivo e projetos de transformação para centralidade no cliente, em 17 anos de vínculo. Na Dasa, conduziu a frente de cultura de CX. Também é professora, palestrante e facilitadora em cultura de CX.

Oswaldo Garcia

CEO e membro do Conselho de Administração da NeoAssist, empresa brasileira de tecnologia, pioneira no desenvolvimento de plataformas *omnichannel* e na aplicação de inteligência artificial conversacional para atendimento e relacionamento com o cliente. Desde 2022, lidera a companhia em sua fase pós-M&A. É formado em Engenharia Mecânica pela Universidade de Brasília, com especialização em Engenharia de Petróleo, e possui MBA pela Harvard Business School. Com mais de 17 anos de experiência em Operações, Finanças, Investimentos e Tecnologia, Oswaldo atuou em empresas como Ambev, Petrobras, The Boston Consulting Group e Kovi, além de ter cofundado a Garos Capital.

Patrícia Tucci

Empresária e palestrante na área de treinamento e desenvolvimento há 26 anos, atendendo grandes bancos, empresas varejistas, consultorias e instituições de ensino. Juntamente com sua equipe, treinou mais de 80.000 pessoas com foco em encantamento de clientes, por meio da conexão e da comunicação atrativa, empática e assertiva. Autora dos livros "Revele o seu melhor", "Qual é a sua imagem", "Conecte-se Bem" e "Conexão Pessoal no Mundo Digital". Foi palestrante no TEDX, professora da Escola de Você e da Universidade Anhembi Morumbi. Apresentou um quadro sobre desenvolvimento pessoal no programa da Band, o Superpoderosas. Ama meditar, dançar e ler um bom livro. Acredita que o atendimento encantador, pautado na ética, fortalece empresas e a sociedade.

Ricardo de Oliveira Moraes

Líder da área de Suporte e Satisfação do Cliente na Zoho Brasil, com uma gestão orientada a resultados e foco em alta performance, Ricardo é profissional com mais de 15 anos de experiência no mercado, tendo atuado em grandes projetos na VMware e Harte-Hanks. É reconhecido por implantar uma cultura de *feedback* contínuo e valorização, promovendo integração entre áreas da Zoho Brasil e da Zoho Global, além de impulsionar o uso estratégico de dados para aprimorar o atendimento, gerar receita e fidelizar clientes. Palestrante frequente em grandes eventos do setor, como o Suporte 360, promovido pela Zoho Brasil, e conferências internacionais da Gartner, também atua como mentor de clientes em iniciativas globais e locais da empresa.

Taís Pinto

Head de Experiência do Cliente no iFood, Taís tem mais de 14 anos de atuação no mercado digital, com trajetória em empresas como Mercado Livre, 99 e iFood, sempre com foco em experiência e relacionamento nas frentes B2C, B2B e B2B2C. Tem formação em Marketing pela UNINOVE, além de especializações em *Customer Service* pela FIA, Liderança em Produto e Dados pela Tera e Inovação e Estratégia pela Fundação Dom Cabral. Atua na intersecção entre comunicação, produto e operação, liderando iniciativas com impacto direto em reputação, satisfação e eficiência operacional, e tem forte atuação em governança de atendimento, excelência operacional e projetos de voz do cliente, contribuindo diretamente para a evolução de indicadores como NPS, CSAT e *Contact Rate*. Acredita que a experiência do cliente é um diferencial competitivo que nasce da escuta ativa, da colaboração entre áreas e da coragem de transformar *feedback* em ação.

Wellington Oliveira

Wellington Oliveira é executivo com atuação em CRM, Estratégia de Clientes e Inteligência de Mercado. Com experiência nos setores de saúde, financeiro e telecom, integra dados, *analytics* e inteligência artificial para o relacionamento e a inteligência em estratégia, impulsionando resultados para as organizações e para os clientes. É também professor, mentor, investidor-anjo e conselheiro, com forte atuação no desenvolvimento de lideranças e negócios inovadores.

Weverton Soares

Gerente de Marketing na Zoho, lidera o posicionamento dos produtos de vendas da empresa no Brasil, com forte integração entre marketing, vendas, produto e parcerias. Estrategista de Marketing e Vendas B2B, com foco em Salestech, CRM e CX, estuda e aplica métodos de *go-to-market*, cultura de times de alta performance e liderança em SaaS. Publicitário com mais de 10 anos de experiência no ecossistema SaaS B2B, também atuou na expansão brasileira de dois dos maiores CRMs do mundo, combinando *branding*, *inbound* e *growth* com inteligência de vendas e experiência do cliente. É idealizador e exportador do maior evento de CRM e Vendas da América Latina. Desafia o mercado a repensar o papel do marketing não como suporte, mas como protagonista da geração de receita. Um marketing que opera com CRM, inteligência de mercado e inteligência comercial — capaz de antecipar demandas, influenciar estratégias, fechar vendas e acelerar resultados.

refe rên cias bi blio grá ficas

Livros, artigos, normas, leis

ALTER, Steven. Information systems: a management perspective. 1999.

ARIF, Naeem; GOLDING, Ian; PRIESTLEY, Andrew (eds.). Customer Experience 2. [S.l.]: W&M Publishing, 2020.

ASSOCIAÇÃO BRASILEIRA DE NORMAS TÉCNICAS. ABNT NBR ISO 10002:2005 – Gestão da qualidade – Satisfação do cliente – Diretrizes para o tratamento de reclamações nas organizações. Rio de Janeiro, 2005.

ASSOCIAÇÃO BRASILEIRA DE NORMAS TÉCNICAS. ABNT NBR ISO 18295-1:2017 – Central de relacionamento com o cliente (CRM) – Parte 1: Requisitos para serviços de atendimento ao cliente. Rio de Janeiro, 2017.

ASSOCIAÇÃO BRASILEIRA DE NORMAS TÉCNICAS. ABNT NBR ISO 26000:2010 – Diretrizes sobre responsabilidade social. Rio de Janeiro, 2010.

BARTOLOMÉ, Fernando. Comunicação Eficaz na Empresa: Como melhorar o fluxo de informações para tomar decisões corretas. In: Harvard Business Review Book. Campus, 1999.

BOSTON CONSULTING GROUP (BCG). Building customer experience for the future. 2023.

BRASIL. Lei n. 13.709, de 14 de agosto de 2018. Lei Geral de Proteção de Dados Pessoais (LGPD). Diário Oficial da União, Brasília, 15 ago. 2018.

DE BONO, Edward. Os Seis Chapéus do Pensamento. [S.l.]: [s.n.], [data desconhecida].

DISNEY INSTITUTE. O jeito Disney de encantar os clientes do atendimento excepcional ao nunca parar de crescer e acreditar. [s.l.] São Paulo Editora Saraiva, 2011.

FLEURY, Maria Teresa; OLIVEIRA Jr. Gestão estratégica do conhecimento: integrando aprendizagem, conhecimento e competências. 2001.

HSIEH, T. Delivering happiness. [S.l.]: Grand Central Publishing, 2010.

KOTLER, Philip. Administração de Marketing – Análise, Planejamento, Implementação e Controle. São Paulo: Atlas, 1996.

KOTLER, Philip; PFOERTSCH, Waldemar; SPONHOLZ, Uwe. Marketing H2H: o retorno ao marketing centrado no ser humano. São Paulo: Literare Books, 2021.

MCKINSEY & COMPANY. From speech to insights: The value of the human voice. Janeiro, 2022.

MEADOWS, D. H. Pensando em sistemas. [S.l.]: Sextante, 2022.

PAULA, G. Cliente feliz dá lucro. [S.l.]: Buzz Editora, 2021.

SCHUMPETER, Joseph A. The Theory of Economic Development: An Inquiry into Profits, Capital, Credit, Interest, and the Business Cycle. Harvard University Press, 1934.

SWANSON, Scott R.; KELLEY, Scott W. Attributions and outcomes of the service recovery process. Journal of Marketing Theory and Practice, v. 9, n. 4, p. 50-65, 2001. DOI: https://doi.org/10.1080/10696679.2001.11501903.

VAERENBERGH, Yves Van; ORSINGHER, Chiara. Service recovery: an integrative framework and research agenda. Academy of Management Perspectives, v. 30, n. 3, p. 328-346, 2016. DOI: 10.5465/amp.2014.0143.

Internet

ACCENTURE. Top 10 tendências de atendimento ao cliente. Disponível em: https://www.accenture.com/content/dam/accenture/final/a-com-migration/r3-additional-pages-1/pdf/pdf-177/accenture-top-10-tendencias-de-atendimento-ao-cliente.pdf. Acesso em: 21 ago. 2025.

BAIN & COMPANY. Closing the Delivery Gap. Set. 2005. Disponível em: https://www.bain.com/insights/closing-the-delivery-gap/. Acesso em: 7 jul. 2025.

BCG. The keys to scaling digital value: estudo realizado para o Google, 2022. Disponível em: https://web-assets.bcg.com/45/45/6df4c2cb4864ab90a0ffc07bc8ed/bcg-the-keys-to-scaling-digital-value-feb2022-portuguese-r.pdf. Acesso em: 25 ago. 2025.

BUSINESSDASHER. Customer Acquisition vs Retention Cost – Statistics & Trend. 29 set. 2024. Disponível em: https://www.businessdasher.com/customer-acquisition-vs-retention-cost/. Acesso em: 7 jul. 2025.

CARVALHO, Marília. Obtenção da voz do consumidor: estudo de caso em um hotel. Produção, São Carlos, v.17, n.3, p.400-412, 2007. Disponível em: https://www.scielo.br/j/prod/a/bTKCmh6t3VPHW3rgcWVW5gs/. Acesso em: 26 jul. 2025.

CLIENTESA. Porto Seguro, Azul e HDI lideram ranking de satisfação de seguradoras. 2024. Disponível em: https://portal.clientesa.com.br/. Acesso em: 7 jul. 2025

CUSTIFY. Best Voice of the Customer Tools. Disponível em: https://www.custify.com/. Acesso em: 7 jul. 2025.

CUSTOMERGAGUE. NPS, CES and CSAT: Which Customer Experience Metric To Use?. CustomerGauge, 2023. Disponível em: https://customergauge.com/blog/nps-csat-ces. Acesso em: 7 jul. 2025.

DIXON, Matthew; FREEMAN, Nick; TOMAINE, Rick. Stop Trying to Delight Your Customers. Harvard Business Review, jul. 2010. Disponível em: https://hbr.org/2010/07/stop-trying-to-delight-your-customers. Acesso em: 7 jul. 2025.

EXAME. Amazon implementa CRM. Disponível em: https://www.google.com/amp/s/exame.com/negocios/empresa-vendas-amazon-implementar-crm-sucesso/. Acesso em: 26 ago. 2025.

FORBES Brasil. Falta de engajamento no trabalho custa US$ 438 bilhões à economia global. Disponível em: https://forbes.com.br/carreira/2025/04/falta-de-engajamento-no-trabalho-custa-us-438-bilhoes-a-economia-global/. Acesso em: 30 jul. 2025.

FORRESTER. State of Sales Enablement 2024. Disponível em: https://www.forrester.com/report/the-state-of-sales-enablement-2024/RES178249. Acesso em: 26 ago. 2025.

FORRESTER RESEARCH. Customer Experience Index US 2022. Cambridge, MA: Forrester, 2022. Disponível em: https://www.forrester.com/. Acesso em: 3 jul. 2025.

GALLUP. Five Ways to Improve Employee Engagement Now. Disponível em: https://www-gallup-com.translate.goog/workplace/285674/improve-employee-engagement-workplace.aspx?_x_tr_sl=en&_x_tr_tl=pt&_x_tr_hl=pt&_x_tr_pto=tc. Acesso em: 30 jul. 2025.

GARTNER. Future of Customer Service. Disponível em: https://www.gartner.com/en/articles/gartner-predicts-2026-customer-service. Acesso em: 26 ago. 2025.

GARTNER. Future of Sales 2024. Disponível em: https://www.gartner.com/en/articles/future-of-sales-2025. Acesso em: 26 ago. 2025.

GARTNER, INC. Gartner Customer Service & Support Market Guide. Stamford, 2025. Disponível em: https://www.gartner.com/en/documents/customer-service-support. Acesso em: 26 jul. 2025.

GARTNER, INC. Relatórios sobre atendimento ao cliente e uso de IA generativa. 2024/2025. Disponível em: https://www.gartner.com/en/insights/customer-service-support. Acesso em: 26 jul. 2025.

GRUPO FLEURY. Prêmio Consumidor Moderno 2025: Estratégias em atendimento ao cliente. São Paulo, 2025. Disponível em: https://www.grupofleury.com.br/noticias/premio-consumidor-moderno-2025. Acesso em: 26 jul. 2025.

HARVARD BUSINESS REVIEW. From cost center to profit center: redefining customer service. 2009. Disponível em: https://hbr.org/2009/12/from-cost-center-to-profit-center. Acesso em: 7 jul. 2025.

HARVARD BUSINESS REVIEW. The High-Growth Sales Org, 2023. Disponível em: https://hbr.org/2023/07/the-high-growth-sales-org. Acesso em: 1 ago. 2025.

HARVARD BUSINESS REVIEW. The value of customer complaint management. Boston, 2024. Disponível em: https://hbr.org/2024/01/the-value-of-customer-complaint-management. Acesso em: 26 jul. 2025.

HINDS, R.; GUPTA, S. Customer experience is everyone's responsibility. Disponível em: https://hbr.org/2023/04/customer-experience-is-everyones-responsibility. Acesso em: 25 ago. 2025.

HUBSPOT. Voice of the customer program. Disponível em: https://blog.hubspot.com/service/voice-of-the-customer-program. Acesso em: 30 jul. 2025.

IT FORUM – EDITORA GLOBO. Disponível em: https://www.google.com/amp/s/itforum.com.br/noticias/editora-globo-crm-zoho/. Acesso em: 26 ago. 2025.

LINKEDIN. Don't Give Customers And Employees Exactly What They Ask For. Disponível em: https://www.linkedin.com/pulse/dont-give-customers-employees-exactly-what-ask-bruce-temkin/. Acesso em: 22 de maio de 2024.

MAEDA, G. Cerca de 44% dos clientes detratores poderiam ser evitados com uso da Voz do Cliente (VoC). Disponível em: https://www.linkedin.com/feed/update/urn:li:activity:7208525363096825857/. Acesso em: 25 jun. 2024.

MCKINSEY. Personalization overview. 2023. Disponível em: https://mck.co/3ZKmuJe. Acesso em: 1 ago. 2025.

MCKINSEY & COMPANY. O segredo das transformações empresariais que funcionam. Disponível em: https://www.mckinsey.com.br/our-insights/blog-made-in-brazil/o-segredo-das-transformacoes-empresariais-que-funcionam. Acesso em: 25 ago. 2025.

MICROSOFT. O que é o Azure Synapse Analytics. Disponível em: https://learn.microsoft.com/pt-br/training/modules/introduction-azure-synapse-analytics/2-what-happening-business. Acesso em: 27 ago. 2025.

MITSLOAN MANAGEMENT REVIEW. Empresas customer-centric e a jornada do novo consumidor no varejo. Disponível em: https://mitsloanreview.com.br/post/empresas-customer-centric-e-a-jornada-do-novo-consumidor-no-varejo. Acesso em: 25 de maio de 2024.

MIT TECHNOLOGY REVIEW BRASIL. Como a IA está transformando o CX. Disponível em: https://mittechreview.com.br/experiencia-do-cliente-experiencia-do-colaborador-ia/. Acesso em: 30 jul. 2025.

MOVIDESK. O que é Voice of Customer (VoC) e como usá-lo para melhorar o atendimento. São Paulo, 2024. Disponível em: https://conteudo.movidesk.com/voice-of-customer-voc/. Acesso em: 26 jul. 2025.

NATURA. Relatório Anual 2023: Cultura de escuta ativa. Disponível em: https://www.natura.com.br/. Acesso em: 7 jul. 2025.

OCTADESK; OPINION BOX. CX Trends 2025: pesquisa de experiência do cliente. São Paulo, 2025. Disponível em: https://octadesk.com/relatorio-cx-trends-2025/. Acesso em: 26 jul. 2025.

OCTADESK; OPINION BOX. CX Trends 2025: Relatório sobre preferências do consumidor. 2025. Disponível em: https://www.octadesk.com/relatorios/cx-trends-2025-opinion-box. Acesso em: 26 jul. 2025.

OPENAI. Introducing ChatGPT. Novembro, 2022. Disponível em: https://openai.com/index/chatgpt/. Acesso em: 29 jul. 2025.

PM3, E. de conteúdo-. Feedbacks dos usuários: como extrair valor? Disponível em: https://www.cursospm3.com.br/blog/feedbacks-dos-usuarios-como-extrair-valor/. Acesso em: 13 jun. 2024.

PWC. Experience is everything: Here's how to get it right. New York, 2024. Disponível em: https://www.pwc.com/gx/en/industries/consumer-markets/consumer-insights-survey.html. Acesso em: 26 jul. 2025.

PWC. Índice Transformação Digital Brasil 2024: Um retrato da maturidade das organizações na jornada para incorporar tecnologias digitais e criar diferenciais valiosos para seus. Agosto, 2024. Disponível em: https://www.pwc.com.br/pt/estudos/servicos/consultoria-negocios/indice-transformacao-digital-brasil-2024.html. Acesso em: 29 jul. 2025.

PWC BRASIL. Experience is Everything. São Paulo, 2024. Disponível em: https://www.pwc.com/br/pt/publicacoes/experience-is-everything.html. Acesso em: 26 jul. 2025.

QUALTRICS. First Call Resolution: How to improve and measure FCR. Disponível em: https://www.qualtrics.com/experience-management/customer/first-call-resolution. Acesso em: 7 jul. 2025.

RETENTLY. Customer Satisfaction Metrics: NPS, CSAT and CES to Track in 2025. Disponível em: https://www.retently.com/blog/customer-satisfaction-metrics. Acesso em: 7 jul. 2025.

SALESFORCE. State of Service Report 2023. Disponível em: https://www.salesforce.com/. Acesso em: 7 jul. 2025.

SALESFORCE. State of the Connected Customer. 3. ed. San Francisco: Salesforce, 2020. Disponível em: https://www.salesforce.com/. Acesso em: 3 jul. 2025.

SALESFORCE. State of the Connected Customer. 6. ed. San Francisco: Salesforce, 2023. Disponível em: https://www.salesforce.com/. Acesso em: 3 jul. 2025.

SALESFORCE. Voice of Customer Program. Disponível em: https://www.salesforce.com/. Acesso em: 29 jul. 2025.

TRACK.CO. NPS, CES e CSAT: Métricas de experiência do cliente. Disponível em: https://track.co/blog/nps-ces-csat/. Acesso em: 29 jul. 2025.

TREASY. Governança corporativa: o que é, dicas e melhores práticas. Disponível em: https://www.treasy.com.br/blog/governanca-corporativa/. Acesso em: 27 jul. 2025.

VASWANI, Ashish et al. Attention is All you Need. In: GUYON, I. et al. (ed.). 31st Conference on Neural Information Processing Systems (NIPS). Advances in Neural Information Processing Systems. Vol. 30. Curran Associates, Inc. Dezembro, 2017. Disponível em: https://arxiv.org/abs/1706.03762. Acesso em: 29 jul. 2025.

YAYFORMS. O case NPS do Nubank. 2022. Disponível em: https://yayforms.com/blog/o-case-nps-da-nubank. Acesso em: 29 jul. 2025.

ZOHO. CRM for Everyone. Disponível em: https://www.zoho.com/crm/crm-for-everyone/. Acesso em: 1 ago. 2025.

ZOHO ANALYTICS. Catalyst Case. Disponível em: https://www.zoho.com/analytics/customers/catalyst.html. Acesso em: 26 ago. 2025.

ZOHO DESK. Empresa Vagas: como o Zoho Desk transformou o seu atendimento. Disponível em: https://www.zoho.com/blog/pt-br/desk/historia-vagas-e-desk.html. Acesso em: 1 ago. 2025.